金融期货与期权丛书
主编 张慎峰

volatility trading

(2nd Edition)

波动率交易

期权量化交易员指南

(原书第2版)

[美] 尤安·辛克莱(Euan Sinclair)/ 著 王琦 / 译

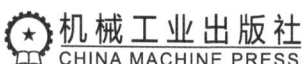

图书在版编目（CIP）数据

波动率交易：期权量化交易员指南（原书第2版）/（美）尤安·辛克莱（Euan Sinclair）著；王琦译 . —北京：机械工业出版社，2017.4（2025.10重印）
（金融期货与期权丛书）

书名原文：Volatility Trading

ISBN 978-7-111-56517-8

I. 波… II. ①尤… ②王… III. 期权交易 – 指南 IV. F830.91-62

中国版本图书馆CIP数据核字（2017）第056926号

北京市版权局著作权合同登记　图字：01-2017-0748号。

Euan Sinclair. Volatility Trading, 2nd Edition.

Copyright © 2013 by Euan Sinclair.

This translation published under license. Simplified Chinese translation copyright © 2017 by China Machine Press.

No part of this book may be reproduced or transmitted in any form or by any means, electronic or mechanical, including photocopying, recording or any information storage and retrieval system, without permission, in writing, from the publisher.

All rights reserved.

本书中文简体字版由John Wiley & Sons公司授权机械工业出版社在全球独家出版发行。未经出版者书面许可，不得以任何方式抄袭、复制或节录本书中的任何部分。

本书封底贴有John Wiley & Sons公司防伪标签，无标签者不得销售。

波动率交易：期权量化交易员指南（原书第2版）

出版发行：机械工业出版社（北京市西城区百万庄大街22号　邮政编码：100037）
责任编辑：施琳琳　　　　　　　　　　　责任校对：殷　虹
印　　刷：北京中科印刷有限公司　　　　版　　次：2025年10月第1版第14次印刷
开　　本：170mm×242mm　1/16　　　　印　　张：21.25
书　　号：ISBN 978-7-111-56517-8　　　定　　价：89.00元

客服电话：(010) 88361066　68326294

版权所有·侵权必究
封底无防伪标均为盗版

致安(Ann)——

　　有时,一个交易员所得到的收益,会比其应得的要多许多。

总序
Volatility Trading

20世纪70年代初开始,欧美国家金融市场发生了深刻变化。1971年,布雷顿森林体系正式解体,浮动汇率制逐渐取代固定汇率制,汇率波动幅度明显加大。同期,各国也在不断推进利率市场化进程。随着欧美国家利率、汇率市场化程度的提升,利率、汇率风险逐渐成为市场风险的主要来源,经济主体对利率、汇率风险管理的需求大幅增加。金融期货期权就是在这样的背景下产生的。1972年,芝加哥商业交易所推出了全球第一个外汇期货交易品种;1973年,芝加哥期权交易所推出了全球第一个场内标准化股票期权;1975年,伴随美国利率市场化进程,芝加哥期货交易所推出了全球第一个利率期货品种——国民抵押协会债券期货;1982年,堪萨斯交易所又推出全球第一个股指期货——价值线指数期货合约。金融期货期权市场自诞生以来,发展一直十分迅猛。近年来,金融期货期权成交量已经占到整个期货期权市场成交量的90%左右,成为金融市场的重要组成部分。

金融期货期权市场是金融市场发展到一定阶段的必然产物,发达的金融期货期权市场是金融市场成熟的重要标志。金融期货期权能够高效率地实现金融风险在市场参与主体之间的转移,满足经济主体金融风险管理需求。1990年诺贝尔经济学奖获得者默顿·米勒对其有过经典的评价:"金融衍生工具使企业和机构有效和经济地处理困扰其多年的风险成为可能，世界也因之变得更加安全，而不是变得更加危险。"

金融期货期权诞生以来，对全球经济发展起到了积极的促进作用。在宏观层面，金融期货期权显著提升了金融市场的深度和流动性，提高了金融市场的资源配置效率，有效改善了宏观经济的整体绩效；在微观层面，金融期货期权为金融机构提供了有效的风险管理工具，使金融机构在为企业和消费者提供产品和服务的同时，能够及时对冲掉因经营活动而产生的利率、汇率等风险敞口，使他们能够在利率、汇率市场化的环境下实现稳健经营。

党的十八大明确提出，要更大程度更广范围发挥市场在资源配置中的基础性作用，要继续深化金融体制改革，健全促进宏观经济稳定、支持实体经济发展的现代金融体系，加快发展多层次资本市场，稳步推进利率和汇率市场化改革。可以预见，我国将进入一个经济金融市场化程度更高的新时代，利率、汇率等金融风险将成为市场主体日常经营中必须面对和处理的主要风险。在这样的时代背景下，加快发展我国金融期货期权等衍生品市场具有格外重要的意义。

一是有利于进一步提升我国金融市场的资源配置效率。期货期权市场的发展，有利于提升基础资产市场的流动性和深度，从而为基础资产市场的投资者进行资产配置、资产转换、风险管理提供便利，促进金融市场资源配置功能的发挥。

二是助推我国利率和汇率市场化改革进程。随着我国利率、汇率市场化程度不断提高，机构面临的利率、汇率风险在增加。如果缺乏有效的风险管理工具，包括商业银行在内的各类市场主体无法有效地管理风险敞口。这不仅对金融机构稳健经营构成挑战，也会牵制利率和汇率市场化改革的进程。只有在利率和汇率市场化改革过程中，适时推出相应的期货期权衍生产品，才能保证利率和汇率市场化目标的实现。

三是有利于推动我国经济创新驱动，转型发展。实体经济以创新为驱动，必然要求金融领域以创新相配合，才能不断满足实体经济日益多样化、个性化的需求。金融期货期权是各类金融创新的重要催化剂和基础构件，发展金融期货期权等衍生品，有利于推动整个金融行业开展有效创新，拓展和释放金融服务实体经济的空间和能量，促进我国实现创新驱动的国家发展战略。

当前，我国金融期货期权市场还处在发展的初期，远远不能满足市场参与者日益增加的风险管理需求，也远远不能适应我国实体经济发展和金融改革创新的新形势和新要求，加快发展我国金融期货期权市场已经时不我待。

中国金融期货交易所在 2010 年 4 月 16 日推出了沪深 300 股指期货，标志着我国资本市场改革发展又迈出了一大步，对于完善我国资本市场体系具有重要而深远的意义。后来，又在 2015 年 4 月 16 日推出了上证 50 和中证 500 股指期货品种。在时隔 18 年后，于 2013 年 9 月 23 日又推出了 5 年期国债期货，并在 2015 年 3 月 20 日上市了 10 年期国债期货，是继股指期货之后期货衍生品市场创新发展的重要突破，有助于进一步健全反映市场供求关系的收益率曲线。中国金融期货交易所肩负着发展我国金融期货期权等衍生品市场的重大历史使命，致力于打造"社会责任至上、市场功能完备、治理保障科学、运行安全高效"的世界一流交易所，建设全球人民币资产的风险管理中心。加强研究和交流是推动我国金融期货期权市场发展的重要手段，中国金融期货交易所组织出版的这套金融期货与期权丛书，旨在进一步推动各方关注我国金融期货期权市场的发展，明确金融期货期权市场发展路径；帮助大家认识和理解金融期货期权市场的内在功能和独特魅力，凝聚发展我国金融期货期权的共识；培育金融期货期权文化，培养我国金融期货期权市场的后备人才。这套金融期货与期权丛书涵盖了理论分析、实务探讨、翻译引进和通俗普及等四大板块，可以适应不同读者的需求。相信这套丛书的出版必将对我国金融期货期权市场发展事业起到积极的推动作用。

中国金融期货交易所董事长
2016 年 5 月

致谢
Volatility Trading

类似本书这样的项目能够完成，总是离不开许多人各种形式的帮助和支持。虽然他们并没有直接参与写作，但我仍要首先感谢我的父母，是他们让我获得了良好的教育，并让我认识到厌倦是一种不可饶恕的罪恶。

更直接的职业帮助来自 www.nuclearphynance.com 的常客，他们无私奉献了时间和知识，帮助我找到了大量的研究文献。

最后，克里斯·梅瑞尔（Chris Merrill）、吉图·帕特尔（Jitu Patel）和艾琳·卡拉汉（Erin Callahan）提供了与校对和技术处理有关的直接帮助，谢谢你们。

第 2 版简介
Volatility Trading

自本书第 1 版出版以来,波动率市场发生了许多变化。有人认为一个巨大的变化是:在 2008 年年底的超常波动期,以及随后的波动率长期逐渐下降。尽管这确实会让交易过程充满挑战,但市场在此之前以及之后也会有同样的表现。这样的变化经常会发生。更有趣的变化是交易所上市波动率相关产品 [期货、交易所交易基金(ETF)和交易所交易票据(ETN)] 的趋势。这为我们提供了新的方式来进行波动率交易和相对价值赌博。在第 2 版中,我们对波动率指数(VIX)期货和 ETN,以及杠杆 ETF 进行了介绍。

另一个较大的变化是高频交易的增长效应。交易员积极地进行股票期权的做市,努力在每一个买价和卖价上交易,因此就需要这样的算法来支持。本书并没有介绍这些策略,我关注波动率的投机交易,这些交易一般会持有几天或几个月。它们的时间尺度远不是高频的。

关于本书

这类交易方式的概念并没有大的变化,不过我的关注重点有了细微的改变。尽管学术界仍持续地致力于预测波动率的研究,不过我认为这些学术进展对于期权交易员的作用很有限。例如,股票波动率多头空头组合的盈利能力在过去五年中显著下降了。因此这将不再是我现在的关注重点。虽然我对于波动率预测这部分的内容有所扩充，但我认为找到那些可以让我们精确度量和预测波动率的有利机会，是目前更重要的事。为此，我在本书中增加了关于市场和方差溢价的典型事实的章节。

我还扩充了关于心理学的那一章。行为金融学对于交易员的作用仍是一个有争议的话题。交易员对此有巨大的分化，要么是虔诚的信徒，要么对此不屑一顾。我不认为成为一个信徒有什么不好，因为我知道，对心理学的学习让我获益良多。

我把交易视为一个过程，在写作本书时，我也坚持了这个观点。因此我建议读者按照本书的章节顺序来阅读。不过，本书的大部分章节都是自成一体的，因此跳着读也不会有太大的坏处。如果是特别缺乏耐心的读者，也可以通过阅读每一章最后的小结来了解该章的基本内容。一些比较偏题的材料，主要是数学原理，则可以放置在一边。即使把它们全部忽略，也不会影响阅读的连续性。

本书讲述的是波动率交易。更明确地说，它是关于如何使用期权来进行那些主要与合约标的波动范围相关的交易，而不是去赌合约标的的价格方向。

在讨论具体技术之前，我需要简单介绍一下我的交易哲学。在交易中，和大多数情况一样，都需要基本的指导原则来实现成功。并不是所有人都需要认同某一种特定的哲学，但它的存在即是合理的。例如，可能有一个股票市场投资者通过价值投资，即买入低市盈率或市净率的股票，获得了成功。同样也有投资者通过买入高收入增长率公司股票的成长股获得了成功。而随机买入股票，并希望能赚钱的投资者则不太可能会持续盈利。

我是一名交易员，不是一名数学家、金融工程师或是哲学家。我的成功是用盈利来衡量的。我所使用和开发的工具只须有用就行，它们并不需要具有一致性、可以验证或是意义深远，甚至不需要是正确的。我交易的方法是量化的，但我对数学的兴趣，并不比一个工程师对他的工具的兴趣更大。不过，如果想更有效地利用这些工具，我们就有必要对其具有一定程度的了解、熟练程度，甚至重视。

在本书中我并没有试图列出一个交易规则列表。我很抱歉，但这是因为市场在不断变化，交易规则很快就会过时。不过一般性的交易原则却不会过时，而这正是本书试图向读者提供的。学习这些交易原则并不容易，并没有什么速成秘籍，当然，我也从来没说过市场是容易战胜的。虽然每笔交易的细节总存在着差异，但一般性的原则却总能在某种程度上为我们指明正确的方向。虽然策略的开放程度具有吸引力，其适应性也是非常重要的，但在通往成功的路上，仍有一些原则是我们必须坚持的。毕加索和布拉克可能已经打破了不少规则，但在他们这样做之前，他们的绘画技术已经相当精湛。同样，在对策略进行调整之前，你要确保自己已经很好地领会了所有交易都必须遵守的基本方面：盈利优势、方差和合适的交易规模。

某些传统的交易员往往会这样说："交易是在人与人之间进行的，你的模型无法捕捉到人的因素。"这其实是一种较为保守的说法。或许他们的模型无法捕捉到人的因素，但我们的模型至少能捕捉到一部分人的因素。由于这些传统的交易员往往偏于保守，厌恶改变，因此他们基本上都不愿意接受量化技术。这可能不是因为他们已对量化深恶痛绝。毕竟，与此类似，传统的棒球手都厌恶新兴的统计分析，却不反对使用击球率和防御率。同样，许多传统的期权交易员贬低量化分析，但是对布莱克－斯科尔斯－默顿（Black-Scholes-Merton，BSM）模型和隐含波动率的概念情有独钟。这些人可能只是不愿承认他们还得继续学习的现实，同时也对自己将要过时的技术感到焦虑。他们以及我们所有人，都应该不断学习。这是一个不断进化提升的过程。

但是，当一些成功的交易员也这样说的时候，我们有必要认识到，他们所说的可能只是部分正确。一些交易员确实有很好的直觉，这在市场中一般被称为"直觉"。直觉确实存在，甚至可以被进一步发展，但是其提升的速度一般并不快。同样，我们也不能以偏概全，仅仅因为一部分交易员具有感觉，就认为所有或者大多数交易员也同样具有感觉。而我们开发的基于数学和测度的方法可以进行系统的学习。既然这些方法可以通过学习掌握，那还有什么借口不去学呢？此外，用逻辑进行思考的交易员可能永远都无法培养出有效的直觉，然而具有直觉的交易员却总是可以从基于逻辑的推理中获利。

虽然市场是被人类设计出来和参与交易的，并且这些人也具有典型的人类情绪和缺点，但这并不是拒绝使用量化和测度方法的正当理由。棒球也是一项由人类创造的运动，而我们会用击球率来评估一名击球手的水平。类似地，在进行交易之前，我们需要通过某种方法来量化可能承受的风险水平以及期望获得的目标收益。这恰好是数学所擅长的领域。估计收益和风险（无论如何定义风险）完全是一项数学任务。如果某个事物无法被度量，我们就不能对其进行管理。此外，如果人的因素对成功来说至关重要，那么它就需要有可度量的效果。虽然市场的确有可能是由动物精神（animal spirits）所驱动的，但是我会保持彻底的不可知论者状态，直到它们变得不可理喻，并且开始让价格变得杂乱无章。

我们需要时刻将实用主义作为我们的指导思想。当不得不在有用和无法证实的事情之间进行抉择时，我们很可能会在取舍的过程中出错。成功的交易是以能在不确定性和信息不完全的条件下做出正确决策为基础的。总有些方法，我们预感它们是正确的，但却无法证明。等待被证实无疑意味着在等待这些方法逐渐失效。

当然还存在成功交易期权的其他方法。我在书中所提供的只是一种方法，而不是唯一的方法。这种由数据驱动、以统计分析为基础的方法应该被应用到更多的产品中。因此即便是只关注一两个市场的交易员也可以从本书中找到有益和可以直接应用的内容。本书同样也适用于不进行期权交易的交易员。

本书的配套网站中有一些演示本书所提及的某些想法的工作表，以及必然存在的勘误表。

交易过程

交易一般可被分解为三个主要部分：寻找有利可图的机会，管理风险和资金，注重心理状态。这三个部分都非常重要，因此没有必要去区分孰轻孰重。虽然大多数交易员可能更精通三者中的某一部分，但想要获得成功，他们必须在交易过程中把三者都做到位。

在进行期权交易时，寻找交易机会包括预测波动率，以及知道波动率是如何影响期权市场价格的。这意味着我们需要一个能在价格空间和波动率空间之间进行转换的模型。在过去的40年中，交易员和金融工程师提出了许多复杂程度各不相同的期权定价模型。我们这里选择使用BSM模型。交易员已经习惯了用BSM模型的术语来考虑问题。有一个交易员曾经对我说："我想要一个很多人都爆过仓的模型。"他的意思其实是说，优秀模型的缺陷应该是众所周知的，并且这些缺陷是在一些人的经验教训中发现的，而缺陷尚未被发现的模型不能被称为优秀的模型（颇具讽刺意味的是，那个交易员随后竟也使用BSM模型爆了仓。其实也就那么回事）。

一直以来都存在着一个误解，即模型越复杂就越优秀。其实模型的优劣与复杂程度并无关系。比如，如果交易员以5.0的价格卖出一个期权，随后又以3.0的价格买回来，那么不管他使用何种模型，他都从中赚到了两个点。模型仅仅是一种将我们的想法公式化的方法,让我们能在波动率的预测和期权价格之间进行转换。如果一些人喜欢某个随机波动率模型,那么他大可以更多地使用它。不过,我认为 BSM 模型在适当修正的情况下已经足够稳健,它能在维持简单和直观的条件下,更多地反映现实情况。

虽然大多数股票和商品期权都是美式的,因此在技术上无法使用 BSM 公式⊖进行定价,但是定价公式的推导过程所需的知识是认知期权所必需的。在推导过程中,我们会着重强调那些稍后我们希望产生收益的要素。由于市场中的绝大多数交易者都是用布莱克-斯科尔斯公式的术语来思考,因此为了使用该公式来进行交易,我们需要理解其真正含义。从这个方面来看,交易就像一场辩论:为了更理智地反驳对方,我们至少需要知道他们在说些什么。

第 1 章中对该模型的推导是非常不正式的,即直接从持有一个方向中性的组合出发,随后说明如何对该组合进行动态调整,才能得到 BSM 公式。我们在推导过程中明确了 BSM 公式是直接依赖于合约标的的变动范围,以及如何用收益率的波动来代表这种依赖性,同时我们也强调了推导 BSM 公式所需的近似和假设条件。在本书的剩余部分,我们将详细阐述如何处理这些近似和假设,以及如何据此在交易中获利。

期权交易最大的优势来源,是我们对未来波动率的估计与期权市场的估计之间所进行的交易。在预测波动率之前,我们需要先知道如何去度量波动率。在第 2 章中,我们回顾了度量历史波动率的各种方法,主要包括收盘价-收盘价波动率、Parkinson 波动率、Rogers-Satchell 波动率、Garman-Klass 波动率和 Yang-Zhang 波动率。随后我们讨论了每个估计量的效率和偏差,以及如何受到真实市场不同因素的干扰。这些因素包括收

⊖ BSM 公式有若干个版本。微分方程当然也适用于美式期权,然而微分方程的封闭形式解虽然也被称为 BSM 公式,却并不适用于美式期权。

益率分布的肥尾现象、趋势和微观结构噪声等。我们还讨论了不同度量频率所带来的影响。

接下来，我们将考察波动率实际表现的时间序列特征，以及它与合约标的收益率之间的关系。我们会看见波动率聚集、均值回复和季节性特征，以及与收益率和成交量之间的持续关系。

接下来我们将试图预测波动率，这将贯穿交易的整个阶段。我们回顾了简单移动窗口预测、指数加权移动平均和 GARCH 族中的各种方法。但对于交易，我们需要的不只是未来波动率的点估计。我们需要对波动率的可能变化范围进行估计，从而指导我们对未来交易的风险/收益特征做出合理的判断。因此，我们还分析了波动率锥的结构和抽样特性。

虽然我们重点是在寻找隐含波动率和已实现波动率预测值之间的差异，但是隐含波动率曲面的动态变化也同样有趣和重要。对此的理解有助于我们对交易执行和时机的把握。在第 5 章中，我们回顾了波动率曲面在时间和行权价层面上的标准形状。我们还分析了隐含偏度及其来源（包括信用、收益率的实际偏度、买入看跌期权的静态对冲、买入看涨期权的收购对冲和隐含相关性的指数偏度等）。我们还对布莱克－斯科尔斯模型进行了拓展，将偏度和峰度囊括其中，并提供了一些对跨时间和合约标的波动率进行比较的经验法则。

为了能从对波动率的预测中获利，我们需要进行对冲，因此我们的风险就是实际的已实现波动率。通过对冲可以消除我们不希望承担的风险。当风险被错误定价，并且消除或减少了我们在其他风险上的暴露时，我们便希望承担这样的风险。对于简单的、在交易所交易的期权来说，这些不必要的风险来自合约标的的漂移以及利率的变化。虽然对冲需要成本，但却可以降低风险。那么究竟何时才需要进行对冲呢？在第 6 章中，我们对如何最优地解决这个风险/收益问题进行了研究。我们还回顾了如何积累头寸,从而可以在未来降低对冲的需求。

一旦进行了对冲,我们期望会发生什么呢?第7章分析了一个离散对冲头寸的收益-损失分布,并说明了这一变化与我们用来估计delta的波动率,以及合约标的的特定路径之间的关系。

上述章节完成了交易过程的第一阶段:寻找具有正期望值的交易。下一步我们需要考察如何进行组合管理,以实现成功交易。

第8章说明了不同的交易规模是如何显著影响收益的。我们引入了凯利规则,并将其与其他方法进行比较,比如固定规模法和按比例调整规模法。我们还通过分析破产风险和回撤风险来说明交易规模决策是如何影响风险的。我们在最简单可行的情况(交易只有两种可能的结果)下进行了测试。虽然这个简单模型距离实际的模型(即使是部分切合实际的模型)还有很长的距离,但由于即使是具有多年经验的交易员似乎也只掌握了一小部分关于交易规模的内在理念,因此我们有必要先从如此简单的例子着手。虽然他们意识到,为了充分利用大数定律,最好多玩几次具有正盈利优势的游戏,但对此的理解却很少能超越这个层次。在这一问题上,期货交易员似乎比期权交易员知道得要多一些。赌徒则知道得更多。该领域的大部分研究成果都来自赌徒,特别是21点的玩家(一般而言,如果该金融产品越复杂,其实际的交易过程就越简单,不管是非常复杂的21点策略还是交易结构化衍生品中的头寸规模决策都是如此,它们的大多数盈利优势都来自定价和销售)。

波动率交易的结果并不是二项变量。因此我们需要拓展凯利公式来处理交易结果为连续的情形(实际上我们只须将凯利公式的常用版本进行拓展,凯利公式本身就比目前常见的版本更加具有一般性)。另外,波动率是一个均值回复的过程。因此我们必须在确定交易规模的方法中考虑到这一点,并通过模拟来说明这一现象是如何得到熟悉的(对于做市商而言)、简单的交易规则的。

我们同样提供了一些对凯利公式的备选方案，以便更切合实际的交易情况（在实际中，短线操作可能要比长线操作更具吸引力）。因此，不仅交易员应当对这些方法有所了解，对于分配资金给交易员的人来说，也更应该知道这些方法。通常来讲，交易员和交易公司此时会设置稍微不同的优先级顺序。

为了判断交易结果是否出于偶然，我们需要认真地对其进行跟踪，特别是获取除总收益和损失以外的更多信息。这在评估一笔新交易的有效性时相当重要。因此，第9章对一系列绩效评估方法进行了分析，包括盈/亏比例、回撤、夏普比率、Calmar比率、Sortino比率和K比率，以及omega测度等。不幸的是，交易员总是不去做这种类型的记录和相应的交易后分析。我认为这是交易中最为重要也最容易被忽视的环节。如果你对自己的交易结果都不清楚，那谈何进一步提升自己呢？

心理学是交易类书籍中最常涉及的内容，但是成功的交易断然不是简单地源于"充满信心""读懂市场"或者"无所畏惧"（虽然最近有人告诉我这就是一个交易员为什么变得优秀的原因）。本书并没有对这种自助式的心理学进行深入研究。其实在供业余和半职业性读者阅读的书籍中，凡是与心理学有关的话题均是通过健全的资金管理规则和寻找并衡量交易机会的合理方式来解决的。不过，行为金融学的知识对即便是有经验的交易员来说也很有帮助。在第10章，我们对期权交易员经常遇到的认知和情感上的偏差进行了回顾。这些偏差均来自如下保守和激进的观点：留心避免损害自己交易的行为，同时寻找市场中能够产生盈利的机会。由于行为心理学方面的一些原因，大多数交易机会都是存在的。

在成功交易波动率之前，我们必须注意到方差溢价：指数的隐含波动率总是比后续的已实现波动率更高。这既可以作为一个单独的交易策略，也可以作为诸如离散交易等相对价值策略的基础。即使我们不想去做空波动率，我们也需要知道该效应，并认识到在波动率多头策略中需要规避的障碍。

本书的大部分内容都是关于期权交易的，它们是最广泛使用的、具有高度流动性的波动率产品。不过，还存在其他与波动率相关的、在交易所上市的产品可供交易。VIX 期货就提供了一个清晰、简单的方式来对隐含波动率进行下注，不过它们也有一些特殊的问题。我们分析了这些期货合约，以及使用它们的一个基本交易策略。接下来我们还使用了一些波动率 ETN 来进行类似的交易，特别是 VXX 和 VXZ（它们是 iPath 短期和中期标准普尔 500 隐含波动率 ETN）。

一个有趣但通常被误解的交易已实现波动率的方法是交易杠杆式 ETF。我们分析了这些期权的特征及上市地。UVXY（ProShares 发行的具有 VIX 两倍杠杆的 ETN）的期权可能较其他产品有更多波动率类型的风险敞口。它们与 UVXY 的隐含波动率、VIX 的已实现波动率和标准普尔 500 指数的隐含和已实现波动率均有关系。在这种俄罗斯套娃式的波动率中，常会出现好的交易机会。

最后，我们详细分析了一笔相对价值波动率交易，包括其从开始到结束的完整生命周期。

目录
Volatility Trading

总序

致谢

第 2 版简介

第1章 期权定价 ·· 1
    布莱克–斯科尔斯–默顿模型 ································ 2
    模型假设 ·· 9
    结论 ·· 13
    本章小结 ·· 13

第2章 波动率的度量 ·· 15
    波动率的定义及度量 ······································ 15
    波动率的定义 ·· 16
    其他波动率估计量 ·· 23
    本章小结 ·· 38

第3章 收益率和波动率的典型事实 ···················· 40
    典型事实的定义 ·· 40
    波动率并非常数 ·· 41
    收益率分布的特征 ·· 45

成交量和波动率 ·············· 49
　　　波动率分布 ················ 50
　　　本章小结 ················· 52

第4章　预测波动率 ················· 53
　　　交易费用为零 ··············· 54
　　　完美信息流 ················ 54
　　　对信息的价格影响力的共识 ········· 54
　　　极大似然估计 ··············· 59
　　　使用基本面信息来预测波动率 ········ 67
　　　方差溢价 ················· 68
　　　本章小结 ················· 72

第5章　隐含波动率的动态变化 ············ 73
　　　波动率水平的动态变化 ··········· 77
　　　波动率微笑和合约标的 ··········· 88
　　　波动率微笑的动态变化 ··········· 91
　　　期限结构的动态变化 ············ 100
　　　本章小结 ················· 101

第6章　对冲 ···················· 103
　　　特殊的对冲方法 ·············· 105
　　　基于效用的方法 ·············· 106
　　　Zakamouline 的双渐近解 ·········· 116
　　　交易成本的估计 ·············· 121
　　　加总不同合约标的的期权 ·········· 126
　　　本章小结 ················· 129

第7章　对冲后的期权头寸的分布 ·········· 131
　　　离散对冲和路径依赖 ············ 131

　　　　波动率依赖 ………………………………………………… 137
　　　　本章小结 …………………………………………………… 145

第8章　资金管理 ……………………………………………… 146
　　　　特别的头寸管理方案 ……………………………………… 146
　　　　凯利规则 …………………………………………………… 150
　　　　凯利规则的生效需要时间 ………………………………… 159
　　　　错估参数的影响 …………………………………………… 160
　　　　账户金额是什么 …………………………………………… 164
　　　　凯利规则的替代方法 ……………………………………… 165
　　　　本章小结 …………………………………………………… 181

第9章　交易评估 ……………………………………………… 182
　　　　常规的计划流程 …………………………………………… 183
　　　　风险调整后的业绩评价指标 ……………………………… 191
　　　　设定目标 …………………………………………………… 200
　　　　业绩的持续性 ……………………………………………… 203
　　　　相对持续性 ………………………………………………… 203
　　　　本章小结 …………………………………………………… 208

第10章　心理学 ………………………………………………… 210
　　　　自我归因偏差 ……………………………………………… 215
　　　　过度自信 …………………………………………………… 217
　　　　可获得性偏差 ……………………………………………… 222
　　　　短视思维 …………………………………………………… 224
　　　　厌恶损失 …………………………………………………… 225
　　　　保守主义及代表性偏差 …………………………………… 227
　　　　确认偏差 …………………………………………………… 230
　　　　事后聪明偏差 ……………………………………………… 233

锚定与调整偏差 …… 234
叙事谬误 …… 236
预期理论 …… 237
本章小结 …… 239

第11章 通过波动率交易来获利 …… 241
方差溢价 …… 241
产生方差溢价的原因 …… 249
本章小结 …… 251

第12章 VIX …… 252
VIX 指数 …… 253
VIX 期货 …… 254
波动率 ETN …… 256
其他 VIX 交易 …… 259
本章小结 …… 260

第13章 杠杆ETF …… 261
把杠杆 ETF 视为一个交易规模问题 …… 264
一个多头 – 空头交易策略 …… 264
杠杆 ETF 的期权 …… 265
本章小结 …… 267

第14章 一笔交易的生命周期 …… 269
交易前分析 …… 269
交易后分析 …… 276
本章小结 …… 278

第15章 结论 …… 280
本章小结 …… 284

资源 ·· 285
    能直接应用的书 ·· 285
    有启发价值的书 ·· 289
    有用的网站 ·· 291

译者后记 ·· 294

参考文献 ·· 296

本书配套网站 ·· 309

作者简介 ·· 314

第1章
Volatility Trading

期权定价

并不是说交易期权就一定需要一个定价模型。例如，如果交易员认为合约标的的价格会上涨超过看涨期权的行权价，并且超过行权价的幅度会远大于其所支付的权利金，他们就可以买入这个看涨期权。这是期权最简单和最直接的应用。比它稍微复杂一点的是，我们可以在没有定价模型的情况下交易波动率。如果交易员认为合约标的价格在到期时与行权价的差距会小于某个跨式价差的价格，那他们就会卖出这个跨式价差。诸如此类的期权头寸例子还有很多，交易员可以尝试通过构建类似的头寸来从其对合约标的未来价格分布的看法中获利。不过，如果我们想以合约标的在到期前的行为为基础来展示我们的观点，我们就需要一个定价模型了。

模型是一个框架，我们可以利用它来比较不同期限、合约标的和行权价的期权。我们不需要这个模型多么真实，也不需要它能特别精确地反映现实的交易环境。期权是针对价格快速变化的合约标的的赌局，具有高杠杆、非线性和与时间相关的特点。定价模型的主要目的是把这些价格用一种更加缓慢移动的系统来表示。

能够完美捕捉金融市场所有特征的模型是几乎不存在的。再者，即使存在，也会因为过于复杂而难以调试和使用。所以我们需要对现实世界进行适当简化，从而对其进行建模。此外，对于任何模型，我们都需要留意模型中所使用的简化假设以及模型的适用性。

布莱克－斯科尔斯－默顿模型

这里我们会对布莱克－斯科尔斯－默顿（BSM）模型进行分析。对期权交易员而言，BSM模型就是他们思考的概念框架，就像我们用母语思考一样，经验丰富的衍生品交易员都是用BSM语言来思考的。交易员所使用的模型与诸如物理学等硬科学上所使用的模型有很大的区别。物理学中的模型是用来描述现实世界的，模型至少在某种程度上是正确的，然后才用来预测。不同模型之间的正确度并不需要一致。一些成功的理论实际上是基于高度简化的唯象模型。卢瑟福的原子模型就是一个著名的例子，该模型假设电子沿轨道绕原子核旋转，就像行星沿轨道绕太阳运行一样，但行星模型并不是原子结构的精确描述。

交易模型是完全不同的。从对现实世界的精确表述来看，BSM模型并不好，因为它相对于现实有很大的差距，模型中的大多数假设都过分简化了。说它是一个好模型，则是因为我们对它的这些缺点都已经很好地了解了，并且它给出的结论从直觉上来看也是合理的。这就足够了，它已经够用了。继续讨论这个模型是正确的还是错误的，就像说德语是错误的，而法语是正确的一样毫无意义。

BSM公式的标准推导过程在许多书中都能找到（例如，Hull，2005）。详细的推导过程虽然能够让我们清楚地了解模型中的数学细节和所采用的金融学假设，但它通常无法明确告诉我们作为一个交易员应该怎么做。交易员的目的是识别被错误定价的期权并且从中盈利。我们必须牢记这一点。那么BSM公式是怎么帮助我们实现这一目标的呢？

反过来思考这个问题。首先我们假设交易员持有一个 delta 中性组合，它是由 1 份看涨期权和 delta 份股票空头所组成的。接下来我们将应用有关期权动态变化的知识来推导 BSM 公式。

该组合是 delta 中性的，对期权交易员而言，这一特征显而易见。事实上，早在 BSM 模型出现之前，交易员们就认识到了 delta 对冲的概念（关于这一段有趣的历史，可以参考 Haug，2007a）。不过即使是第一次接触该概念的读者，也可以很容易理解这一点。随着合约标的价格上涨，看涨（看跌）期权的价值会增加（下降）。因此，原则上我们可以用一定比例的合约标的来抵消期权的这种方向性风险。认识到这一点很容易，但具体应该用多少数量的合约标的，这个问题就不是那么简单了。

在对合约标的的收益率所服从的分布做出任何假设之前，我们可以先列出期权的一些必然具备的属性。这些属性很容易就可以在金融市场中被观察到。

- 当合约标的的价格上涨（下跌）时，看涨（看跌）期权变得更有价值。因为此时期权成为实值期权的可能性也越高。
- 看涨（看跌）期权的价值永远都不会比合约标的的价格（行权价格）更高。
- 随着时间流逝，期权价值将下降。这是因为期权变为实值期权的时间减少了。
- 期权价值必然与不确定性正相关。如果合约标的的没有风险，那人们也就没有必要花钱购买某个在特定状态下才会有价值的产品。期权之所以有价值，是因为未来的不确定性。因此，不确定性越强，期权的价值也就越高。
- 随着利率上升，期权的价值会下降。这是由于我们需要融资来买入期权，当利率上升，我们的融资成本也随之上升（此时我们没有考虑利率变化对合约标的价格的影响)。
- 股息发放（以及储存或融券成本）对看涨和看跌期权有不同的影响。期权持有人不能收到股息。这意味着从期权定价的角度来看，股息发放会降低标的股票的有效价格。因此股息发放会增加看跌期权的价值，降低看涨期权的价值。

我们在前文已经提到，即便在 BSM 公式问世之前，期权交易员就已经意识到，通过持有期权和合约标的的组合能够降低方向性风险。那么让我们先假设持有一个 delta 中性组合，其价值为：

$$C - \Delta S_t \tag{1-1}$$

其中，C 是期权的价值，S_t 是时刻 t 合约标的的价格，Δ 是我们持有的股票空头的数量。在下一个时刻，合约标的的价格变成 S_{t+1}。投资组合的价值变化由期权和股票头寸的价值变化，以及为了构建这个组合而产生的融资成本所构成。因此组合的价值变化为：

$$C(S_{t+1}) - C(S_t) - \Delta(S_{t+1} - S_t) - r(C - \Delta S_t) \tag{1-2}$$

最后一项之所以为正，是因为需要考虑我们的现金流。我们买入期权，因此我们需要为该成本融资。但我们卖空了股票，因此我们可以由此收到现金。经过单位时间间隔，我们会由此收到 $r\Delta S_t$ 的利息。

另外要注意的是，由于假设时间间隔足够小，因此我们可以认为 delta 在此期间内没有发生变化。

合约标的价格变化所导致的期权价格变化可以通过二阶泰勒展开公式来近似。另外我们知道，当"其他因素不变"时，由于时间流逝而导致的期权价值变化可以用 θ 来表示。

在我们的证明中，我们假设需要考虑价格的二阶导数，但对于时间则只需考虑其一阶导数。为什么这样的选择是有效的呢？忽略价格的更高阶导数事实上并不合适。我们之所以这样做，是为了得到 BSM 公式。

在更正式的推导中会说明,这与合约标的收益率的正态分布假设有关。这是我不可忽略的主要的简化。我会在稍后进一步讨论这个问题。关于我们只需要更少的关于时间的导数的假设,则更容易理解。合约标的价格变化是随机的,因此这是一个风险来源。而时间变化是可预期的,因此时间流逝对期权的影响则仅仅是一种成本。

因此可以得到公式:

$$\Delta(S_{t+1}-S_t)+\frac{1}{2}(S_{t+1}-S_t)^2\frac{\partial^2 C}{\partial S^2}+\theta-\Delta(S_{t+1}-S_t)-r(C-\Delta S_t) \qquad (1\text{-}3)$$

或者:

$$\frac{1}{2}(S_{t+1}-S_t)^2\Gamma+\theta-r(C-\Delta S_t) \qquad (1\text{-}4)$$

其中 Γ 是期权价格对合约标的价格的二阶偏导数。式(1-4)给出了投资组合的价值变化,或者说当股票价格发生微小变化时,交易员所获得的利润。它由三个部分组成。

(1)第一部分是 gamma 效应。由于 gamma 为正,因此期权持有者能够盈利(这部分利润大致相当于标的股票价格变化平方的一半)。

(2)第二部分是 theta 效应。随着时间的流逝,期权持有者会损失一部分钱。

(3)第三部分代表融资的影响。持有一个已对冲的期权多头的组合相当于借出资金。

另外,我们将在第 2 章中看到,从平均上说:

$$(S_{t+1}-S_t)^2 \cong \sigma^2 S^2$$

其中 σ 是合约标的收益率的标准差,通常也被称为波动率。因此我们可以将式(1-4)写成如下形式:

$$\frac{1}{2}\sigma^2 S^2\Gamma+\theta-r(C-\Delta S_t) \qquad (1\text{-}5)$$

因为这个投资组合是无风险的,而且是用借入的资金来进行融资,因此我们可以认为这个组合并不能够获取任何非正常利润,所以式(1-5)的值应等于0。因此,期权的公允价值应满足等式:

$$\frac{1}{2}\sigma^2 S^2 \Gamma + \theta - r(C - \Delta S_t) = 0 \qquad (1\text{-}6)$$

在继续推导之前,我们需要明确这个非正式推导过程中所隐含的一些假设。

- 为了得到式(1-1),我们需要假设市场上存在可交易的合约标的。事实上我们是假设该资产可被卖空,同时能够以任意交易量进行交易,而不会产生任何交易成本。
- 式(1-2)假设做空合约标的所获得的资金的再投资利率,与借入购买看涨期权的资金的利率相同,并且我们假定这个利率是不变的。
- 式(1-3)假设合约标的的价格变动是连续和平滑的。同时正如我们先前所提及的,我们考虑关于价格的二阶导数,但只考虑关于时间的一阶导数。这是个限制性非常强的假设,我们稍后会对其进行深入分析。

然而,值得注意的是,关于合约标的的价格是否会发生漂移,我们并没有做任何假设。我们只是天真地认为,如果一个金融工具的价值会随着合约标的的价格的上升而升值,那么它也会受到合约标的的价格漂移作用的影响。但是只要把期权和合约标的的按合适的比例进行组合,就可以抵消漂移的影响。由于漂移可以被对冲掉,所以期权的持有人并不要求补偿这部分风险。在本章后面讨论对冲时我们将会发现,在现实世界中,资产价格的连续性假设是不成立的,因此方向依赖(directional dependence)的现象会再度出现。

我们注意到，虽然合约标的价格变化并没有出现在式（1-6）中，但资产价格变化的平方却通过波动率项反映在式（1-6）中。所以 delta 中性组合的交易员是否能够获利的关键就在于合约标的价格的变化幅度。无论资产收益率是不是服从正态分布，上述结论都成立。只要资产收益率的方差是有限的，这个结论就成立。事实上，如果在泰勒展开式中加入了价格的高阶项，我们会发现，期权价格的变化同样也依赖于更高阶的合约标的价格变化量。

在适当条件下，式（1-6）对许多金融工具都成立：欧式期权和美式期权，看涨期权和看跌期权，以及许多奇异期权。此式能通过任意一个普通的偏微分方程解法求解。这些解法的封闭形式（若存在封闭解）可以在很多书（如 Hull, 2005, Sinclair, 2010）中找到。交易员应当理解这些解与定价变量和波动率参数之间的关系。我假定大家对此非常熟悉。

在上面的分析中，我们站在交易员的角度，利用交易员对合约标的价格和时间变化如何影响期权价格的了解，推导出了 BSM 公式的一种形式。这样一来，我们便知道如何从波动率的角度来交易期权。

到目前为止，我们已经知道期权的公允价值与合约标的收益率的标准差有关。如果期权和合约标的都公开上市交易，那么我们将有两种方法来应用所学的知识。

（1）通过估计期权存续期内的波动率计算期权的理论价格。

（2）利用期权的市场价格计算其隐含的标准差或波动率。

如果我们估计的波动率和市场所隐含的波动率显著不同，那就可以进行相应的期权交易。如果我们预测的波动率比隐含波动率高，我们则可以买入期权，并在合约标的市场进行相应的对冲。预计的利润将取决于隐含波动率与已实现波动率的差。式（1-6）表明这时的收益与两个波动率的差额是成比例的，即

$$\frac{1}{2}S^2\Gamma(\sigma^2-\sigma_{隐含}^2) \qquad (1\text{-}7)$$

另外一个可行的方法是用 vega 来计算 delta 中性组合的收益。vega 用于衡量期权价值对合约标的价格波动率的敏感程度,即隐含波动率每变化一个百分点(比如,从 19% 变到 18%)时,期权价值相应的变化量。这意味着当我们以 $\sigma_{隐含}$ 购买期权,如果波动率随后立即上升到 σ 时,我们的收益为:

$$vega(\sigma-\sigma_{隐含}) \qquad (1\text{-}8)$$

通过对式(1-7)求关于时间的积分,以及利用 gamma 和 vega 之间的关系,我们可以证明得到式(1-7)的瞬时利润和式(1-8)的总利润之间的关系,不过知道这一点并没有什么意义。gamma 和 vega 之间的关系为:

$$vega=\sigma TS^2\Gamma \qquad (1\text{-}9)$$

假设我们持有一份看涨期权 C,其初始定价基于 $\sigma_{隐含}$,然后变化到 σ。定义 $\delta=\sigma^2-\sigma_{隐含}^2$。那方差的一阶导数就为:

$$C(\sigma_{隐含}^2+\delta)=C(\sigma_{隐含}^2)+\delta\frac{\partial C}{\partial(\sigma^2)} \qquad (1\text{-}10)$$

其中:

$$\frac{\partial C}{\partial(\sigma^2)}=\frac{\partial C}{\partial\sigma}\frac{\partial\sigma}{\partial(\sigma^2)}=vega\times\frac{1}{2\sigma} \qquad (1\text{-}11)$$

因此式(1-10)中的第二项,即损益项(P/L 或 P&L)就为:

$$\begin{aligned}\delta\times vega\times\frac{1}{2\sigma}&=\frac{vega}{2\sigma}(\sigma^2-\sigma_{隐含}^2)\\&=\frac{vega}{2\sigma}(\sigma-\sigma_{隐含})(\sigma+\sigma_{隐含})\\&\approx vega(\sigma-\sigma_{隐含})\end{aligned} \qquad (1\text{-}12)$$

其中最后一步的抵销是基于波动率变化不大的现实假设而实现的。这个推导过程并不严密,但其结论却普遍成立。

这种形式的损益公式对交易员来说更有用，相对于瞬时盈利，他们对总盈利更有兴趣。它也可以简化地认为损益与波动率呈线性关系。如果我们不得不持有期权至到期，并且假设已实现波动率的平均值为 σ，那我们也可以获得同样金额的盈利，但这只是平均意义上的盈利。"vega 利润"是通过我们不断地再平衡 delta 来实现的，其数值等于我们不断对冲 delta 盈利之和。

这里存在的一个问题是，gamma 与期权的在值状态高度相关，很明显当合约标的的价格变化时，gamma 也会随之变化。所以盈利是很不稳定的，并且也是路径依赖的。我们将在第 7 章继续研究这个问题。

在构建模型时，使用简化假设是完全可以接受的。但如果假设条件错得离谱，以至于模型连最基本的参考作用都没有，那这样的假设就完全不能被接受。因此在继续深入讨论之前，我们需要了解所使用的假设都有哪些局限性。

模型假设

假设合约标的是可交易的

我们假设合约标的是一种可交易的资产。虽然 BSM 公式已经被拓展至这个假设不成立的情形，例如实物期权的定价。但由于我们主要关心的还是股票和期货的期权，所以这个假设不算苛刻。然而，对于很多可以创设期权的合约标的而言，它们的流动性却是一个问题，因此可交易这个假设并不总是清晰明了的。如果遇到不能按照我们所需的数量来交易合约标的，我们就会陷入困境。

假设合约标的不支付股息或者不存在储存费用

我们假设合约标的不支付股息或其他收入。请注意，在式（1-2）

中我们引入了无风险利率 r，它与融资买入看涨期权和融出用于对冲的组合（ΔS）都有关。不过事实上并不完全如此。

如果合约标的支付股息为 q，那等式的第二项就需要用 $r-q$ 来代替。

对于指数来说，连续股息率常常是一个合适的近似，但个股支付的却是离散股息。因此我们需要假设个股价格减去股息的贴现值之后的部分才是真正的合约标的，这会让等式更复杂，但并没有改变本质。

卖空者很少能够收到卖空资产的全部金额。卖空个股是经纪商给其客户的一种特权，而获得这个特权常需要支付费用。通常可以通过假设一个虚拟的股息率来反映这部分费用。

如果合约标的为实物商品，那就存在一个为比率为 q^* 的仓储费用，在对冲中考虑这个费用之后的利率就变为 $r+q^*$。

如果合约标的为期货，那对冲的融资成本就为零。这样的情况下，与对冲有关的利率就会为零。

假设合约标的可以做空

如果合约标的是期货，这个假设完全没有问题。但对于股票来说，做空会比较困难。此外，即使做空可行，由于借入股票需要支付费用，因此卖空者很少能够获得卖空投资的全部金额。这可通过假设合约标的存在一个额外的股息率来综合考虑，其上限为与卖空股票有关的惩罚费用。

假设存在单一不变的利率

利率存在买卖价差。我们不能把卖空获得的资金按借款利率投资出去。可以修改 BSM 公式来将其纳入考虑之中（Bergman，1995），但会让该方程变得很复杂。

另外，利率也不是恒定不变的。即使这是 BSM 模型的一个假设，但该理论仍被大量用于给债券和货币市场利率期权定价。如果该假设是有效的，那就不会有波动。我们可以忽略这个问题，因为至少对于存续期很短的期权来说，相对于其他风险而言，利率变化所导致的风险（rho）是不显著的。

假设不存在税收

我们假设不存在税收。在现实中，不同的市场参与者可能会面临不同的纳税义务，这会产生交易机会和陷阱。当支付股息时，这样的情况就经常发生，因为外国投资者所面临的税率与本地投资者有很大的差异。交易员需要记住应基于期权对其自身的价值来对期权定价，而不是考虑期权对边界投资者的价值，而后者是市场会采用的定价方式。

可以交易任何数量的合约标的

上文已经提到过，如果我们的交易量超过市场容量，就会产生问题。但在推导中，我们仍假设可以交易任意小的数量，包括零点几股。显然这是不可能的，并且我们的经纪商可能会有最低收费标准，这就会让小于 100 股的小额交易变得不经济。我们会在第六章讨论离散间隔对冲的方法时讨论这一现实的限制。

交易合约标的不存在任何费用

这与前一点密切相关。交易合约标的通常会产生费用：手续费、清算费或买卖价差等。这些费用会抑制我们进行连续对冲（如果这是可行的话）的念头，因为我们在通过对冲来降低风险时，需要平衡这样做的费用。我们会在第 6 章进一步讨论这个问题。

波动率为常数

在我们推导 BSM 的过程中,我们假设波动率为常数,而不是关于时间或合约标的价格的函数。事实上,当我们开始讨论 vega 时,隐含波动率的变化所带来的影响就强调了这一假设的不一致性。这个基本假设不仅是不正确的,而且我们将会积极地交易波动率的这些变化。虽然也有一些模型考虑了波动率的变化,但我们还是选择使用 BSM 模型,并记住这个缺陷。这和我们的交易哲学是一致的,即模型只是关于我们想法的一个框架,而不是对现实市场的精确描述。

对收益率分布的假设

我们假定波动率是描述合约标的收益分布的唯一参数。资产收益的均值可以被对冲掉,而高阶矩则可以忽略不计。这和假设收益率服从正态分布或价格服从对数正态分布是相同的。在第 3 章中,我们考察了真实市场的统计数据,然后发现我们的假设是不成立的。这一不成立的事实会产生一个被称为"波动率微笑"的著名现象,它表明隐含波动率是行权价的函数。本质上,隐含波动率是我们在一个错误的公式中填入的一个错误数字,来得到一个正确的期权价格。这一问题可通过多种方法来改进。在第 5 章中,我们提供了一些方法来度量隐含的偏度和峰度。

我们还假设合约标的价格的变化是连续的,这样我们就可以不断地调整对冲头寸。但这一假设是不成立的。有时候合约标的价格会出现大幅跳空。例如,一家生物科技公司的股价在一天内跳空 70%~80% 并不算稀奇。为了应对这样的情况,有学者(Merton,1976)对 BSM 公式做了修正,但这并不是我们讨论的重点。这些价格跳跃是无法对冲的,复制策略也会彻底失败。我们必须学会使用其他期权来对冲这部分风险。这就是交易员在实践中需要用到的半静态对冲策略。

结论

BSM 模型是非常稳健的。对于推导公式时所做的那些假设，大部分都可以适当放松而不至于影响模型的使用。但需要注意，我们只是把 BSM 模型作为定价模型，而不是作为风险控制方法来使用。将快速变化的期权价格转化成一个缓慢变化的参数（隐含波动率）是非常有用的，它可以与我们所估计的已实现波动率进行对比。它同样可以用来比较不同的期权。即使大部分假设都是不正确的，但它们对于 50-delta 看涨期权和 40-delta 看涨期权的价格的影响是相似的。这让我们所估计的期权价差的准确性会比估计单个期权时更高。如果稍微模糊一点，我们还可以进一步比较不同合约标的的期权。

但是风险控制必须单独处理。交易员永远都不应该用正态分布的各阶矩来考虑极端风险。诸如"当 IBM 公司股价变动 5 个标准差时会怎么样"这样的问题，只有在正常情况下才会有用（这里的正常情况是指股价变动服从正态分布的情形）。我们同样应当清楚，当 IBM 公司股价跌去 50% 时会发生什么，尽管这样的情形从未发生过。默顿认为这些极端的价格跳空可以通过分散化来去除（Merton，1976）。遗憾的是，交易员也只能希望这个结论是正确的。尾部风险可以通过交易一些深度虚值期权来控制，并且控制单个资产在整个组合中的比例尽量小同样有帮助。但总体上，承受风险才能获得收益。我们需要区分出，我们在哪些风险上有优势，而哪些没有。另外，永远不要用定价模型来衡量风险的大小。

本章小结

模型并不是魔法。特别地，期权定价模型并不能真正对期权"定价"。它们只是将期权价格转化为一个更缓慢变化的参数——隐含波动率。这种简化让我们可以比较不同行权价、存续期和合约标的的期权。

BSM模型是最古老、经受最多检验的模型之一。通过足够的特殊修正，它可以用来对绝大多数交易所上市期权进行定价。虽然并不是一定要选择这个模型，但由于其稳定性、简便和已成为期权市场中的公共语言等原因，我推荐使用这个模型。它最重要的特性有：

- 合约标的价格的漂移项可以被对冲掉；
- 合约标的价格变化的波动则无法被对冲掉；
- 需要时刻记得隐含在该模型之后的所有假设；
- BSM模型是一个用来选择交易机会的模型，而不是一个用来控制风险的模型。

第2章
Volatility Trading

波动率的度量

我们已经知道，如果要在期权交易中寻找机会，就需要先对未来的已实现波动率进行估计，然后再和期权的隐含波动率对比进行相应的交易。在预测未来的波动率之前，我们需要先对过去的波动率水平进行度量。在本章中，我们会研究度量历史波动率的各种方法，包括收盘价－收盘价波动率、Parkinson 波动率、Rogers-Satchell 波动率、Garman-Klass 波动率和 Yang-Zhang 波动率。我们将会讨论每种方法的效率（估计值能以多快的速度逼近真实值）和偏差（该方法的估计值是否会系统性地高于或低于真实值），以及如何受到真实市场不同特征的干扰。这些特征包括收益率的厚尾现象、趋势和微观结构噪声等，同时我们也会研究度量不同的频率。当我们理解何为历史波动率后，就能着手研究它的属性。我们将侧重论述均值回复、波动率聚集以及季节性效应。

波动率的定义及度量

在交易的时候，我们不仅仅需要未来波动率的一个点估计，还需要对波动率可能所处的区间进行估计。为了得到这个估计，我们要研究波动率锥（volatility cones）的构建和抽样的属性。如何度量波动率以及预测其分布是期权交易成功的关键。但遗憾的是，它们并非（期权交易成功的）充分条件。仅仅因为波动率便宜就买入，或者因为它贵就卖出，这往往不会是一个好主意。通常，东西便宜自然有其便宜的道理。我们所做的任何预测都需要相应的基本面分析作为补充（例如，究竟什么因素会导致波动率上升？当持有空头头寸时，我们不希望发生什么情况？）。市场相当复杂，并且相互关联，所有度量和预测的结果都必须置于当前的交易环境中进行考量。

度量波动率不同于估计价格。瞬时波动率是无法被观测到的，它需要时间来验证自己。度量波动率更像是一门艺术，因为我们要从众多的统计量中做出选择。事实上，Poon（2005）就列举了100篇以上关于波动率预测的参考文献，这在一定程度上反映了该问题的难度。这里，我们的目的并不是要给出一个明确的答案，而只是给出一些估计波动率的方法，并研究它们各自的优势和劣势，以及在什么情况下该使用什么方法。

波动率的定义

波动率的标准定义是方差的平方根。方差的定义为：

$$s^2 = \frac{1}{N}\sum_{i=1}^{N}\left(x_i - \bar{x}\right)^2 \quad (2\text{-}1a)$$

其中，x_i 为对数收益率，$\bar{x}$ 为样本的平均收益率，N 为样本数量。为了将方差以年化的形式表示，我们需要将原方差乘以年化因子 N，也就是一年的交易周期。例如，当我们使用日频数据时，N 就是252，因为这是一年中的交易日数量（至少在美国是如此）。

如果该历史价格序列包括了股息支付（或者拆股），那么就有必要对价格序列进行调整。由于除息的影响，即使股价没有发生波动，看起来也会有一定的波动。如果不进行调整，那么对波动率的度量就可能会出现若干个百分点的误差。例如，如果由于除息导致股价跌了3%，那么年化后看上去就变动了48%（即 $0.03\sqrt{252}$）。这样一来，波动就被显著放大了。

有多种进行调整的方法。第一种方法是在除息日简单地把股息从除息前的股价中减掉。这种方法能够使股价在除息前后日变化的绝对值保持不变。但该方法的缺点是：如果支付股息的次数足够多，量足够大，那么在调整后很有可能会得到负的股价。

另一种更好的方法是将股价乘上一个不受百分比变化影响的调整因子。这个因子是：

$$1-\frac{股息}{价格}$$

对除息日前的股价都乘上这个因子，称为向后调整。相应地，也可以进行向前调整。如果进行向前调整，那当前的股价将不同于调整后的股价。

式（2-1a）并没有对分布做任何假设，仅仅是一个加总。所有有限数量的样本都可以计算方差。然而，为了在期权定价中使用波动率，我们需要假设其收益率的生成过程。正如前文所提及的，BSM模型假设收益率服从正态分布。在这样的情况下，方差就完全刻画了该分布的形状。我们知道这个假设是不正确的，但我们仍希望方差（以及波动率）是刻画收益率分布宽度方面的一个重要参数，甚至是决定性参数。

在金融领域，将收益率均值（漂移项）和方差区分开是很难的（这在许多关于交易策略和交易结果的讨论中都是核心问题），并且收益率均值的估计也是出了名的不准，特别是在小样本的情况下。因此我们通常把式（2-1a）中的平均收益率项设为0。通过去掉一个噪声源，这会增加度量的准确性：

$$s^2 = \frac{1}{N}\sum_{i=1}^{N}(x_i)^2 \qquad (2\text{-}1b)$$

为了从样本方差得到总体方差的估计，我们需要做一下转换（Kenny 和 Keeping，1951）即

$$\sigma^2 = \frac{N}{N-1}s^2 \qquad (2\text{-}2)$$

然而，有些专家选择回避这一步，而是直接将样本方差定义为：

$$s^2 = \frac{1}{N-1}\sum_{i=1}^{N}\left(x_i - \overline{x}\right)^2 \qquad (2\text{-}3)$$

这样定义的方差实际上是总体方差的无偏估计。由于在应用中不同的方差定义容易造成混淆，因此有必要先弄清楚方差是如何定义的。记得查看下其计算公式的分母上有无 $N-1$ 项。Excel 软件中 VAR 函数就是根据第二种定义来计算的。

式（2-2）和式（2-3）给出了方差的无偏估计，但直接在方差上开平方所得到的波动率估计却是偏低的。这是由詹森不等式造成的。詹森不等式表明，平方根的均值总是比均值的平方根小，即

$$E(s) = E\left(\sqrt{s^2}\right) < \sqrt{E(s^2)} = \sqrt{\sigma^2} = \sigma$$

因此，我们需要对这个偏差进行校正。

如果假设收益率服从正态分布，那么就可以将样本标准差的分布函数看成样本容量的函数，那么该函数便可写成：

$$f_N(s) = 2\frac{\left(\dfrac{N}{2\sigma^2}\right)^{\frac{N-1}{2}}}{\Gamma\left(\dfrac{N-1}{2}\right)}\exp\left(\frac{-Ns^2}{2\sigma^2}\right)s^{N-2} \qquad (2\text{-}4)$$

其中，s 是样本标准差，σ 是总体标准差，$\Gamma(x)$ 是伽马函数，定义为 $\Gamma(n)=(n-1)!$，该函数的图形如图 2-1 所示。

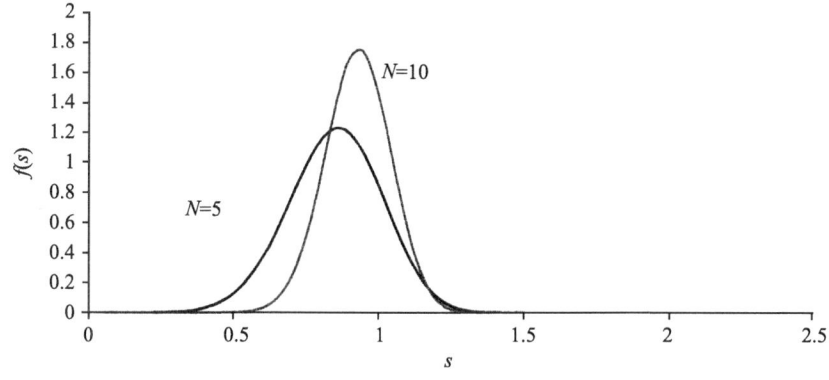

图 2-1　样本标准差的分布

通过观察图 2-1 可以发现，随着样本容量 N 的增大，分布的峰值在向右侧移动——趋向于总体标准差。因此样本容量越大，总体标准差与样本标准差之间的偏差就越小。偏差的程度可以通过下式进行精确量化：

$$\bar{s} = b(N)\sigma \qquad (2\text{-}5)$$

其中：

$$b(N) = \sqrt{\frac{2}{N}} \frac{\Gamma\left(\dfrac{N}{2}\right)}{\Gamma\left(\dfrac{N-1}{2}\right)} \qquad (2\text{-}6)$$

s/b 就是总体标准差的无偏估计。

表 2-1 列出了不同的样本容量时所对应的 b 值。

表 2-1　校正因子与样本容量的关系

样本容量	$b(N)$	样本容量	$b(N)$	样本容量	$b(N)$
5	0.840 749	20	0.961 945	100	0.992 478
10	0.922 746	50	0.984 912	200	0.996 245

使用 s/b 便纠正了这一偏差，也就是说这一估计量不会系统性地高估或者低估真实波动率。但是，该估计量向真实波动率收敛的速度较为缓慢，因此在技术上将其称为非有效估计量。该估计量的方差为：

$$\text{var}(s) = \frac{1}{N}\left(N-1-2\frac{\Gamma^2\left(\frac{N}{2}\right)}{\Gamma^2\left(\frac{N-1}{2}\right)}\right)\sigma^2 \quad (2\text{-}7)$$

方差（样本方差的方差）与样本容量的关系如图 2-2 所示。

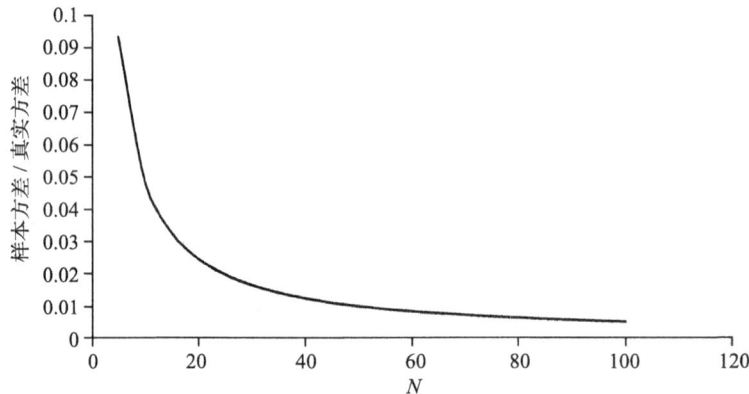

图 2-2　样本方差的方差会收敛至真实总体方差，它是样本容量 N 的函数

如果直接心算 gamma 函数会非常难，因此如果能找到一个更为简单的近似公式，那么在实际中将大有裨益。首先我们注意到：

$$\frac{\Gamma\left(k+\frac{1}{2}\right)}{\Gamma(k)} = \sqrt{k}\left(1 - \frac{1}{8k} + \frac{1}{128k^2} + \cdots\right) \quad (2\text{-}8)$$

将式（2-8）代入式（2-6），整理后只取到 N 的一阶项（近似），可得：

$$b(N)^2 \approx 1 - \frac{3}{2N} \quad (2\text{-}9)$$

因此，再结合式（2-6）和式（2-7）可以得到：

$$\text{var}(s) \approx \frac{\sigma^2}{2N} \quad (2\text{-}10)$$

这样我们便得到了一个更为简单的有关波动率估计量置信区间的表

达式。置信区间与样本容量 N 之间的变动关系可以参见表 2-2。从该表可以看出，与式（2-7）得到的精确结果相比，近似结果的误差相当小。

表 2-2 置信区间与样本容量 N 的关系

样本容量	真实波动率	标准差	近似标准差
5	0.3	0.091 557	0.094 868
10	0.3	0.066 096	0.067 082
20	0.3	0.047 113	0.047 434
30	0.3	0.038 56	0.038 730
50	0.3	0.029 923	0.030 000
100	0.3	0.021 186	0.021 213

因此，使用更多的数据可以带给我们更为准确的结果。这在静态过程中对波动率进行估计没有问题，但在真实的金融市场中，这种估计方法就存在很多问题。由于抽样误差的存在，所以如果数据量过少，那么度量出的波动率便会因为噪声（即误差）的存在而偏离真实波动率。但反过来，如果数据量过多，那么这些样本中就有可能掺杂与当前市场状态无关的数据。因此选取适当的样本容量就显得非常有艺术性，最合适的数据量将与当前的市场环境有关。然而，常见的使用最近 30 个收盘价数据来估计波动率的方法显然会出现大得离谱的抽样误差。2 倍标准差下 95% 的置信区间意味着，我们偏离真实值的幅度高达 25%！

抽样误差和度量误差完全是两回事。在物理实验中，由于测量设备或实验装置的限制，我们可能只能在一个有限的精确度内测量出某一确定量的值。但如果我们忽略买卖价差，那么股票价格便是一个精确的数字，从而其历史波动率也是一个精确的数字。度量的整个过程不存在任何不确定性。不过度量出的数字是否真实地反映了合约标的的情况，这是不确定的。这就好比在棒球比赛中，当一位击球手五击五中的时候，毫无争议，他的命中率确实达到 100%，但却没有人能说他是一位 100% 命中的击球手。这是因为我们极有可能只是碰巧看到了他职业生涯的巅峰，而在其他某些时间可能一个球都击不中。类似地，就像命中能力一样，波动率也是一个不可观测的量，我们只能去估计它。我们对波动率进行的度量只是真实波动率的片面反映，这就好比夺冠次数只是棒球运动员真实能力的侧面反映一样。

在着手解决上述问题前，我们再来看一个能说明该收盘价－收盘价估计量具有实用性的理由，即该估计量可以改写为另外一种形式，这种形式可以简单地将股价的平均变动与波动率联系起来，而这种形式对交易员来说也是相当有帮助的。

其实标准差就是各平方项均值的开方形式。但是对于这些量的变化，我们通常很难直观地进行解释。因此，我们可以观察一个基于股价变动的估计量作为替代，即

$$\sigma = 19.896 \left(\frac{1}{N} \sum_{t=1}^{N} |R_t| \right) \quad (2\text{-}11)$$

这是因为绝对收益率的均值为：

$$E(|R_t|) = \sqrt{\frac{2}{\pi}} \sigma \quad (2\text{-}12)$$

这意味着：

$$\text{平均变动} = 0.04986 \, \sigma S \approx \frac{\sigma S}{20} \quad (2\text{-}13)$$

上述公式把日收益率和年化波动率联系了起来。交易员通常认为，16%的年化波动率就对应着1%的日收益率。这是因为他们将收益率的平方求均值后开方所得到的值和日收益率混淆了。为了对应日收益率和年化波动率的数值，我们需要将波动率除以20。

将日收益率乘以20，就得到了一个"快捷但欠准确"的年化波动率的估计值。

一般有两个基本方法可以解决抽样误差的问题：一是使用更高频率的数据来估计收盘价－收盘价估计量，二是使用包括收盘价在内的所有

数据的估计量,但这两个方法都存在一定的局限性。我们将先尝试开发一些更好的估计量。这个过程同样具有广泛的适用性。如果我们能找到更好的估计量,那我们就可以将它应用到更高频率的数据上。

其他波动率估计量

第一个是 Parkinson（1980）估计量。该估计量的表达式为:

$$\sigma = \sqrt{\frac{1}{4N\ln 2}\sum_{i=1}^{N}\left(\ln\frac{h_i}{l_i}\right)^2} \qquad (2\text{-}14)$$

其中,h_i 是交易时的最高价,l_i 是最低价。

和前文一样,若要得到年化值,也需要将这个估计量乘上每年交易周期数的平方根。这种由极差构造波动率估计量的方法是有意义的,也是交易员通常所理解的形式。另外,该估计量似乎能以更快的速度收敛于真实波动率。因为它在每个交易时段都使用了两个价格,而不像收盘价－收盘价估计量那样只用了一个。事实也确实如此,当用人工生成的几何布朗运动来进行检验时,Parkinson 估计量的效率要比收盘价－收盘价估计量高出 5 倍(此处的效率是指收盘价－收盘价估计量的方差与基于极差的估计量的方差的比值)。

如果价格是连续的,那么 Parkinson 估计量便是方差的无偏估计(但要记住,当把方差估计转化成波动率估计时,由詹森不等式导致的偏差仍然会存在)。然而价格样本是离散的,这是因为市场只能以离散的交易单位进行交易;更为重要的是,市场只是在一天中的部分时间开放。这就意味着那些没有被观察到的真实价格便不会成为我们估计时所使用的最高价或最低价。因此,基于能观察到的极差来构造的估计量,就会系统性地低估波动率。

Garman 和 Klass（1980）模拟了因离散取样所导致的波动率被低估

的现象，低估的程度与样本容量的关系参见表 2-3。

表 2-3　Parkinson 方差的抽样误差

样本容量	Parkinson 方差 / 真实方差	样本容量	Parkinson 方差 / 真实方差
5	0.55	50	0.82
10	0.65	100	0.86
20	0.74	200	0.92

Parkinson 波动率估计量会低估波动率这一事实会令不少人感到吃惊。普遍的错误观点认为，由于交易事实上很少以最高价或者最低价这样的极端价格执行，因此 Parkinson 估计量会高估波动率。这个论述的前半句是对的，但是这和波动率被高估或者低估无关。Parkinson 并没有对交易能否以极端价格执行做出任何说明，他只是认为极差和波动率是相关的。它只是波动率的一个估计而已，并不是对交易的估计。

估计量的偏差显然是个严重的问题。在使用过程中，就像我们在收盘价－收盘价估计量的例子中那样，我们可以通过将估计量除以调整因子来纠正存在的偏差，以便得到方差的无偏估计，但是这个方法仍然无法解决价格序列中存在开盘跳空的情形。

某一证券的波动率与其价格极差有关这一直觉是清晰的，这个想法可以扩展到其他与最高价和最低价不同的"极差"。

另一个知名的波动率估计量是由 Garman 和 Klass 提出的，其表达式为：

$$\sigma = \sqrt{\frac{1}{N}\sum_{i=1}^{N}\frac{1}{2}\left(\ln\frac{h_i}{l_i}\right)^2 - \frac{1}{N}\sum_{i=1}^{N}(2\ln 2 - 1)\left(\ln\frac{c_i}{c_{i-1}}\right)^2} \quad (2\text{-}15)$$

其中，c_i 为交易期内的收盘价。

这个估计量的收敛效率可以高达收盘价－收盘价估计量的 8 倍（精确的效率提升幅度取决于样本容量）。但是同样由于离散取样的原因，该方法也会低估实际的波动率，并且它的偏差实际上比 Parkinson 估计量的还要大，如表 2-4 所示。

表 2-4 Garman-Klass 方差的抽样误差

样本容量	Garman-Klass 方差 / 真实方差	样本容量	Garman-Klass 方差 / 真实方差
5	0.38	50	0.73
10	0.51	100	0.80
20	0.64	200	0.85

资料来源：Garman 和 Klass，1980。

一旦我们知道偏差在哪里，就总会有办法去调整它。但更严重的问题是，有研究表明，这些估计量之所以能提高估计效率，是因为它们依赖于一些并不适用于真实市场的假设，尤其价格服从不带漂移项的几何布朗运动以及连续交易的假设。Rogers、Satchell 和 Yoon（Rogers 和 Satchell，1991；Rogers、Satchell 和 Yoon，1994）在一定程度上放宽了这些限制条件，引入带有漂移项的更优的估计量，其表达式为：

$$\sigma = \sqrt{\frac{1}{N}\sum_{i=1}^{N}\left(\ln\frac{h_i}{c_i}\right)\left(\ln\frac{h_i}{o_i}\right) + \left(\ln\frac{l_i}{c_i}\right)\left(\ln\frac{l_i}{o_i}\right)} \qquad (2\text{-}16)$$

其中，o_i 为交易期内的收盘价。

随后，Yang 和 Zhang（2000）推导出了适用于开盘价格跳空的估计量。它本质上是 Rogers-Satchell-Yoon 估计量、收盘价 – 收盘价估计量和开盘价 – 收盘价估计量的加权平均。在一些模拟测试中，它的收敛效率可以达到收盘价 – 收盘价估计量的 14 倍，但却与由开盘跳空所导致的波动率占整个波动率的比例高度相关。如果价格跳空占据主导，那么这个估计量并不会比收盘价 – 收盘价估计量好多少。该估计量的表达式为：

$$\sigma = \sqrt{\sigma_o^2 + k\sigma_c^2 + (1-k)\sigma_{rs}^2} \qquad (2\text{-}17\text{a})$$

其中：

$$\sigma_o^2 = \frac{1}{N-1}\sum_{i=1}^{N}\left[\ln\left(\frac{o_i}{o_{i-1}}\right) - \frac{1}{N}\sum_{i=1}^{N}\ln\left(\frac{o_i}{o_{i-1}}\right)\right]^2 \qquad (2\text{-}17\text{b})$$

$$\sigma_c^2 = \frac{1}{N-1} \sum_{i=1}^{N} \left[\ln\left(\frac{c_i}{c_{i-1}}\right) - \frac{1}{N} \sum_{i=1}^{N} \ln\left(\frac{c_i}{c_{i-1}}\right) \right]^2 \quad (2\text{-}17c)$$

$$\sigma_{rs}^2 = \frac{1}{N} \sum_{i=1}^{N} \left(\ln\frac{h_i}{c_i} \right)\left(\ln\frac{h_i}{o_i} \right) + \left(\ln\frac{l_i}{c_i} \right)\left(\ln\frac{l_i}{o_i} \right) \quad (2\text{-}17d)$$

$$k = \frac{0.34}{1.34 + \frac{N+1}{N-1}} \quad (2\text{-}17e)$$

Brandt 和 Kinlay（2005）证明了上面两个估计量也都存在着向下偏差。这一点并不奇怪，因为它们都依赖于价格极值并且还假设交易连续。

迄今为止，我们已经讨论了 5 种波动率估计量，每种估计量都是为了克服上一种估计量的不足而构造出来的。因此每次的更迭都应该比上一次更优。那该使用何种估计量是否已经很明显了呢？其实不然。Brandt 和 Kinlay 在更逼真的模拟数据（包括离散取样、带有价格漂移项和价格跳空）上进行测试，结果表明，不同估计量的差别并不显著。在这样的市场环境中，Garman-Klass 和 Yang-Zhang 估计值会略微偏高，并且所有这些非经典的估计量都具有类似的效率。另外，当用实际市场数据进行测试时，这些估计量之间的相关性比用仿真数据的要高得多（相关性结果见表 2-5）。

表 2-5a 使用模拟数据时不同波动率估计值之间的相关性

	收盘价－收盘价	Parkinson	Garman-Klass	Rogers-Satchell	Yang-Zhang
收盘价－收盘价	1.00	0.7	0.689	0.394	0.693
Parkinson		1.00	0.768	0.745	0.777
Garman-Klass			1.00	0.804	0.995
Rogers-Satchell				1.00	0.813
Yang-Zhang					1.00

注：数据为 25 天的 5 分钟抽样数据。随机波动率均值为 14%，漂移项为 8%。

资料来源：Brandt 和 Kinlay，2005。

表 2-5b　使用标准普尔 500 市场数据时不同波动率估计值之间的相关性

	收盘价 – 收盘价	Parkinson	Garman-Klass	Rogers-Satchell	Yang-Zhang
收盘价 – 收盘价	1.00	0.975	0.944	0.911	0.942
Parkinson		1.00	0.991	0.976	0.99
Garman-Klass			1.00	0.994	0.999
Rogers-Satchell				1.00	0.996
Yang-Zhang					1.00

注：数据为 1988 年 1 月 4 日至 2003 年 12 月 31 日的 5 分钟抽样数据。

资料来源：Brandt 和 Kinlay，2005。

我们之前讨论的估计量都是将时间分割成一系列区间，然后观察区间内的特殊价格（开盘价、最高价、最低价和收盘价等）。在某种意义上，这些估计量都是基于以下问题：价格会移动多远？我们当然可以换个问题，不是问"价格会移动多远"而是问"价格会移动多快"。Cho 和 Frees（1988）最先提出了这个不同的观点。

通过构造一个双边障碍来定义一个对数价格区间，即初始标的价格上涨 Δ 或下跌 Δ。当障碍被触及时，我们会记录一个退出时间 τ_1，然后根据当前价格重置双边障碍。这样就可以生成一个退出时间序列（τ_1, τ_2, ⋯, τ_n），并用来估计波动率。

此处所选择的 Δ，与收盘价 – 收盘价方法中的固定时间间隔选择类似，不过此时我们的序列是一个当价格移动固定金额时由时间构成的随机序列。如图 2-3 所示，该图同样说明了为什么可以将这个初次退出时间的方法视为"收盘价 – 收盘价方法的变化"。

假设对数价格过程服从布朗运动，同时假设对于典型的 τ，漂移率可以忽略，我们就可以推导出下面的简洁结果：

$$E(\tau) = \frac{\Delta^2}{\sigma^2} \tag{2-18}$$

（推导的具体细节参见 Borodin 和 Salminen，2002。）

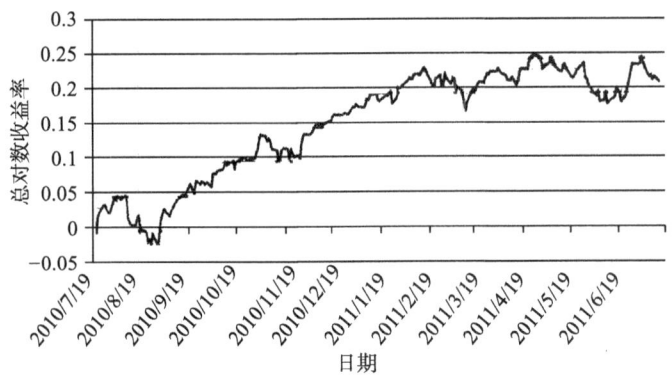

图 2-3 SPY 的对数收益率,当其变化 0.05 时抽样。在此例中,我们可以得到变化时间的序列(用交易日数量来表示):13、14、17、24、39、32、65、27、23

经过转化,我们可以得到该证券波动率的估计值为:

$$\sigma = \frac{\Delta}{\sqrt{E(\tau)}} \quad (2\text{-}19)$$

其中,$E(\tau)$ 为 n 个观测值后触发时间的样本均值。

然而,除非 n 非常大,否则该估计值会有很大的偏差。我们并不知道 $E(\tau)$ 的真实值,我们只能基于观测数据来估计它。因此 τ 的样本分布就非常重要。由于詹森不等式的缘故,其真实值会比式(2-19)的初始估计值略低。也就是说:

$$E\left(\frac{1}{\tau}\right) > \frac{1}{\sqrt{E(\tau)}} = \frac{\sigma}{\Delta} \quad (2\text{-}20)$$

不过我们可以利用一个二次修正项来调节 τ 的方差(同样参见 Borodin 和 Salminen,2002):

$$\text{Var}(\tau) = \frac{2\Delta^2}{3\sigma^2} = \frac{2}{3}E(\tau)^2 \quad (2\text{-}21)$$

如果 $\bar{\tau}$ 为 n 个初次退出时间样本的均值,根据中心极限定理:

$$E(\bar{\tau}) = E(\tau) \quad (2\text{-}22)$$

$$\text{Var}\left(\overline{\tau}\right) = \frac{\text{Var}(\tau)}{n} \quad (2\text{-}23)$$

我们的目标是推导出总体方差的一个无偏估计量。为了实现这一目的，我们定义了一个新的随机变量 $\delta\tau$：

$$\delta\tau = \overline{\tau} - E(\tau) \quad (2\text{-}24)$$

这个随机变量的均值为 0，方差为 $\text{Var}(\tau)/n$。接下来定义一个函数 f：

$$f(\tau) = \frac{\Delta}{\sqrt{\tau}} \quad (2\text{-}25)$$

我们可以扩展我们的有偏样本波动率 $E\left[f\left(\overline{\tau}\right)\right]$ 至二阶项，以获得方差项，从而求解出真实总体波动率：

$$\begin{aligned}
E\left[f\left(\overline{\tau}\right)\right] &= E\left\{f\left[E(\tau) + \delta\tau\right]\right\} \\
&= E\left\{f[E(\tau)] + f'[E(\tau)]\delta\tau + \frac{1}{2}f''[E(\tau)]\delta\tau^2 + \cdots\right\} \\
&= f[E(\tau)] + \frac{1}{2}f''[E(\tau)]E(\delta\tau)^2 \\
&= \sigma + \frac{1}{2} \times \frac{3}{4} \times \frac{\sigma}{E(\tau)^2}\text{Var}\left(\overline{\tau}\right) \\
&= \sigma\left(1 + \frac{1}{4n}\right)
\end{aligned} \quad (2\text{-}26)$$

这样，一个单独的观察值，我们需要通过乘以 4/5 来修正我们的观测波动率。这样的修正幅度很大，但随着 n 的增加，偏差会迅速降低，其收敛特征如表 2-6 所示。

表 2-6 样本波动率的偏差修正因子与观测值数量的关系

n	偏差修正因子	n	偏差修正因子
1	0.800	10	0.976
5	0.952	50	0.995

进行障碍估计量与收盘价–收盘价估计量持续性的收敛效率的比较是非常困难的。障碍估计量所使用的是一种不同的信息。实际上，这是

一种在线实时估计的自然拟合方法，可被视为具有几乎无限大的信息集。不过，现在大多数交易员都是坐在电脑前看着这些数据流从眼前划过。那为什么不使用全部数据呢？

为了直观地比较这两种方法的相对收敛速度，Merrill（2011）模拟了 100 000 次波动率为 0.30 的股票在 20 天内的路径，其中观测障碍被设为 0.01。障碍方法的波动率估计值的离散程度如图 2-4 所示，这些估计值的标准差为 0.028。

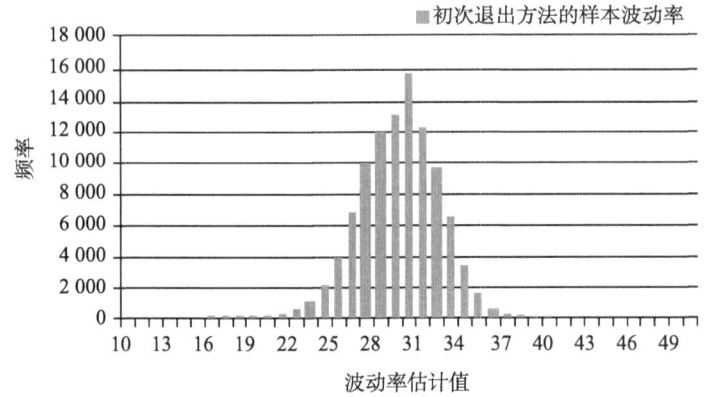

图 2-4　采用障碍方法时波动率估计值的分布

他根据式（2-18）计算得到 τ 的估计值为 0.28 天。接下来他又进行了一次模拟，按照 0.28 天的频率对该股票进行抽样。这意味着此时估计收盘价-收盘价波动率所使用的数据在平均意义上与障碍法相同。收盘价-收盘价方法的波动率估计值的离散程度如图 2-5 所示。这些估计值的标准差为 0.048。因此障碍方法的效率看上去比收盘价-收盘价方法高 1.7 倍。

退出时间方法估计波动率是实时波动率估计自然适应。若需要将股票的买卖价差和离散交易特征考虑进去，该方法调整起来也比较容易。它朝真实波动率收敛的速度也比传统的收盘价-收盘价估计量更快。

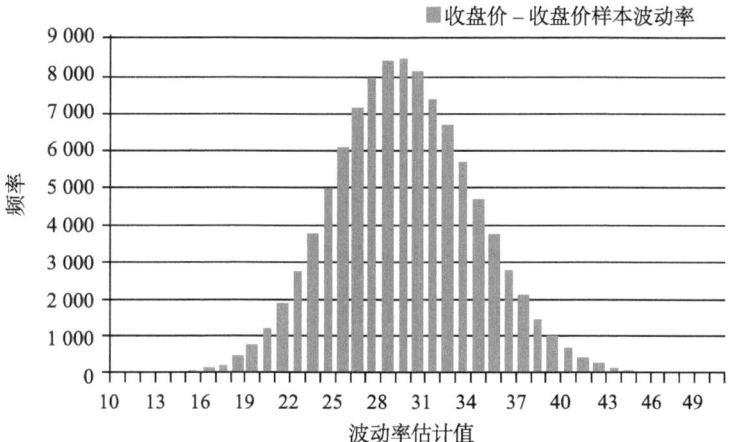

图 2-5 采用收盘价 – 收盘价方法时波动率估计值的分布

收盘价 – 收盘价估计量

优点：

- 抽样特性很容易被理解。
- 偏差容易纠正。
- 可以简单地转换为"典型的每日波幅"的公式形式。

缺点：

- 没有充分利用已有数据信息，并且收敛速度很慢。

Parkinson 估计量

优点：

- 使用日内极差来估计波动率很合理，并且相对于基于时间的抽样方法（如收盘价），其提供了更全面的独立信息。

缺点：

- 只适用于几何布朗运动过程的波动率估计，不能处理趋势和跳空。

- 会系统性地低估波动率。

Garman-Klass 估计量

优点:

- 效率要比收盘价 – 收盘价估计量高 8 倍。
- 充分利用常见的可获取的价格信息。

缺点:

- 偏差甚至比 Parkinson 估计量还大。

Rogers-Satchell 估计量

优点:

- 允许趋势的存在。

缺点:

- 同样无法处理价格跳空。

Yang-Zhang 估计量

优点:

- 具有最小估计误差。
- 能够处理漂移项和价格跳空。
- 在可用数据的使用上最为有效。

缺点:

- 如果价格过程由跳空主导,其性能会降低到和收盘价 – 收盘价估计量差不多。

初次退出时间估计量

优点：

- 使用了与传统时间序列方法本质上完全不同的信息。
- 是实时使用的自然估计量。
- 收敛相对更快。

缺点：

- 需要使用高频数据。

最后，我们得出的整体结论是：没有迹象表明存在最好的估计量。所有度量方法都包含了信息。我们不能根据纯粹的数学推导就决定使用哪个估计量，而应该考虑不同估计量的实际含义，并以此来决定选择谁。例如，如果 Parkinson 波动率为 40%，而收盘价 – 收盘价波动率为 20%，我们则可以合理地认为，真实波动主要来自日内大幅波动，而收盘价低估了真实波动过程。这个认识在我们决定如何更好地进行对冲时非常有用 [实际上，它的确会非常有用，但究竟有多有用则是另一个问题了。一些股票类型如美国存托凭证（ADR），其 Parkinson 估计量与收盘价估计量之比在一定程度上是可预测的，因为当这些股票不在交易时段时，会有许多新信息产生]。

使用更高频的数据

在波动率估计量的选择上，我们已经进行了大量的讨论，现在再看一下如何通过使用更多的样本数据（高频数据）来提高估计的精度。这样做的优点显而易见，在选择抽样区间时，使用极值或者收盘价会错过一些信息。这在图 2-6 中可以反映出来。

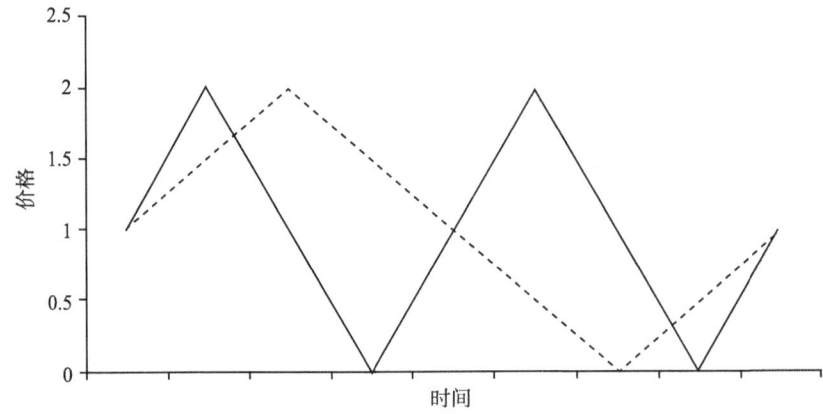

图 2-6　两条具有相同开盘价、最高价、最低价和收盘价的价格路径

很明显，其中一条路径的波动会比另外一条更为剧烈，但如果估计量用的是开盘价、最高价、最低价和收盘价，那么就会得到相同的结果。因此，使用更高频的数据可以在一定程度上避免这个问题。

当以更高的频率抽样时，由于在同样的测量时间段内有了更多的数据点，因此往往能够改善估计质量。不过一旦使用了非常高频数据（具体多高频取决于具体的产品，但是通常指时间间隔在一分钟以内的），我们便会无法知晓真实的价格。例如，考虑这么一个例子，某只股票的真实波动率是30%，如果使用15分钟价格数据来估计波动率，0.1%的买卖价差便可能导致波动率估计量出现2%的偏差，这是由于我们使用了合约标的真实价格的有噪声的估计值来作为输入值。因为真实的价格可能与我们实际的观察值相差0.1%，所以随着抽样频率的提高，这个问题将会越来越突出。Ait-Sahalia、Mykland 和 Zhang（2005）研究了在存在微观结构噪声的情况下，如何找到最优的抽样频率，但是他们的方法对计量经济学技术和数据存储空间都有很高的要求，从而使这个方法在短期内无法被大多数期权交易员使用。

为了尽量避免这些问题的发生，我们往往选择相对交易时间而言较长的抽样区间。虽然不同产品之间会有区别，但大体上15～30分钟会是不错的切入点。

在分析每日收益率时，周期性因素不会造成大的问题。有证据表明，股票波动率一般在周五时较低，而在周一时较高，不过两者之间的差别很小。然而，在使用高频数据时，有两个重要的周期性效应需要我们留意。

早期使用高频收益率来估计波动率的研究，所针对的是外汇市场。这些市场的交易是连续的。不管是精心设计的还仅仅是因为运气，这样做会避免一个主要问题：如何体现隔夜收益率。对于其他市场而言，我们需要考虑这个问题。在美国，股票在交易所里有 6.5 个小时的交易时间。所以从量级来说，隔夜收益率会与其他日内收益率显著不同。隔夜收益率在特性上也存在不同。大部分与股票价格相关的新闻都是在交易日内发生的，事实上很多都是在公共交易时段内发生的，同时波动率的很大一部分都是由交易量驱动的。

有多个方法来处理这个问题。第一种就是在估计波动率时，简单忽略掉隔夜收益率，而仅使用日内收益率。这种做法与在上市公司公布业绩时忽略价格跳空的做法类似。但这种做法有明显的缺陷，因为隔夜收益率是真实存在并且显著的，其数值常常可以与日内收益率相提并论。

另一种方法是在高频序列中，将隔夜收益率与其他收益率同样对待。然而，将一个 17.5 小时的收益率等价于诸如 15 分钟的收益率的做法看上去总有些别扭。

我所喜欢的方法是去计算总方差中有多大比例是由隔夜收益率所造成的。首先，我们不考虑隔夜收益率，将当日的第一个收益率定义为：

$$x_0 = \ln\left(\frac{S_{开盘}}{S_{收盘-1}}\right) \quad (2\text{-}27)$$

而不是：

$$x_0 = \ln\left(\frac{S_{\text{收盘}}}{S_{\text{收盘}-1}}\right) \qquad (2\text{-}28)$$

所有其他的收益率都用通常的方式来计算。接着我们像以前一样估计波动率并且通过合适的系数将其年化[例如，每个交易日有 13.5 个小时区间，如果我们使用的是 30 分钟收益率，那我们就要把结果乘上 13 和 252（美国每年的交易天数）乘积的平方根]。

接下来，我们需要确定该交易日的总方差值。这可以通过用日频数据来计算收盘价-收盘价波动率，然后将它与用日频开盘价-收盘价计算的波动率相比较。对于在美国上市的大多数股票来说，总波动率中大约 85% 的部分是在交易时段发生的。指数的更高，估计有 90%。美国存托凭证则低一些，大概在 60%～70%。如果将原始波动率的估计值除以这个因子，我们就得到了经过开盘跳空调整后的高频波动率估计量。通过这种方式来使用更多数据的好处就在于，由于在给定时间段内包含了更多的数据点，这样能使抽样误差变小。虽然使用最近 250 个交易日数据来估计当前波动率显得不那么合适，但 250 个 30 分钟频数据也才仅仅跨越了 20 个交易日而已。假设真实过程在这样短的周期内是平稳的，就比较符合实际了。

另一个需要牢记的关于周期性的特征是：真实波动率在一天内的变化可能会很大，而且这一变化是可以预测的。图 2-7～图 2-9 展现了从 2007 年 4 月 23 日到 2007 年 6 月 4 日这段时间日内波动率的变化情况（用 30 分钟收益率数据计算的 Parkinson 波动率的平均值来作为日内波动率的估计值）。这里我们列出了微软（MSFT）、花旗集团（C）和基因科技（DNA）的日内波动率形态。它们的形态都比较类似，刚开盘时的波动率最高，然后慢慢走低，最后收盘时出现一波小幅的回升。相似的形态在外汇、债券和指数市场上也能见到（Lequex，1999）。

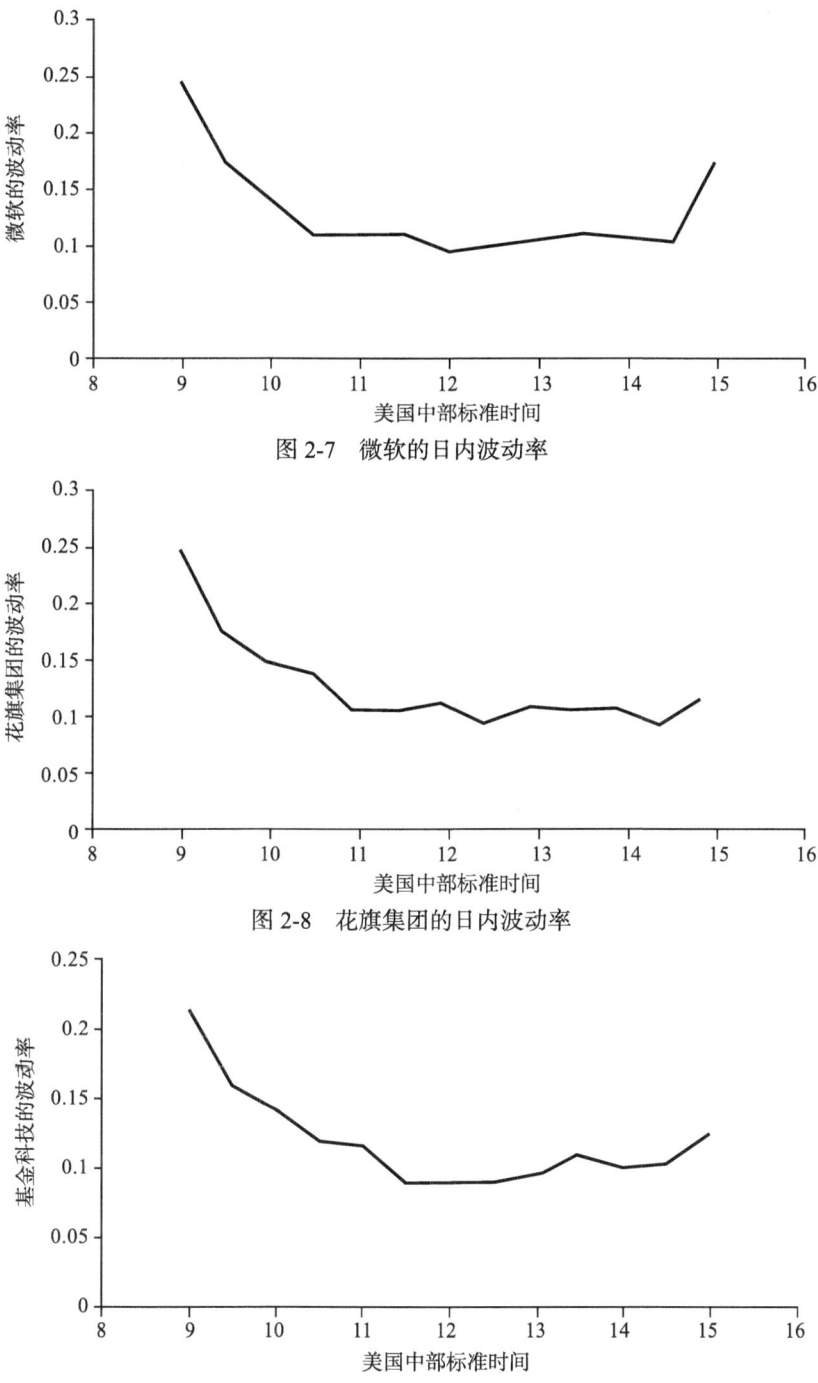

图 2-7 微软的日内波动率

图 2-8 花旗集团的日内波动率

图 2-9 基金科技的日内波动率

这个特征挺有意思。但对于期权交易而言，我们其实是对较长期的平均波动率更感兴趣 [在计量经济学文献中，也被称为整合波动率（integrated volatility）]。在比几天更长的时间尺度上，这些快速的日内周期性都会被平均掉。而在较短的时间尺度上，路径依赖效应是波动率预测误差的主要来源。

使用高频数据的效果显而易见。通过使用更高频率的数据，可以让我们能够使用更多的近期数据。这会让估计值向真正的、不可观测的波动率收敛，从而避免使用太久远而与当前市场无关的数据。不过，高频数据的使用也有一些需要注意的地方。

首先，执着于使用超高频数据的交易员，需要认真地对待市场微观结构的问题。例如，买卖价跳跃是影响价格的重要特征，但却对长期波动率没有什么影响。对这些微观结构效应进行讨论，已经超出了本书的范围。感兴趣的读者可以翻阅 Gencay（2001）或者 Lequex（1999）。

其次，抽样的频率与估计波动率的目的相关。例如，如果我们希望预测市场影响（见第 6 章的 Gatheral 模型），那使用高频收益率就可能是合理的。但很多证据（Corsi，2009；Lynch 和 Zumbach，2003）表明，低频波动率是高频波动率的更好估计量，反之却不是。因此，使用高频数据来作为长期估计的工具，可能是一个错误的方法。

本章小结

与价格不同，波动率没法立刻被测量。它是一个平均值，需要时间来估计。在真实市场中，波动率的定义可能不能直接推导出实际估计它的最好方法。有许多测量波动率的方法，即使选择好了估计量的统计方法，我们还需要进一步选择参数。了解这些方法非常重要。最后，波动率度量在某种程度上是一种艺术。

- 使用多种方法来估计波动率,并时刻谨记每个方法的优点和缺点。
- 在样本长度选择中,须在包括与当前市场不再相关的数据和使用过少数据而导致较大抽样误差之间进行权衡。

第3章
Volatility Trading

收益率和波动率的典型事实

在第 1 章中，我们了解了为什么要去度量和预测波动率，而在第 2 章，我们学到了如何去实现这些。现在，我们需要来看看波动率的实际表现会是怎样的。

典型事实的定义

在金融数据的研究中，典型事实是指其特征始终如一被视为真理而广泛接受。许多交易员和大多数财经记者都采用以事件为基础的方法来认识市场。他们将价格变动与特定的新闻联系起来，从而进行解释或分析。由于不同的资产会被完全不同的新闻条目所影响，那按理说，我们将很难看见不同的价格序列存在任何相似性。例如，苹果公司（AAPL）和黄金是完全不同的东西，那为什么它俩的价格序列会有很多相似性呢？

然而，计量经济学研究表明，金融时间序列数据中存在大量的相似性。不同的资产价格表现出大量相似的显著统计特征。这些就被称为典型事实。"典型"这个定语十分重要：这说明具有共性。寻找共性的过程让我们认识到许多相似性，但也会让我们部分失去进行精确描述的能力。事实上，我们所看到的许多典型事实都是定性的。

很难将所有这些特征都纳入合约标的的模型中，更不要说纳入期权定价模型中了。我们的知识有时甚至不足以把相互矛盾的解释区分开。但如我们之前所说的，我们并不是去寻找一个能容纳这些特征的模型。相反，我们是采用一些调整和模糊处理，来将这些事实融入我们使用BSM公式和估计波动率的过程中。作为波动率的交易者，我们自然需要知道得越多越好。

有人对这些典型事实做过很好的文献综述，例如Cont（2001）。

典型事实列表

- 波动率并非常数。它是均值回复、聚集和存在长记忆性的。
- 大收益率会发生得相对频繁。这些大的波动会有后续的波动。
- 在大多数市场中，波动率与收益率呈负相关。这个效应是非对称的：负收益会导致波动率快速上升，而正收益会导致波动率小幅下降。这个效应在股票市场中最为明显。
- 波动率和成交量之间有很强的正相关性。
- 波动率的分布接近对数正态分布。

波动率并非常数

这一事实在很多文献中都有提及。例如，Akgiray（1989）或Turner和Weigl（1992）。这个特征同波动率估计异曲同工，并且很容易就能得到验证。图3-1显示了SPY在2000～2011年的30天收盘价–收盘价波动率。

波动率不仅仅是变化的，更有趣的是，它会按照特定方式变化。首先，波动率会聚集。这一特征最早是由Mandelbrot（1963）提出的。他写道："大的波动后面会紧跟着大的波动……而小的波动后面会紧跟着小的波动。"特别地，平方收益率和绝对收益率（表示 1 天的波动率）表现出显著的自相关性。图 3-2 和图 3-3 用标准普尔 500 的数据来显示不同时间间隔的自相关性。

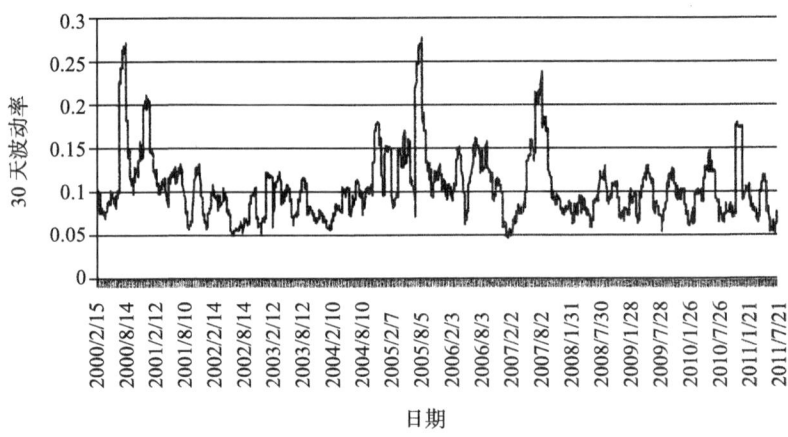

图 3-1　SPY 的 30 天收盘价 – 收盘价波动率（2000 年 1 月～2011 年 12 月）

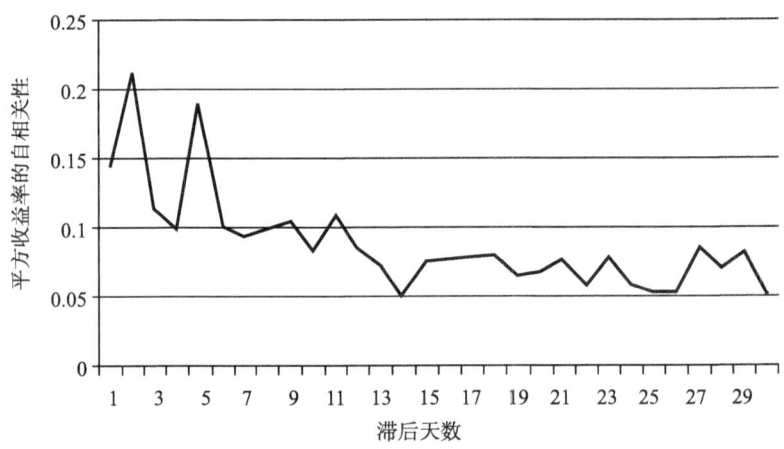

图 3-2　标准普尔 500 平方收益率的自相关性（1950～2011 年）

就收益率缺乏自相关性而言，波动率的自相关性，其规模和持续性都显著不同。图 3-4 显示了相同期限内，标准普尔 500 收益率在不同时间间隔的自相关性。它们很难被发现，几乎为 0。

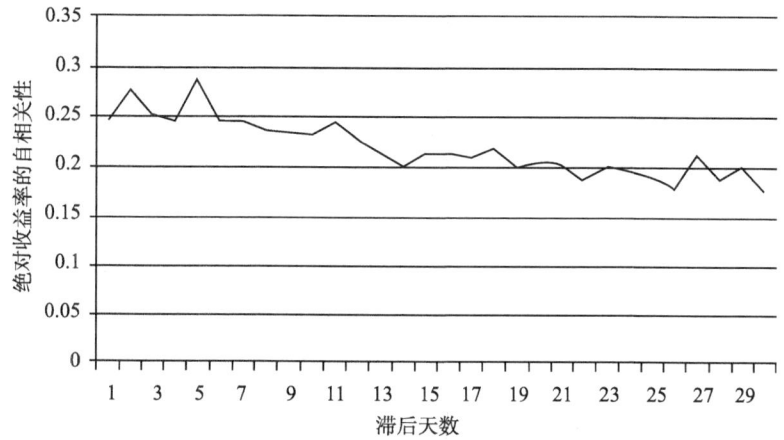

图 3-3　标准普尔 500 绝对收益率的自相关性（1950～2011 年）

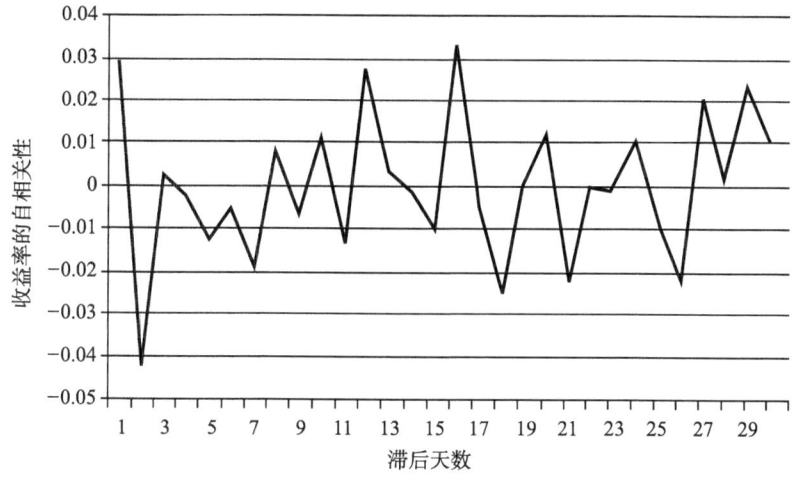

图 3-4　标准普尔 500 绝对收益率值的自相关性（1950～2011 年）

波动率聚集现象不依赖于合约标的。这一现象在股票指数、股票、商品和外汇上均有出现（Taylor，1986）。此外，绝对收益率的相关性比平方收益率更高这一点，也是广泛存在的。自相关函数的缓慢衰减同时也被称为"长记忆性"。

聚集意味着，不管当前波动率是多少，它都是未来波动率的很好估计值。期权交易员将它内在化为一条经验规律：明天的波动率会和今天的一样。他们甚至不知道这一点究竟有多显著。合约标的价格一般没有这个特征，这是波动率相对容易预测的第一个理由。

关于波动率聚集，还有一些其他的事实需要注意：

- 成熟市场的波动率聚集会比新兴市场更明显。
- 聚集在熊市中更为明显，而在牛市中则稍弱，但自相关性的衰减同样在熊市中更快。
- 在发生暴跌或其他大的恐慌期间，自相关性衰减得最快。

另一个有助于预测波动率的典型事实是，波动率是均值回复的。随着正的自相关性最终衰减，短期波动率会向长期均值回复。一种对均值回复进行鲁棒性（稳定性）检验的方法为 Campbell、Lo 和 MacKinlay（1997）提出的方差比检验。当用日收益率数据来度量的波动率比用其他更长周期的收益率来度量的波动率更大时，就存在均值回复。这是由于虽然市场在不停地波动，但在长期中却不会有太大变化。例如，波动率指数（VIX）的年化日波动率为 0.96（1990～2011 年），年化周波动率为 0.84，而年化月波动率为 0.59。已实现波动率也是如此。

虽然波动率在朝均值回复，但其均值的当前值却常常并不明显。这和人生中的许多事一样。短期波动在围绕着一个缓慢变化的均值摆动。再来看看我们幸运的棒球击球手的例子。他在比赛中五发五中。显然这并不足以估计他的真实能力，我们预期会朝均值有一些回复。但他是回复到去年的 0.277 平均值，还是他整个职业生涯的 0.300 平均值呢？波动率均值的变化可能会很显著。图 3-5 和图 3-6 显示了 VIX（芝加哥期权交易所的标准普尔 500 隐含波动率指数）及其均值在两个不同期限内的值。每一个期限内都是均值回复，但却是非常不同的均值。

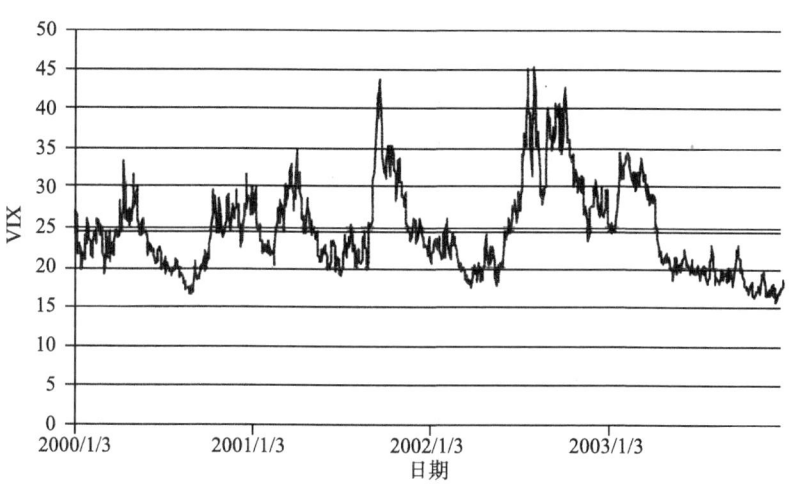

图 3-5　VIX 及其均值（2000～2003 年）

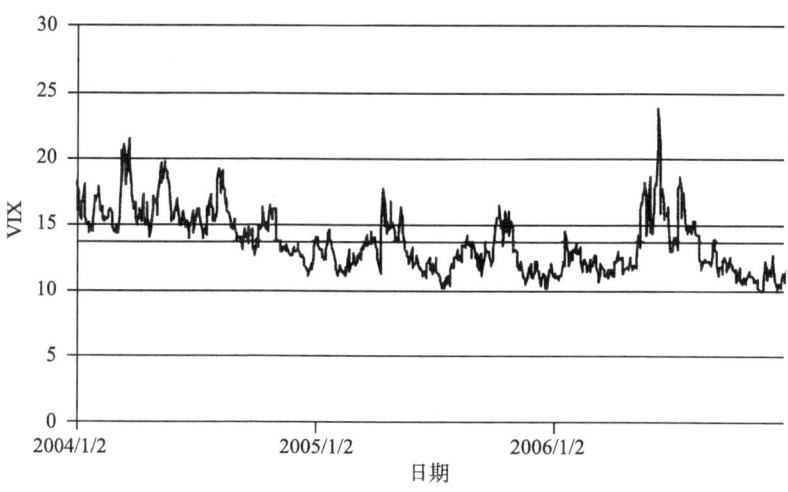

图 3-6　VIX 及其均值（2004～2006 年）

波动率聚集（正的自相关）和均值回复之间的相互作用，主导了波动率的动态变化。

收益率分布的特征

金融工具的收益率并不服从正态分布。特别地，它们是有偏的（常为负）和厚尾的（超额峰度）。厚尾的存在意味着，发生大的价格变化的次数会比我们所期望的当收益率服从正态分布时要更为频繁。人们并不是最近才发现厚尾的存在，至少早在 1927 年就由 Mills（1927）记录了下来。

在 1950～2011 年，标准普尔 500 日频对数收益率的超额峰度为 21.3。有 24 天的收益率小于 -5%，而有 17 天大于 5%。最差交易日（1987 年 10 月 19 日）的收益率为 -20.47%。如果收益率服从方差为 20% 的正态分布，那么发生这种情况的概率约为 10^{-88}。

图 3-7 为日收益率与正态分布的对照。

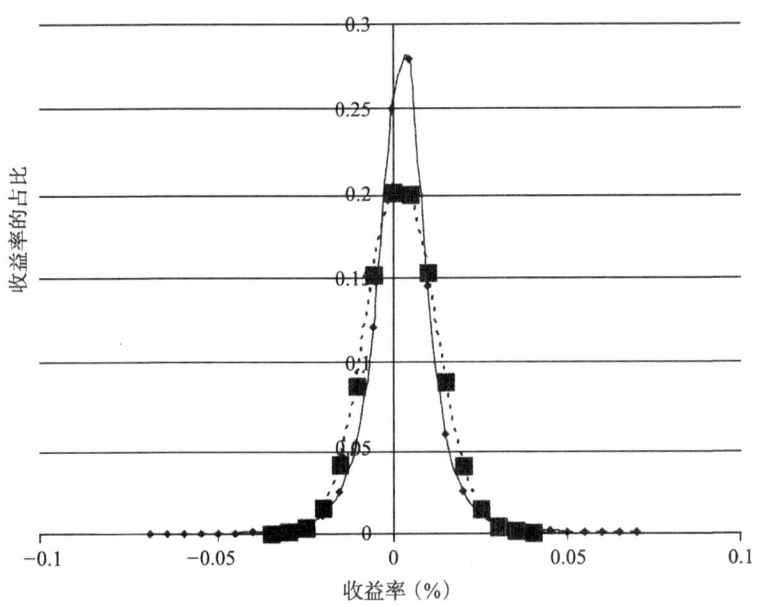

图 3-7　标准普尔 500 日频收益率（实线）和正态分布（虚线）

这种相对多数的大变动是市场一直以来的典型特征。表 3-1 显示了许多合约标的的超额峰度。

另一个需要注意的现象是，股票中的大部分超值峰度来自隔夜收益率。这可在表 3-2 中的道琼斯工业指数及其成分股中看到（数据起始日为 2002 年 1 月，因此这些股票的最小变动价位一直为 1 美分）。

表 3-1 各个市场的超额峰度

市场	时期	超额峰度
黄金	2005～2011	5.1
WTI 原油	2006～2011	2.1
纳斯达克	1971～2011	9.9
DAX 30 指数	2000～2011	4.5
FTSE 100 指数	1984～2011	7.9
白银	2006～2011	5.1
恒生指数	1986～2011	32.7
IBM	1962～2011	9.9
微软	1994～2011	6.4
谷歌	2005～2011	8.8

表 3-2 道琼斯工业指数及其成分股的收盘价 – 开盘价峰度和开盘价 – 收盘价峰度（2002～2011 年）

合约标的	隔夜超额峰度	日内超额峰度	合约标的	隔夜超额峰度	日内超额峰度
道琼斯平均工业指数	17.3	9.9	摩根大通	16.4	12.6
美国铝业	16.3	5.6	卡夫食品	49.0	4.1
美国运通	13.0	7.4	可口可乐	13.5	7.5
波音	13.6	2.4	麦当劳	13.7	4.7
美国银行	34.7	16.4	3M	15.2	4.4
卡特彼勒	15.6	2.9	默克公司	132.0	6.8
思科	27.1	3.3	微软	26.0	5.2
雪佛龙	9.5	12.7	辉瑞	48.6	3.0
杜邦	7.0	5.1	宝洁	13.6	6.2
迪士尼	27.0	4.7	美国电话电报公司	10.5	6.0
通用电气	24.5	9.4	旅行者集团	609.0	10.8
家得宝	13.7	5.4	联合科技	9.1	5.3
惠普	31.4	3.4	威瑞森	9.6	6.1
IBM	25.7	3.5	沃尔玛	12.4	4.9
英特尔	29.8	2.9	埃克森美孚	11.1	10.2
强生	119.4	7.1			

存在这一效应的原因是：大多数影响股价的事件都在收盘后才公布。最明显的例子是业绩报告，它们一般在收盘后或开盘前公布。其他情况下，股票会临时停牌，等待消息公布。这些股票常常会在第二个交易日才重新开始交易。有趣的是，受影响最小的两个股票是埃克森美孚和雪佛龙。它们都是石油公司，其股价常在公布原油库存数据时变动。这是

发生在交易时段内的。

另一个持续存在的效应是：当合约标的价格下跌时，波动率趋向于上涨。这也被称为杠杆效应。这个名字来源于对股票价格影响的解释。假设没有债务时，股票价格的下跌会导致该公司财务杠杆的增加，这会增加它的风险，导致更高的波动率。这听上去挺合理，但并没有真正解释该效应（Figlewski 和 Wang，2000）。

这并不是什么新发现，Black（1976）和 Christie（1982）就提过它。随后有大量关于它的研究成果发表。例如，Edderington 和 Guan（2010）和 Abura 和 Wagner（2010）。

这一效应在股票指数中尤为明显，但在个股、债券和许多商品上也同样存在。它看上去是任何能被投资并且有正期望收益的资产的特征。例如，这一现象在外汇中通常就不存在。

这种不对称性也表现在精确度量方面。大多数研究都关注了收益率与方差（或波动率）之间的相关性，但其他方法也表明了同样广泛的效应。例如，在第 2 章中曾讨论过的类似方法——初次退出时间波动率，Jensen、Johansen 和 Simonsen（2003）分析了资产价格触及上限和下限时的初次退出时间。他们发现，向下移动的初次退出时间会比向上移动的小得多。

另一个认识这种不对称性的简便方法是：分别计算正收益率和负收益率的均值。2000～2011 年，SPY 的日频正收益率均值为 0.008 891，而日频负收益率均值为 0.010 07。负收益率均值高出 13%。这一现象在 QQQ 中也存在，其正收益率均值为 0.013 418，而负收益率均值为 0.015 04（12% 的差异）。在取样的 24 个年度中，这一特征只在 3 个年度中不成立（SPY 为 2000 年，QQQ 为 2003 和 2004 年）。

厚尾和不对称性都在隐含波动率曲面的结构中有所反映。这将在第 5 章中进行讨论。

成交量和波动率

成交量与各种波动率估计值都密切相关。对于这一相关关系,很难说清两者的因果。成交量会推动合约标的价格变化,从而产生波动率。但波动率同样会诱使投资者来交易,从而增加成交量。不过,这种关系是真正存在的,并在各种时间尺度(当用整体市场成交量增长来进行对照时)上都成立。例如,Tauchen 和 Pitts(1983)、Lee 和 Rui(2002)。

在图 3-8 和图 3-9 中,我们画出了 SPY 在 2011 年的每日成交量与每日绝对收益和每日波动幅度的关系图。

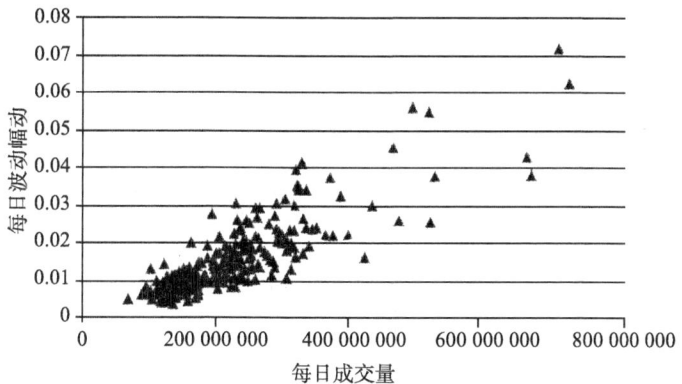

图 3-8 SPY 每日波动幅度与每日成交量的关系(2011 年),相关系数为 0.85

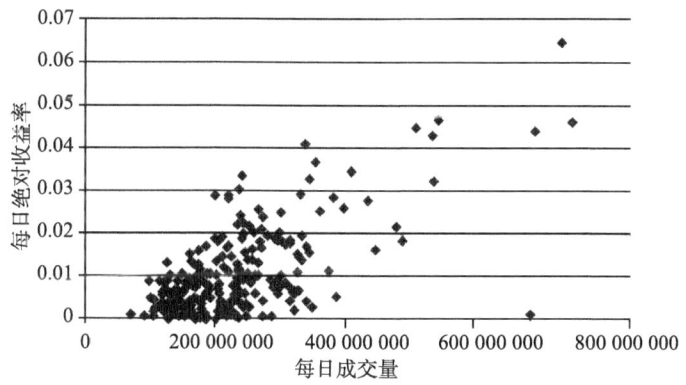

图 3-9 SPY 每日绝对收益率与每日成交量的关系(2011 年),相关系数为 0.68

波动率-成交量之间的关系看上去也与杠杆效应有关。Gallant、Rossi 和 Tauchen（1993）发现，包含滞后的成交量数据会显著降低波动率与收益率符号之间的不对称性。Andersen（1996）提出了收益率和成交量动态变化的联合估计，但这种研究思路并没有得到广泛发展。不管怎样，当交易员预测波动率时，即便仅仅用作最终过滤以避免接受错误信号，都应该考虑成交量这一因素。

波动率分布

许多研究表明，波动率的分布是对数正态的（Andersen、Bollerslev、Diebold 和 Ebbens，2001；Cizeau 等，1997），但至少有一篇文献（Liu 等，1999）认为，其分布的尾部可以用幂律来描述。分布的特定形式可能并不重要，重要的是，与正态分布相比，该分布是严重右偏的，出现高波动率的频率会更多。如图 3-10 所示，该图为标准普尔 500 在 1990～2011 年的 30 天波动率的分布。

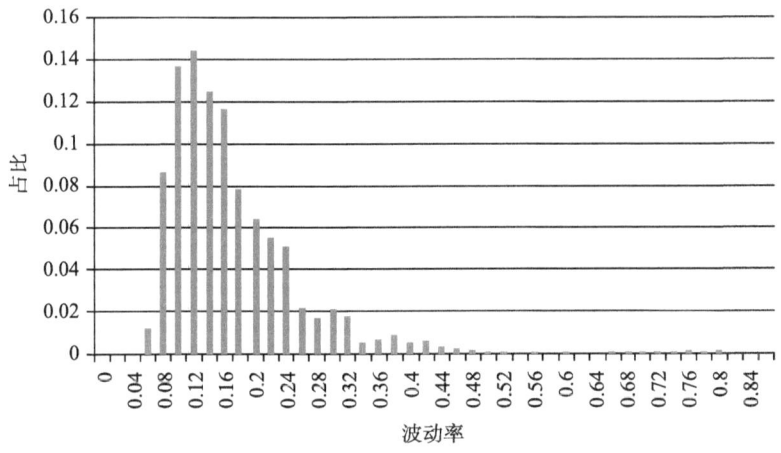

图 3-10　标准普尔 500 的 30 天波动率的分布（1990～2011 年）

换言之，出现低波动率的时间会比出现高波动率时更长。

我们可以预期，波动率分布在牛市中和在熊市中会显著不同。1990～2011年，如果标准普尔500低于其200天均线，那30天波动率的中位数为21.6%；如果标准普尔500高于其200天均线，那30天波动率的中位数为12.1%。波动率在牛市和熊市中的分布如图3-11和图3-12所示。无论我们采用何种波动率的估计方法，以及选择用来定义牛熊市的不同均线长度，这一特征都是稳定的。

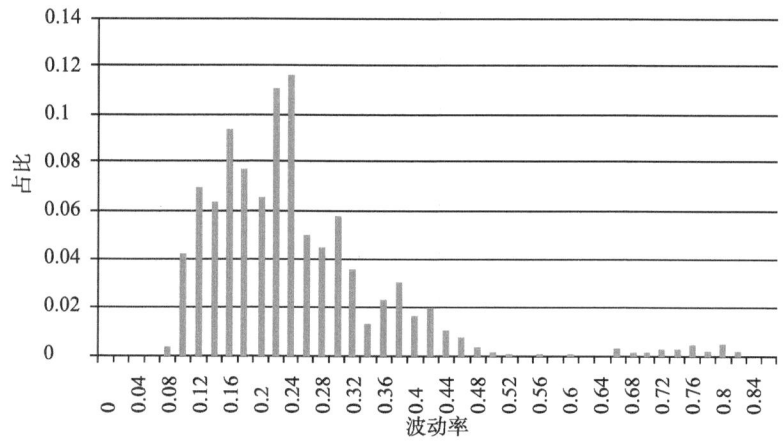

图3-11 标准普尔500的30天波动率的分布
（1990～2011年中的熊市，合约标的价格低于其200天均线）

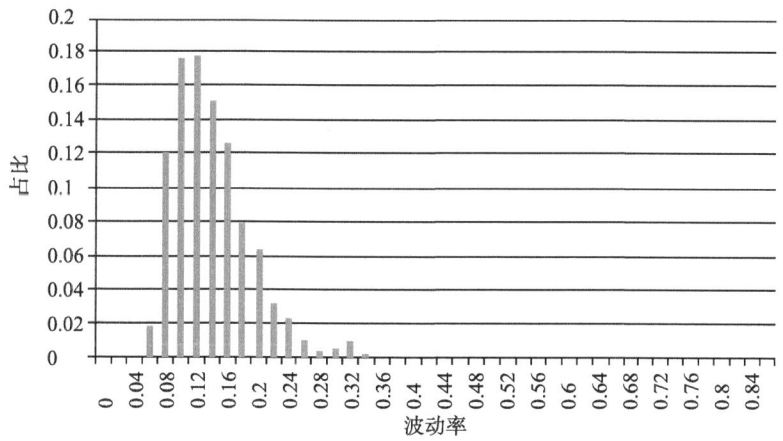

图3-12 标准普尔500的30天波动率的分布
（1990～2011年中的牛市，合约标的价格高于其200天均线）

本章小结

作为波动率交易员,我们显然需要理解波动率。无论我们选择使用何种水平的量化分析方法都是如此。虽然每个产品会有其独有的特征和细微差别,但波动率却有一些常见的特征。

- 波动率聚集。
- 波动率均值回复。
- 股票收益率并不服从正态分布,特别地,收益率分布是厚尾的。
- 当合约标的价格下跌时,波动率趋于上涨。
- 波动率与成交量密切相关。
- 波动率近似服从对数正态分布。

第4章
Volatility Trading

预测波动率

在第 2 章中,我们已经讨论了该如何估计当前的波动率,接下来要做的就是对期权存续期内的波动率进行预测。显然这会更难。

成功的交易需要成功的预测。如果交易员不能成功预测,那他们的其他所有技能都毫无价值。不过,由于市场会经常变化,我们经常会对自己真实的预测能力产生怀疑。我们唯一能确定的,是我们在过去的表现。

在开始讨论如何预测波动率之前,我们需要问一下自己,为什么我们认为波动率是可以被预测的。业内人士(至少是学术界)广泛认为,合约标的收益率是几乎不可预测的。主要原因在于,如果我们能预测市场方向,那交易员就会朝这个方向交易,从而推动价格变化至不再能被预测。为什么相同的结论不能应用到波动率上呢?即使交易员坚定地认为市场是明显无效率的,他们也需要对这些结论非常小心。如果某人对市场为什么会和如何变得有效率有深刻的理解,那他同样会对市场为什么和如何变得无效率有更深的认识。

在关于有效市场假说(EMH)的一些早期成果中,Fama(1970)给出了有效市场额的三个充分条件。他小心地注解道,这些条件可能并不是必要条件,并且在一些接近这些条件的情况存在时,有可能就足以达到有效市场。但在思考为什么我们希望从预测中获利时,这些条件显然是很好的出发点。

交易费用为零

波动率交易中的交易费用包括佣金、买卖价差、税收、交易所费用和清算费用等。显然,这些费用并不为零,并且实际上会比交易股票或期货时的费用更大。特别地,通过期权来交易波动率需要进行动态对冲。这会产生很大的交易费用,同时包含可观的与风险监控有关的间接费用。方差互换则刚好相反,但这些工具仅能在柜台市场进行双边交易。这些柜台市场的交易范围比场内市场更宽,但交易员只能与有限的交易对手进行交易。

完美信息流

新闻必须能快速和无成本地传播给所有市场参与者。现在这一现象比历史上的任何时刻都要好。虽然现在有很多低成本的信息服务,但同样存在大量的基于内幕信息的期权交易(至少对于个股期权来说是如此)(Bradley、Cline 和 Lian,2009;Arnold 等,2000)。这样做会非常赚钱,有些策略就是基于识别出这样的交易员来进行跟随交易。从定义上说,内幕信息是不被所有人知晓的信息,这就是不完美信息流的一个典型例子。

对信息的价格影响力的共识

我们将在第 5 章中看见,期权价格并不会立即对公开信息进行反应。在某些情况下，价格调整需要花费数周的时间。这意味着此时市场各方对该新闻的影响存在某种分歧。

因此，看上去这些条件在期权市场中并不满足。但正如 Fama 所强调的，这并不意味着市场是无效的。不过这些现象，正如我们所见，市场中确实存在着持续盈利的期权交易员和交易公司，这让我们相信波动率市场的低效率足以让交易盈利，并且市场看上去还会这样继续下去。

这里我们还需注意的是，期权的合约设置和交易行为有足够的空间，让我们可以以一种不同于其最初设计目的的方式来交易并盈利。的确，波动率交易本身就是这种策略的一个例子。这种情况在赌博中很常见。如果你能够算牌，21 点是可以被打败的。如果你记住了球的时间，轮盘赌也可以被打败。如果你知道了卡片的设计算法，也可以打败刮刮卡彩票。类似地，例如，可以把期权与信用产品一起交易，来构造一个资本结构套利。或者将个股期权与指数期权一起交易，来得到一个关于隐含相关性的头寸。

在运用数学方法之前，我们先了解一下所要预测的波动率都有哪些特征。波动率看起来是怎么样的？正如我们在第 3 章中所见：

- 波动率的大幅变化中，向上变化多于向下变化。
- 波动率看上去是均值回复的（至少局部上是如此）；它会朝其长期均值变化。

在预测波动率时，我们需要牢记这些普遍特征。

最简单的预测方法就是假设未来 N 天的波动率会和过去 N 天一致。因此只要我们估计出过去 30 天的波动率（无论用何种估计量）为 20%，我们就可以把它作为未来 30 天的预测值。这种方法有时被称为移动窗口法（moving window method），但这种预测方法存在一个明显的问题，即股票价格的大幅变动（例如好的业绩使得股票大涨）会在波动率估计

量的序列中保留 N 天后突然消失。这一现象如图 4-1 所示。

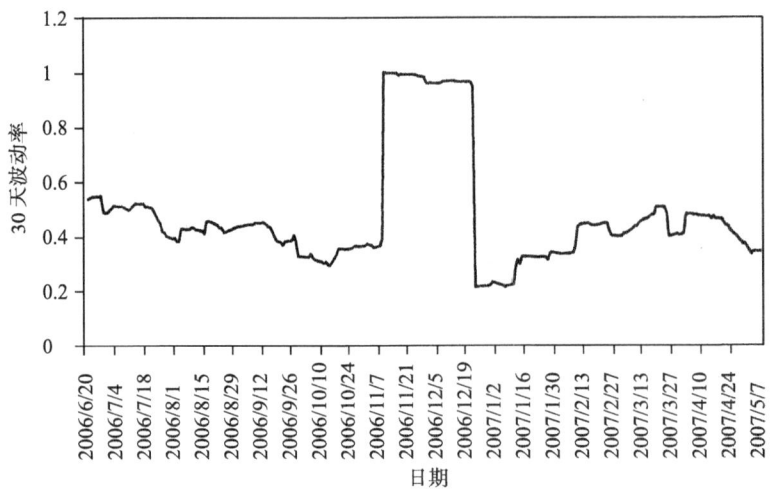

图 4-1　真实信仰牛仔公司（TRLG）30 天移动窗口收盘价 – 收盘价波动率
（2006 年 6 月 20 日～2007 年 5 月 7 日）

很明显，当股价向上跳空后，波动率的预测值不应该是 100%。这一跳跃是由某个大事件所触发的，这个事件已经发生了，并且未来很难再次发生。这使得对波动率的预测存在较大的偏差（注意，它并没有给当前的波动率估计带来偏差，因为过去 30 天的波动率的确是 100%）。解决这类问题的标准方法是使用指数加权移动平均模型（EWMA）。该模型表达式如下：

$$\sigma_t^2 = \lambda \sigma_{t-1}^2 + (1-\lambda)r^2 \quad (4\text{-}1)$$

其中，λ 是介于 0 和 1 之间的参数。

这个模型用最近一期平方收益率与前一期方差的加权平均来估计方差（我们在这里使用的是方差的形式，这是该模型的常见表示方式，我们稍后介绍的其他时间序列模型也是如此）。λ 越小意味着越早期的波动对当前波动率的影响越小，而越近期的波动对当前波动率的影响越大。λ 的取值通常为 0.9～0.99。

这种方法的优点是简单易用、便于理解,缺点则是不够灵敏。如果某一事件确实是一个异常事件,那么在预测未来波动率时,我们最好将它从数据集中剔除。指数加权平均确实可以在波动率预测中平滑价格跳空的影响,但是其处理方式过于简单。更好的方法是直接让交易员判断某个事件是不是异常事件,如果是的话就直接剔除掉,或者将其视作可能再次发生的特殊事件,并在预测时给予相应的权重。指数加权移动平均模型假设事件的影响呈指数式递减,其实只是将这一问题简单回避掉了。例如,由于公布业绩而引起的价格跳空就显然是一次异常事件。交易惯例是把这个事件从未来波动率的预测中剔除(除非要预测的时间区间包含了业绩公布日)。为什么使用指数递减的方式会有道理?因为业绩公告只是一次性事件,公司并不会在次日再公告一个小点的业绩,然后在后天再公告一个更小的。

使用指数移动加权平均方法的另一个问题是它并没有考虑最近的波动率估计量所处的市场环境。无论是通过粗略观察还是精细的统计分析都表明:波动率是一个均值回复过程,高波动率后很可能会出现一段时间的低波动率,反之亦然。指数加权移动平均模型则忽视了这一现象,明天方差的预测值和后天的一样,而且以后一直都是一样的。

著名的广义自回归条件异方差(GARCH)模型族就可以解决这类问题。由于模型引入了我们预期会朝其回复的长期平均方差项,所以如果当前方差处于高位,我们预期它会在短期内维持高位(和 EWMA 模型一样),但最终还是会回归到正常水平。GARCH(1,1)模型的表达式如下:

$$\sigma_t^2 = \gamma V + \alpha r_{t-1}^2 + \beta \sigma_{t-1}^2 \quad (4\text{-}2)$$

其中,V 是长期方差项。

显然必须满足:

$$\gamma + \alpha + \beta = 1 \quad (4\text{-}3)$$

并且，当 $\gamma=0$ 时，$\alpha=1-\lambda$，$\beta=\lambda$，这样我们就得到了 GARCH 模型的一个特例——EWMA 模型。GARCH 模型的一般表达式为：

$$\sigma_t^2 = \omega + \alpha r_{t-1}^2 + \beta \sigma_{t-1}^2 \tag{4-4}$$

在估计参数时，这个形式更易于使用，却使得对第一项的理解变得晦涩了。此时，长期方差等于：

$$V = \frac{\omega}{1-\alpha-\beta} \tag{4-5}$$

除了让当前波动率预测取决于前一期的收益率和方差外，我们还可以对模型进行修正，从而将过去 p 期的收益率和过去 q 期的方差所带来的影响纳入其中。于是便可得到下面的 GARCH（p, q）模型：

$$\sigma_t^2 = \omega + \alpha_1 r_{t-1}^2 + \cdots + \alpha_p r_{t-p}^2 + \beta_1 \sigma_{t-1}^2 + \cdots + \beta_q \sigma_{t-q}^2 \tag{4-6}$$

在用 GARCH 模型预测波动率时，我们会采用迭代的方法，在未来某个时点：

$$\sigma_{t+\tau}^2 = \omega + \alpha r_{t+\tau-1}^2 + \beta \sigma_{t+\tau-1}^2 \tag{4-7}$$

或者：

$$\sigma_{t+\tau}^2 = (1-\alpha-\beta)V + \alpha r_{t+\tau-1}^2 + \beta \sigma_{t+\tau-1}^2$$

所以有：

$$\sigma_{t+\tau}^2 - V = \alpha(r_{t+\tau-1}^2 - V) + \beta(\sigma_{t+\tau-1}^2 - V) \tag{4-8}$$

如果注意到如下的结论：

$$E(r_t^2) = \sigma_t^2$$

便能得到：

$$E(\sigma_{t+\tau}^2 - V) = (\alpha+\beta) E(\sigma_{t+\tau-1}^2 - V)$$

通过迭代可以得出：

$$\begin{aligned} E(\sigma_{t+\tau}^2 - V) &= (\alpha+\beta)^\tau E(\sigma_t^2 - V) \\ E(\sigma_{t+\tau}^2) &= V + (\alpha+\beta)^\tau (\sigma_t^2 - V) \end{aligned} \tag{4-9}$$

通过式（4-9）可以推出波动率预测的期限结构。图4-2便给出了一个波动率期限结构的示例，这是在微软股票的日收益率序列上应用GARCH（1,1）模型，相应的时间区间为2003年5月21日到2007年5月21日。GARCH（1,1）参数的估计结果分别为$\omega=0.000\,005\,05$，$\alpha=0.053$，$\beta=0.884$。

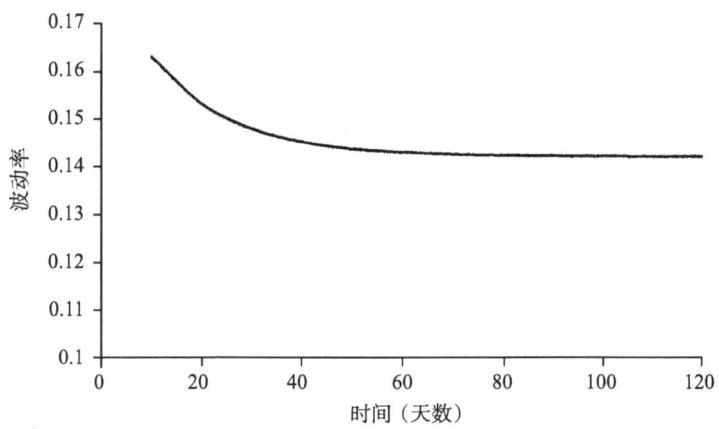

图4-2 由GARCH（1,1）模型预测的波动率期限结构（微软，2007年5月21日）

GARCH模型只能得到以指数形式收敛至长期均值的期限结构，无法得到市场上常见的那种有峰的波动率期限结构。比如，2个月期限的波动率比1个月和3个月期限的波动率都要高。这就说明GARCH模型并不适用于期权市场。

极大似然估计

通常，当交易员或者风控经理在使用EWMA模型时，他们会凭直觉确定平滑参数λ。其实对于GARCH模型，我们也可以这样做，仅凭直觉确定参数。但是，那些相信波动过程服从GARCH模型的人通常不会这么做，相反，他们会用极大似然估计来估计GARCH过程的参数（这通常是反对使用GARCH模型的一个理由：GARCH依赖于过去的信息拟合模型的参数，因此会受到参数曲线拟合的限制。更确切地说，模型本身没有什么问题，但实施起来可能会遇到问题）。

极大似然估计（MLE）是用来对概率分布的参数进行估计的方法。似然和概率是两个不同的概念。概率是指某一未来事件可能发生的概率，而似然只是针对过去发生的事件。MLE是指在参数可能取值的范围内，选取一个参数，使得最终观察到的样本所出现的概率最大。

用一个常见的例子进行说明，即估计城市中的出租车数量。假设我们仅知道所有出租车都有唯一的编号，而且编号连续排序，中间没有间隔。如果我们碰到的第一辆出租车的编号是2028，那么MLE估计应该是什么呢？显然出租车的数量不可能小于2028。回忆一下刚才提到的MLE是寻求一个参数来最大化所能观察到的事件发生的可能性。在这个例子中，如果出租车的数量正好为2028，那么正好撞见这辆车的概率为1/2028。如果存在更多的车，那么我们碰到这辆车的概率会更小。所以MLE的估计就是2028。需要注意的是，这虽然是我们的最优估计，但是可能和真实值相差甚远（可能一共有10 000辆出租车），但是MLE能够让我们充分使用已有的信息。

再举一个更有意义的例子，虽然可能还是有点不自然的感觉。假设我们将硬币抛10次。我们并不知道这枚硬币是否均匀。实际上假设有三种硬币，第一种硬币头朝上的概率为1/3，第二种头朝上的概率为1/2，第三种头朝上的概率为2/3。如果在试验中得到6次头朝上的结果，我们最有可能使用的是哪种硬币呢？

用 p 表示抛出头朝上的概率（暂时未知），因此得到头朝下的概率便为 $1-p$。抛硬币的结果可以用二项分布来描述。所以投掷 N 次后得到 h 次头朝上结果的概率为：

$$\Pr(h) = \frac{n!}{(n-h)!h!} p^h (1-p)^{n-h} \qquad (4\text{-}10)$$

所以有：

$$\Pr(h=6 \mid p=1/3) = \frac{10!}{(4)!5!}\left(\frac{1}{3}\right)^6 \left(\frac{2}{3}\right)^4 \approx 0.057 \quad (4\text{-}11)$$

$$\Pr(h=6 \mid p=1/2) = \frac{10!}{(4)!5!}\left(\frac{1}{2}\right)^6 \left(\frac{1}{2}\right)^4 \approx 0.205 \quad (4\text{-}12)$$

$$\Pr(h=6 \mid p=2/3) = \frac{10!}{(4)!5!}\left(\frac{2}{3}\right)^6 \left(\frac{1}{3}\right)^4 \approx 0.228 \quad (4\text{-}13)$$

所以在这个例子里，我们最有可能使用的是头朝上概率为 2/3 的硬币。

这是在离散分布的条件下使用 MLE 的例子。连续分布下的推理过程与此类似。

GARCH（1, 1）模型的似然函数如下：

$$\prod_{i=1}^{t}\left[\frac{1}{\sqrt{2\psi_i^2}} \exp\left(\frac{-r_i^2}{2\sigma_i^2}\right)\right] \quad (4\text{-}14)$$

通常我们使用相应的对数似然形式：

$$\sum_{i=1}^{t}\left[-\ln\left(\sigma_i^2\right) - \frac{r_i^2}{\sigma_i^2}\right] \quad (4\text{-}15)$$

在使用一些股票价格序列来拟合 GARCH（1, 1）模型后，读者可能会发现一个问题：由于对数似然函数很平坦，求解算法在拟合时可能会碰到困难，即当参数的变化范围比较大时，似然值可能仅仅发生很小的变化。这个问题可以通过被称为方差定位（variance targeting）的方法来解决，其实就是把 omega 项设定成样本的无条件方差与 $1-\alpha-\beta$ 的乘积，然后在拟合时仅仅改变 α 和 β 项。

然而，如果想在更大范围内使用 GARCH 模型，那么就有必要使用更复杂的数量方法。这样也可以得到关于模型拟合优度的统计量。有很多原因都会使模型对数据拟合的效果不太好，这些原因包括：

- 数据不足。通常需要至少 1000 个数据点。如果只有较少的数据，那么可能只能得到"看上去是对的"的参数。这一问题并没有看上去那么严重。例如，这就是使用 EWMA 方法时的典型做法。它与主观选择度量收盘价 – 收盘价波动率的窗口长度没有什么不同。
- 参数的初始值设置得不好。
- 数据中存在持续的季节性。在使用日内数据时，这是一个较为常见的问题，所得到的波动率会存在持续的季节性。日频数据应该是使用 GARCH 模型的天然时间尺度。
- 错误的模型。数据和所选择的模型不匹配！特别地，收益率分布中的厚尾可能并不是来自 GARCH 效应，因此在我们的 GARCH 模型中使用正态分布就完全没法体现这个问题。

计量经济学家构建了大量的模型来解决上面列出的最后一个问题。我在这里仅列举一些常见的模型，虽然这只是一小部分。事实上，从最初 Engle（1982）的工作开始至今，大量不同版本的模型被开发出来[⊖]。有篇文章就曾经对 330 多个模型进行了比较测试（Hansen 和 Lunde，2005）。

- EGARCH：指数 GARCH。该模型是对对数方差进行建模。这意味着它能处理非对称的情况，因为负面冲击和正面冲击对股价的影响并不一样（Nelson，1991）。
- GJR-GARCH：这是另一个非对称模型。该模型通过一个附加项来体现有向下冲击的情况（Glosten、Jagannathan 和 Runkle，1993）。

⊖ Engle 实际上开发的是 ARCH。GARCH 模型是由 Bollerslev（1986）首次提出的。ARCH 模型就是 GARCH（0,1）模型。

- IGARCH：整合的 GARCH 模型。该模型给参数增加了更多的约束条件，使得 α 和 β 加起来为 1。
- TGARCH：门限 GARCH 模型。该模型用一个附加项来体现负的冲击，它同样允许非对称的情况。
- AGARCH：绝对值 GARCH 模型。该模型直接对波动率建模，而不是对方差建模（Taylor，1986；Schwert，1989）。
- CGARCH：成分 GARCH 模型。该模型将方差视为多个波动过程或成分之和来建模。其中一个过程用来捕捉冲击的短期影响，另一个用来捕捉长期影响。这样模型就可以拥有长记忆性（Engle 和 Lee，1999；Ding 和 Granger，1996）。

GARCH 模型确实能够捕获一些方差随时间演变的因素，而且也能够被一些简单的基于市场微观结构的论据所支持（Sato 和 Takayasu，2002）。但是 GARCH 模型族包含的模型太多，没有一个模型能显著优于其他模型，这是 GARCH 模型的一个负面因素，并且如果用 MLE 来估计模型的参数，隔一段时间后再次估计，我们得到的参数估计值并不稳定。这可能意味着模型对现实市场的描述并不是特别准确。需要注意的是，模型的初衷是预测，而不仅仅是用来描述市场。与 BSM 仅仅是一个概念框架不同，波动率的预测确实需要和未来情形保持一致。

除了 GARCH 模型族外，还有许多其他预测时间序列的方法，其中常见的有神经网络、遗传算法以及诸如 ARMA 模型族等经典的计量经济学方法。这里我们不再对这些方法展开进一步的介绍，原因如下：没有足够的证据表明这些方法具有精确的预测性；遗传算法和神经网络是非常专业的方法，容易被误用；虽然时间序列分析可能是一个需要了解的好东西（参考 Taylor，1986），但是否值得花费大量时间去推敲如何改进点估计值得商榷。

虽然我们赞同诺贝尔奖委员会的评价：GARCH 模型族是金融领域风险评估中不可或缺的工具[⊖]，但是 GARCH 模型族其实并非期权交易员所必需的突破性工具。波动率的点估计也并不是那么有用。我们真正需要的是对波动率分布进行预测。如果我们预测一个月的波动率为 12%，那么以 15% 的水平卖出隐含波动率就是个好主意。而如果我们了解到一个月波动率的范围为 11%～35%，那么这个主意就不算那么好了。预测波动率本身并不是那么必要，更重要的是得出波动率的变化区间（波动率的分布）。那么，实现这一目的的简单方法就是使用波动率锥。

就像在一篇关于这个主题的早期权威论文（Burghart 和 Lane，1990）中所述，"波动率锥的用处是阐明在不同的交易区间内，波动率区间是如何变化的"。让我们再以微软股票为例，看一下截至 2007 年 4 月 30 日的 4 年里波动率的情况。我们以 20 个交易日、40 个交易日、60 个交易日、120 个交易日和 240 个交易日（不重叠）为周期窗口分别计算波动率（此处我们使用收盘价 – 收盘价估计量，当然也可以选择其他的波动率估计量）。在日历上，这些窗口分别对应 1 个月、2 个月、3 个月、6 个月和 1 年。结果如图 4-3 所示。

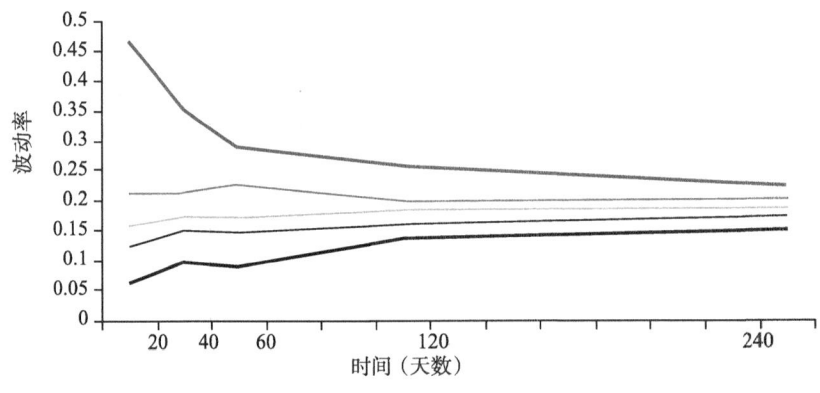

图 4-3　微软股票的波动率锥
（根据截至 2007 年 4 月 30 日的 4 年收盘价数据计算得到）

⊖　来自 2003 年诺贝尔经济学奖的颁奖词。

观察图 4-3 就能知道为什么我们称这个方法为波动率锥。从图中可以看出,短期波动率的变化幅度比长期波动率更大。一方面,大的波动显然会在更长的时间段里被平滑掉;另一方面,抽样误差很容易影响到波动率的度量,特别会对短期的度量产生较为显著的影响(参见表 2-3,从中可以看到抽样误差与样本容量是高度相关的)。此外,为了从给定的价格序列中获得更多的信息,一般需要重复地使用数据(重叠数据)。这显然会在波动率估计中引入人为制造的相关性,从而或多或少地给我们的结果带来偏差。我们需要综合考虑所有这些问题。具体来说,我们需要知道当使用重叠数据后,会给波动率估计造成多少偏差。Hodges 和 Tompkins(2002)对此问题做了大量的研究。他们发现,为了减少人为造成的估计偏差,由重叠的收益率序列所估计出的波动率需要乘以相应的调整系数:

$$m = \frac{1}{1 - \frac{h}{n} + \frac{h^2 - 1}{3n^2}} \quad (4\text{-}16)$$

其中,h 是每个子序列的长度(比如,20 天);$n=T-h+1$,是在 T 个观察点上可获得的不重复的子序列个数。

在表 4-1 给出的例子中,我们需要在 1006 个数据点、60 天的子区间上对估计出的方差进行调整,调整系数设为 1.06(如果直接调整波动率的话,调整系数大约为 1.03)。使用这个调整因子意味着我们可以采用滚动窗口来估计波动率,这使得波动率锥成为 个非常有用的交易工具。

表 4-1 微软股票的波动率锥中的数字

(根据截至 2007 年 4 月 30 日的 4 年收盘价数据计算得到)

	20 天波动率	40 天波动率	60 天波动率	120 天波动率
最大值	0.465	0.352	0.287	0.258
75%	0.213	0.213	0.225	0.200
中位数	0.159	0.172	0.169	0.181
25%	0.123	0.149	0.147	0.161
最小值	0.062	0.096	0.091	0.136

事实上，对股票和许多期货产品而言，在估计和预测已实现波动率时，消息的影响要远比其他任何因素的影响都来得大。通常而言，我们最好比较隐含波动率和由波动率锥给出的历史波动率的分布。如果发现此时一个月的隐含波动率水平已经达到了过去两年中一个月波动率的90%分位数，那么在35%的水平卖出一个月隐含波动率，就可以构建出一个比较明智的交易计划。如果仅当GARCH模型预测出的已实现波动率是20%，从而就以35%卖出隐含波动率，那么这个策略就显得有些欠考虑了。点预测远没有波动率可能的分布预测来得重要。

显然，我们也可以根据其他波动率的估计量来构造波动率锥。

波动率锥可以将当前的市场信息（已实现波动率、隐含波动率以及它们之间的价差）置于历史的背景中进行观察，但它却无法让我们把市场信息放置于目前整体的市场背景下进行观察，这也是需要时刻留意的一个方面。如果我们有两个操作选择，即在已实现波动率为26%时，卖出隐含波动率为39%的花旗集团，或者在已实现波动率为18%时，卖出隐含波动率为24%的标准普尔500指数，对于这两个选择，我们应该认真考虑一下哪个更划算。从比例来看，相比卖出指数波动率，卖出股票波动率并没有赚得更多。但如果考虑使用指数的隐含波动率/已实现波动率价差来作为衡量交易优劣的基准指标，情况就不同了。类似的背景信息总是很重要的。

波动率锥对做市商或者非常活跃的交易员而言，往往并不是非常有用。事实上，它们还常常让人很恼火。这是因为每当波动率锥显示出隐含波动率处于历史高位时，你可能早已在做空了。一般来说，你可能已经随着波动率的上涨，一路做空波动率，并且正处于亏钱的状态。但你现在起码知道，隐含波动率一直处于高位时，可能并不是减仓的最好时机。而对于做市商而言，在这类情况下无论如何都会亏钱。就算无视波动率的历史变化也没有用。

使用基本面信息来预测波动率

我们已经看到,波动率有许多规律性变化,从而让使用时间序列方法进行预测成为可能。但我们不该忘记的是,相对于收益率而言,我们通常对合约标的本身了解更多。例如,股票总是代表着某种业务份额。这种业务有收入、账面价值、负债、销售额、利润和其他许多与之关联的基本面信息。这些信息同样可以用来帮助预测波动率。孤立地看,这些预测并不必然地比基于时间序列方法更好,但是,相对于那些只使用市场数据的方法,它们确实是使用了不同的信息(记住,即便是最复杂的时间序列模型,也是与简单的收盘价 – 收盘价模型高度相关的)。

现在让我们来看看如何把这种方法应用到股票波动率的预测中,类似的分析方法也可以通过选择合适的独立变量组应用到商品中(可能是最受基本面驱动的资产类别)。

由于基本面信息发生的频率要比价格缓慢得多,因此这种方法最好用来进行更长期的预测。此外,与股票中的价值投资者常常需要等待很长时间来实现他们的盈利一样,这种方法也需要承受很长时间的不好表现。这种方法同样更适合用来预测股票间的相对波动率,而不是单个股票的绝对波动率。

Sridharan(2012)归纳了市场会低估上市公司波动率的情形:

- 高研发费用。
- 高现金流波动率。
- 业绩管理。

而市场会高估上市公司波动率的情形:

- 大公司。
- 资产收益率高。

- 高杠杆。

上面的情形并不会让人大吃一惊。这是因为一些会计变量是与风险相关的,它们是未来更大的不确定性的标志,因此它们被用于预测未来已实现波动率。让人有一点吃惊的是,高杠杆会导致市场高估未来波动率。考虑到杠杆和违约之间的关系,虽然看起来比较天真,但我们会希望做多高杠杆公司的波动率。事实上,当一家公司提高杠杆时,它需要得到债券市场的认同,而相对于波动率市场,债券市场会对其风险有更好的理解。

方差溢价

在对波动率进行预测时,我们通常会发现隐含波动率等于或显著大于预测波动率。BSM 中隐含波动率的估计一般是上偏的。例如,预测值比目前的隐含波动率低 30% 的情况并不鲜见,但是反过来的情况却难以见到。这里有几个明显的原因。

- 在卖出隐含波动率时,我们其实是在卖出保险。因此,其中会有一个风险溢价。
- 有些完全合理的事情虽然从未发生过,但在将来可能会发生。如果我们只根据历史数据预测,这些情况就并没有被考虑进去。
- 市场微观结构助长了隐含波动率偏高这一现象。因为对做市商而言,大部分的利润来自期权的买卖价差。他们会刻意地把报价提高一点来保护其业务。在本质上,他们和其他审慎的商业机构一样,是在购买保险(保持少量的波动率多头敞口,尤其是在向下的方向)。

Bakshi 和 Madan(2006)开发了一个模型来帮助我们预测价差会在

何时变得特别高或特别低。在他们的理论中，风险中性波动率和实体波动率（physical volatility）之间的差异与更高阶的收益率矩有关。当交易员是风险厌恶型时，他们预测波动率价差为正，此时实体分布是负偏和厚尾的。

在这样的情况下，他们假设了一个幂效用函数：

$$U(W) \propto \exp(-\gamma W) \quad (4\text{-}17)$$

这可以推导出下列的波动率价差（实际上是用方差来定义的）和实体分布（physical distribution）矩之间的近似关系：

$$\frac{\sigma_m^2 - \sigma^2}{\sigma^2} \approx -\gamma\sigma \times 偏度 + \frac{\gamma^2}{2}\sigma^2 \times (峰度 - 3) \quad (4\text{-}18)$$

利用这个公式，交易员可以在给定的风险厌恶水平下，确定特定的价差是高于还是低于某个相对基准。

让我们来看一个例子。在 2012 年 8 月 3 日，我预测了 SPY 和 EEM 的实体矩，如表 4-2 所示。

表 4-2 SPY 和 EEM 的收益率矩估计值（2012 年 8 月 3 日）

矩	SPY	EEM	矩	SPY	EEM	矩	SPY	EEM
波动率	0.136	0.186	偏度	−0.1	−0.05	峰度	3.6	3.5

在这一天，SPY 和 EEM 的 9 月平值期权的隐含波动率分别为 0.156 和 0.225。根据式（4-18），SPY 的波动率价差所隐含的风险厌恶系数为 6.4。如果我们把它视为市场的风险厌恶系数估计值，并假设其在所有指数中都保持不变，那么 EEM 的隐含波动率就应该为 0.221。在这样的情况下可以看到，错误定价的相对度是非常类似的。

我们在第 5 章中看到，偏度和峰度的估计值是有噪声的。我们的估计值可能并不足以区分这些细微区别，比如用这个模型来确定哪个指数的波动率更大。不过，我们可以用这个理论来理解期权市场隐含着那些没有在历史价格序列中体现出的未来的大幅波动。

当期权卖家变得更风险厌恶时，价差会变得更大，这很容易理解，因为他们会要求更多的溢价来补偿他们的恐惧。同理，价差在高阶矩上会变得更宽，这是因为所有期权都是暴露于该实体分布的全部矩中。

不过，这个模型并不符合这一事实：价差（以百分数的形式表示）会在波动率指数（VIX）上涨时变窄，至少对于标准普尔500是如此。表4-3显示了1990年1月至2012年5月不同VIX水平下的百分比波动率价差。

表4-3 波动率溢价与VIX水平的关系

	VIX<20	20<VIX<30	30<VIX<40	40<VIX<50	50<VIX
天数	3 102	1 925	407	111	56
平均价差	27.75%	19.78%	13.73%	9.26%	−11.52%

直观上，高VIX水平可被视为对风险厌恶程度的度量，但这明显不是该模型所考虑的。显然，真实市场是复杂的，任何时间都会有许多效应在起作用，并且它们可能会相互冲突。当波动率水平很高时，交易员预期均值回复会成为主导效应，从而驱动价差变小，而这一效应并没有包含在Bakshi和Madan（2006）的模型中。

也可以这样看，波动率水平与该分布的更高阶矩相关，而这个因素超过了风险厌恶因素。我认为该模型比较有趣，但可能并不完整，毕竟历史数据（表4-3）是无可争议的。

从存在波动率溢价的讨论中会得出一个不正确的结论，即我们总是可以靠卖出隐含波动率来获利。在第11章讨论卖出隐含波动率来获利的一些情形时，我们会再次讨论这个问题。

请记住，保险公司的利润主要来自保险费再投资收益。对于借入资金进行期权交易的交易员而言，这样的机会并不存在。期权的保险溢价并不是卖出期权的好理由。但我们必须承认价差的存在，并在预测结果中做相应的调整，这样就可以判断出一份期权是不是真的很贵。因此我们需要通过减去这个"正常的"隐含/预测价差来调整每个预测值。例如，标准普尔500指数的已实现/隐含价差可以简单地用30天收盘价－收盘价滚动波动率和芝加哥期权交易所波动率指数（VIX）的价差来代替，如图4-4所示。我们注意到，VIX指数几乎总是比30天的滚动波动率高。你需要知道这个溢价的平均大小。记住，你要留意不寻常的情况。图4-5给出了实际价差的变化。此处的平均值为3.09。这一数字较为重要，要牢记（还要注意，在2007年4月的价差为负值，对应了30天收盘价－收盘价波动率飙升的时期。这主要是由于计算历史波动率须向前追溯所导致的，我们之前讨论过这个问题，如图4-1所示）。

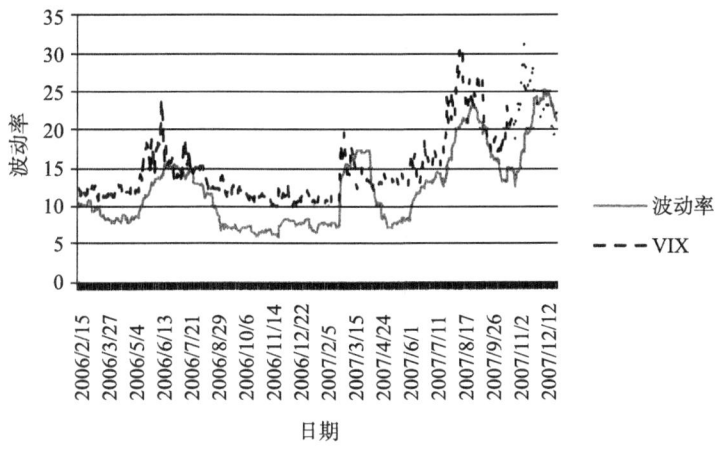

图4-4　VIX和标准普尔500的30天波动率
（注意，VIX几乎总是在30天波动率之上）

对于头寸交易员而言，基于市场背景调整后的波动率锥是非常有用的，因为这可以帮助他们监测波动率的变化，而不用时时做市。他们可以等到波动率达到高位时才建仓（此时做市商往往急于减轻头寸）。头寸交易员必须利用这样一个事实：他们可以选择性地进行交易。交易活动虽然看上去竞争激烈，但也不用时刻严阵以待，没必要总是保持仓位。狮子是聪明和强大的猎手，它们不会浪费体能去和犀牛战斗，而是静心等待羊群中掉队的受伤羚羊。

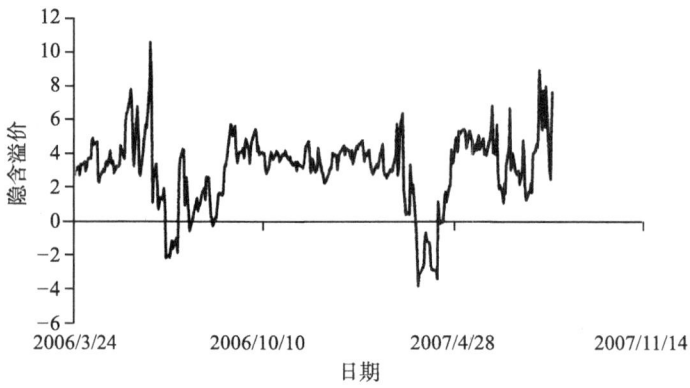

图 4-5　标准普尔 500 的隐含波动率溢价

本章小结

交易是很难的。许多人总是希望听到这不是真的。诸如这样的鸡汤文时不时地总会出现："你没必要去做预测。"这是完全错误的。所有交易都与预测相关，只是有时表现得较为含蓄。例如，当我们买入的时候，我们便是在预测该东西的价格会上涨。

因此我们需要进行预测。而波动率的可预测性要比价格好很多，那为什么不直接预测波动率呢？这样我们就知道自己的利润以及对该利润的信心在哪里。

- 使用波动率锥来开展预测。
- 进一步考虑整个市场的状态，根据该市场状态，确定所考虑的特定隐含波动率是否处于极端水平，或仅仅是合适的水平。
- 择时。等待清晰、可测、合理的盈利机会出现。

第5章
Volatility Trading

隐含波动率的动态变化

在前面的章节中，我们回顾了度量和预测已实现波动率的各种方法。这就好比在体育赛事博彩时，预测哪支球队最有可能赢得比赛一样。在本章中，我们将研究隐含波动率可能的移动方式。这相当于在比赛前预测庄家的盘口会如何变动。需要注意的是，我们不是直接交易已实现波动率或隐含波动率，而是交易两者的价差，因此可以在两边都找到盈利优势。

直接讨论隐含波动率的特征很难，因为隐含波动率也有很多种；一般每个单独的看跌/看涨期权对都有其自身的隐含波动率。这就形成了著名的波动率曲面。图 5-1 展现了一张相当经典的指数期权——纳斯达克 100 指数交易所交易基金（QQQQ）的波动率曲面。它在不同行权价以及不同期限上都有着明显的结构形态。我们分别在图 5-2 和图 5-3 上展示了行权价和期限结构与隐含波动率的关系。

在研究波动率曲面的形状之前，让我们先了解一下，什么对交易员来说是重要的。当交易标准期权时，交易员主要对变化的东西感兴趣。形状本身对我们来说是次要的，但形状的变化可能是重要的。但如果我们交易的是结构化产品，情况就会有所不同。这时"波动率微笑"将是另一个模型的输入参数,此时必须要考虑曲面的形状,从而避免套利机会的发生。当我们在第 13 章中讨论杠杆式 ETF 期权时,我们会分析一个这样的例子。

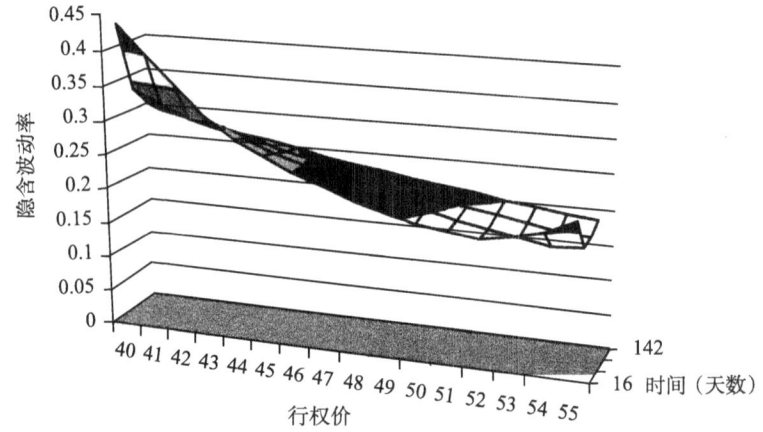

图 5-1　QQQQ 的隐含波动率曲面(2007 年 8 月 1 日)

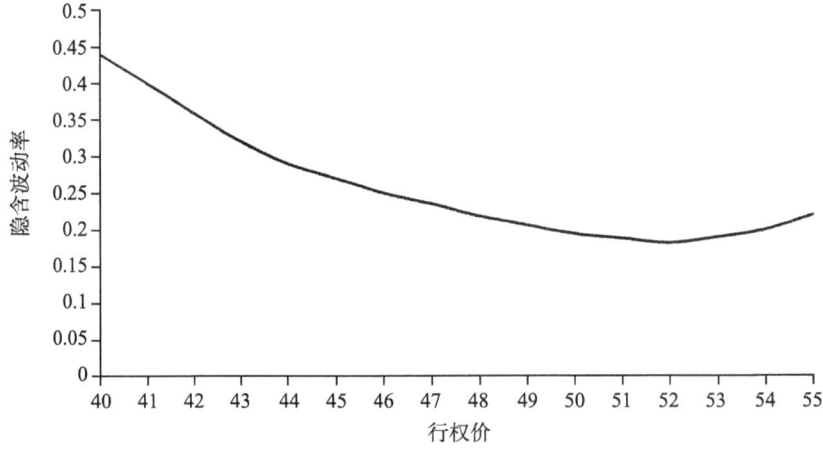

图 5-2　QQQQ8 月期权的隐含波动率与行权价之间的关系(2007 年 8 月 1 日)

对不同的移动类型,判断它们相对重要性的一种方法是主成分分析法(PCA)。主成分分析是数学上用来对数据集进行降维的一种方法,简介可参考 Alexander(2001a)。Derman 和 Kamal(1997)将 PCA 方

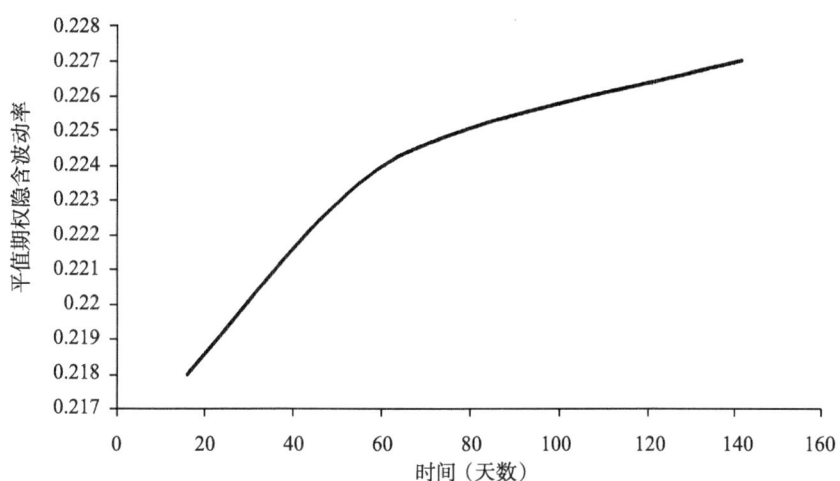

图 5-3　QQQ 平值期权的隐含波动率的期限结构（2007 年 8 月 1 日）

法应用在标准普尔 500 指数和日经指数期权上。他们以 delta 和到期期限作为参数，研究了波动率曲面的每日变动情况。Skiadopoulos、Hodges 和 Clelow（2000）将行权价格和在值程度作为参数，通过 PCA 研究了在给定的剩余存续期内标准普尔 500 指数隐含波动率的变化情况。Alexander（2001b）用 PCA 来研究了不同行权价的隐含波动率与平值（ATM）隐含波动率的偏离程度的每日波动变化。Alexander 的研究结果对我们最有直接帮助。根据她的研究结果，隐含波动率微笑曲线的平行移动、倾斜度变化和曲率变化分别占到了波动率方差整体的 65%～80%、5%～15%、5%。因此，对交易员来说，有一点永远不要忘记，即最重要的是了解波动率总体水平的变动，然后是曲线的斜率变动。波动率微笑是很"迷人"的，许多聪明人已经花了大量的时间和经费来研究微笑曲线的动态变化。事实上，波动率的水平在很多情况下是更加多变的，因而研究它将更有经济意义。

隐含波动率的整体水平变化是主要的风险因素。这一事实也部分印证了之前的结论——将平值期权隐含波动率与已实现波动率的预测值进行比较是不正确的。从技术上讲，这个结论没有错，我们应该将波动率预测值与隐含波动率的掉期进行比较。波动率掉期的结构包括了一系列连续期权价格的加权平均值。但在实践中，对隐含/已实现波动率的价差直接进行交易并不是一个好主意，原因如下所述。

- 市场上可以找到的期权的行权价格是有限的，由此构造出的波动率掉期不会很理想。
- 构建波动率掉期需要承担买卖价差，因此构建波动率掉期的成本会非常高。
- 平值期权的波动率变动在隐含波动率曲面的变动中占据了主导地位。
- 观察跨式价差组合的损益结构图后可以发现，这种组合的盈利状况取决于合约标的价格的绝对变动（见图5-4）。回忆一下第1章中的内容，我们曾说过波动率是对价格变动较为粗略的近似，任何有限的样本都有波动率。它只是对复杂现象的一种简单描述。

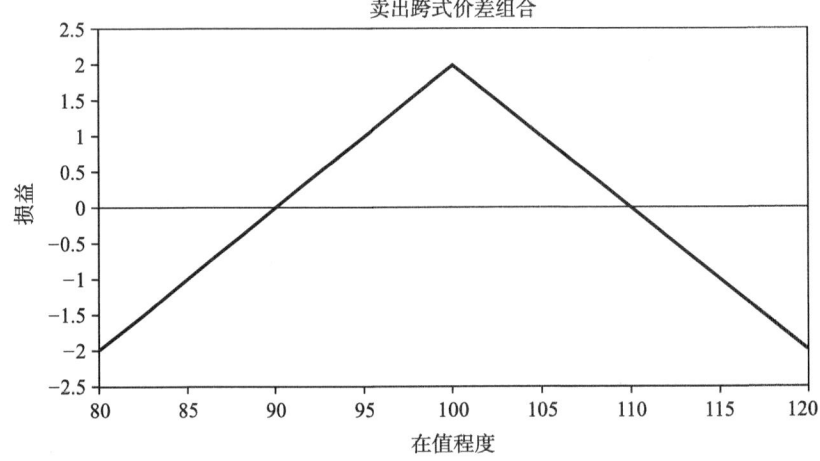

图5-4 卖出跨式价差组合的损益图

注：当合约标的不发生大幅变动或不波动时，该头寸会盈利。这是期权交易员对波动率的可行定义。

波动率水平的动态变化

首先让我们先了解一下隐含波动率整体水平的动态变化。我们可以观察平值期权的实际波动率，但这是非常棘手的。首先要注意，市场中并没有真正意义上的平值期权，因为行权价总会略低于或者高于实际平值点。每个行权价上都有一个看涨期权和一个看跌期权。最终每个期权上总会有一个买入价和一个卖出价。因此，为了得到平值期权的波动率，我们需要对这 8 个隐含波动率适当地加权取平均值。接下来我们还要将这个数字与另一个到期日对应的隐含波动率取平均值，这样才能得到某个固定期限的隐含波动率。整个过程中，具体细节和不同方法的选择都会显著地改变最终的结果。

另外，我们也可以使用不依赖模型的隐含波动率，如芝加哥期权交易所公布的 VIX 指数（它基于标准普尔 500 指数，基于类似方法构建的指数也可以从诸如 ivolatility.com 等商业供应商处获得）。它曾经是用期权隐含波动率的平均值计算得到的，但现在是基于无模型隐含波动率的概念构建出来的。图 5-5 展示了 VIX 指数从 1990 年年初开始计算以来直到 2007 年 7 月底的走势情况。

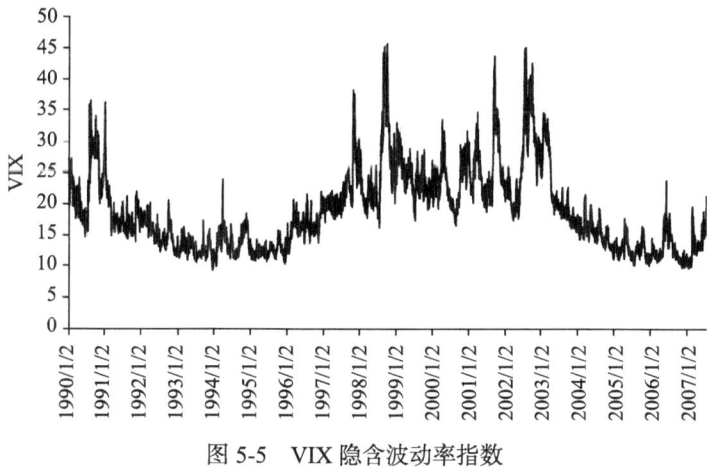

图 5-5　VIX 隐含波动率指数

因此我们可以用波动率指数来进行隐含波动率的广泛分析，但这样我们就只能交易由平值期权产生的波动率水平。这是交易的内在混乱性的另一个例子。

从图 5-5 中我们可以发现关于 VIX 指数的一些特征。

- VIX 水平有两种变化模式：一种是值较高且不稳定的模式，其值在 20 ～ 40 震动；另一个是较为平稳的模式，其值为 10 ～ 20。
- 指数的波动幅度与其值的大小呈正相关。
- 向上大幅变动的出现次数比向下大幅变动得多。
- 起码从这个例子来看，它具有均值回复的特性。

关于最后一点需要做更多的说明（如下所示），因为这是经常被提及但很少给出明确定义的一点。

均值回复

交易员和分析师常说波动率是一个均值回复过程（这也是与 EWMA 模型相比，我们更倾向于使用 GARCH 模型来预测已实现波动率的原因），但此处并没有一个精确的定义。所以先来看几个对均值回复的不同定义，以便在后面讨论隐含波动率的动态变化时，我们能有一个较为明确的概念（顺便提一下，在讨论金融市场的趋势时，也存在同样的歧义。通常在复盘的时候，交易员能很明显地看到某个趋势已经发生，但在事前却很难预测出趋势将会是什么样的）。

非正式的定义

当一个时间序列在达到最高点后下降，在达到最低点后上升时，那么它就是均值回复的。

这个定义从直观上看较有吸引力。我们所需要做的就是观察序列，找出极端值，然后观察随后的序列是否在极值附近回复。根据这一思路，股市在 20 世纪 80 年代初显然是被低估了，在 1987 年中期则是被大幅高估了。遗憾的是，这个定义也是自我实现的。一个序列在其达到最大值之后都会变小，这永远是一个真理，适用于任何序列。我们需要拿出更多的东西来证伪。

相对正式的定义

如果一个时间序列回归后的随机误差项间存在负自相关性，那么它就是均值回复的。

在这个定义下，某期低于平均值的收益率，会在后续期中高于平均值的收益率来作为补偿。基于这个定义，VIX 就是均值回归的。VIX 的日频自相关系数为 −0.04，周频自相关系数为 −0.21，月频自相关系数为 −0.12。

该模型可以简单地表示为：

$$R_t = \rho(R_{t-1} - \mu) + \mu + \sigma Z_t \tag{5-1}$$

式中　　R——t 时刻的收益；

ρ——自相关系数；

μ——收益率均值；

σ——收益率的波动率；

Z——服从标准正态分布。

这个过程的一个实例可以参考图 5-6。

现在将图 5-6 与图 5-7 相对比。

虽然这并不能证明什么，但它显然表明均值回复模型可以套用在 VIX 上，至少在短期中是如此。

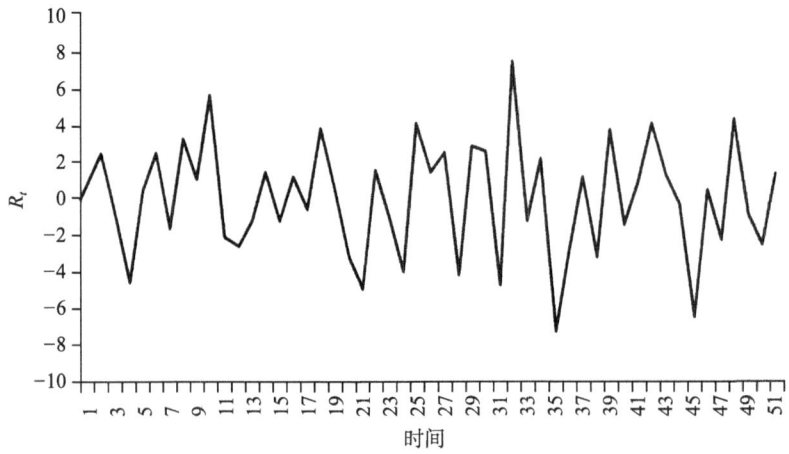

图 5-6　式（5-1）所描述的均值回复随机过程（$\mu=0$，$\rho=-0.2$，$\sigma=2.8$）

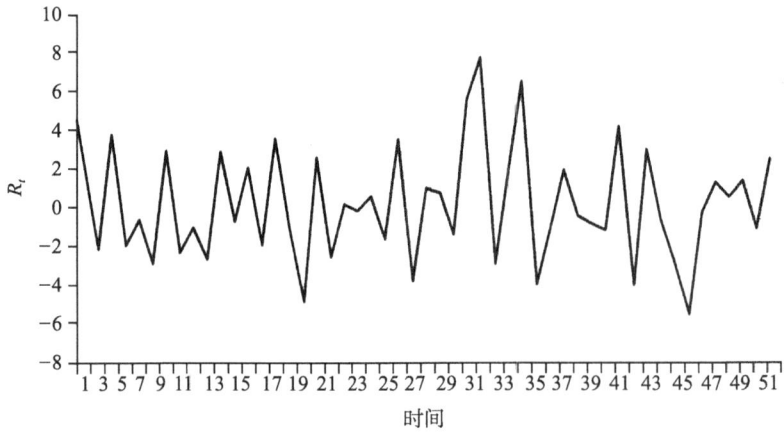

图 5-7　VIX 的周收益率（1990 年）

交易员的定义

如果某个假设变化趋势会反转而不是持续的交易方法可以获利，那这个时间序列就是均值回复的。

很多时间序列过程都符合这个定义。它比负自相关性假设要宽泛得多。一些经典的技术指标都可以用来构造这样的交易系统（请注意我们对技术分析的效果没有做任何假设，只是在这个特殊的情况里用来做测试）。

VIX 同样通过了这个测试。如果序列具有均值回复性，那么简单的布林通道策略（高于指数加权平均值加上两倍标准差时卖出，低于指数加权平均值减去两倍标准差时买入，然后在下一个交易日收盘时平仓）就可以实现稳定的盈利。

假设从 1990 年 1 月开始使用这个策略，那胜率便能达到 62.2%，平均盈利为 1.05 点，平均亏损为 0.93 点。如果对参数进行调整，将涨跌幅度的不对称性考虑进来，使得买入点和卖出点不同的话，测试结果会更好。但这并不是此处讨论的重点，我们的目的不是要构建一个可行的交易系统。我们只是想验证交易员的观点，即 VIX 具有均值回复性（这个交易系统在真实环境中是没有意义的，因为 VIX 指数现货并不能被交易。很遗憾，容易定价的东西往往很难交易）。

然而，这个极其简单的交易系统背后的核心思想却是很重要的，即隐含波动率大幅变动后往往会反转。因此，我们在开始进行期权交易时需要牢牢记住这一点。

一些更严谨的时间序列模型会得到好坏不一的结果。有些学者声称他们构建的对隐含波动率进行预测的模型是较为成功的（Ahoniemi，2006；Brooks 和 Oozeer，2006），但从交易工具的角度来看，他们的模型并没有太大的实用价值。

然而，平值隐含波动率的演变过程也有非常明确的规律，可以作为交易的基础。其中一个例子是公司财报公布之前隐含波动率的变化情况。在财报公布的前几周，当月合约（front month）的波动率几乎总是会显著上升。如图 5-8 所示，该图给出了苹果（AAPL）公司在 2007 年 4 月 25 日收盘后公布其第二季度盈利前，其当月合约波动率的变化情况。隐含波动率在公告前上升、在公告后立即下降的模式,是很普遍的现象。

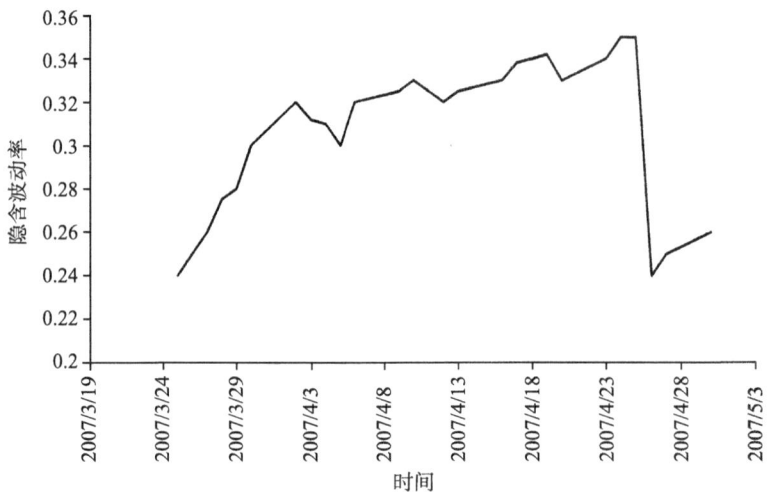

图 5-8 苹果公司当月合约波动率在 2007 年第二季度财报公布前后的变化

这看上去似乎有一个可交易的机会。其实是有两个机会。第一个机会是在盈余公告的几个星期前买入隐含波动率,预期隐含波动率会上升。这个办法有时是可行的。但要记住,当隐含波动率上升时,期权的实际价格未必会一起上升:你将需要用 vega 利润和来自 gamma 多头短线交易的利润来抵消由于时间流逝所导致的期权价值损失。这个策略无疑是值得尝试的,不过由于交易成本的限制,只局限于较为活跃的股票。

这个交易思想的直接测试过程较为简单和枯燥。在盈余公告出现之前,我们买入跨式价差组合并希望隐含波动率上升以及合约标的价格的变化能够弥补该头寸中的时间价值损失。

- 在盈余公告公布前 10 天(或尽可能相近的时间),买入当月跨式价差组合,并在公告日的前 1 天卖出头寸。
- 通过除以合约标的价格的方法来对结果进行标准化(这样得到的结果就与股票价格无关)。

我们用这个方法测试了一个由 73 只股票（具有连续价格和期权数据的大公司）组成的样本，期限为 2005 年第一季度至 2010 年第三季度。买卖价差假设为 2 美分（这反映了现在的交易费用，但并不必然是过去的交易费用，因此这些结果可能对现在及之后有效，而可能对该策略实际交易的历史阶段无效），测试结果为：

- 43% 的交易盈利；
- 盈亏比为 1.70；
- 结果是正偏（偏度为 5.4）和厚尾（超额峰度为 76.6）的。

现在我们把这些结果转化为交易过程。我们在每笔交易中投入 10 000 美元的名义本金。也就是说，对价格为 100 美元的股票，我们会买入 1 手跨式价差组合（股票价格 100 美元乘以每手期权对应的 100 股）。最终的结果如图 5-9 所示。

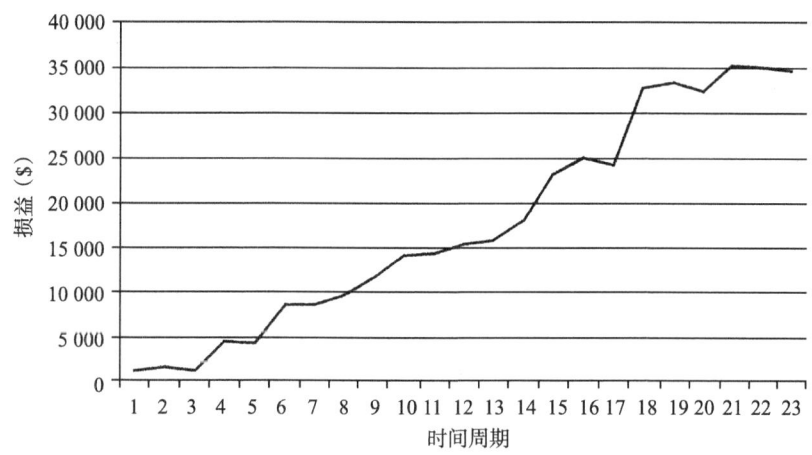

图 5-9　做多跨式价差组合策略的结果

需要重点注意的是，图 5-9 显示的是以单个财报周期为基础的利润，其日频的波动会更高一些。

虽然这种交易明显是能盈利的，但我们还可以通过挑选适合的股票来对结果进一步改善。我们在第 4 章中提到过，根据基本面信息来选择股票可以帮助我们预测波动率。这里是否有类似的效应呢？

我们分析了不同市盈率、市值、红利率、关注该公司的分析师数量以及分析师盈利预测的分散程度 [用（最大预测值 − 最小预测值）÷ 平均预测值来衡量] 时的交易结果。

第一个需要注意的情况是，这些关系不是线性的，因此不能用相关系数来衡量。这从图 5-10 中可以看出，该图显示了损益与分析师分散程度之间的关系。

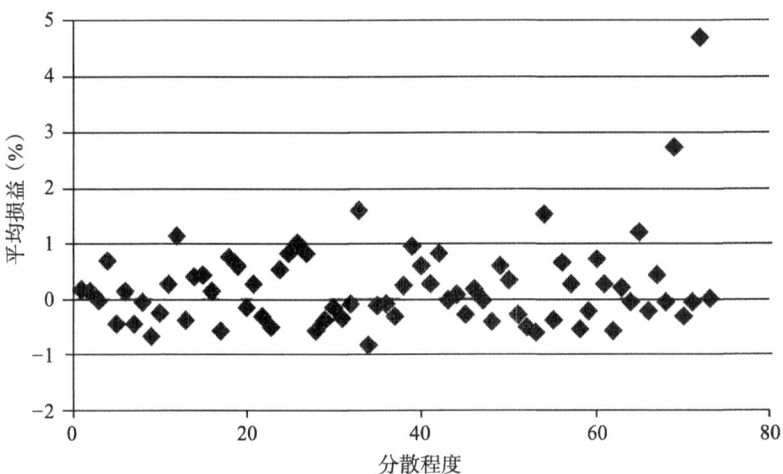

图 5-10　分析师预测值分散程度与做多跨式价差组合策略的损益之间的关系

不过，我们可以用一个更稳健的方法来寻找它们之间的关系。我们对每一个因子均根据四分位数进行公司样本划分，然后观察其平均损益，如表 5-1 所示。

表 5-1　做多跨式价差组合策略在不同基本面因子时的盈利能力

四分位数	PE	市值	红利率	分析师数量	分析师预测值分散程度
最低	51	19	52	10	3
第二	5	17	−9	23	10
第三	21	41	10	22	14
第四	7	3	31	20	48

正如我们所看见的，当我们对市盈率、市值、红利率或分析师数量等因子进行排序和计算结果时，我们并没有发现任何明显的模式。不过，分析师分散程度这一因子则有些有趣。具有高分散程度的股票会盈利更多。从直觉上看，高分散程度意味着分析师对未公布的盈余公告存在分歧，这也意味着我们处于一种不确定的状态。期权的隐含波动率会因此而上升，这样我们才可以通过做多波动率来赚钱。这种情况并不会突然发生，因为分析师公布他们的盈余预测和让市场认识到他们的分歧均需要时间。

下面让我们来看看，在公布盈余公告后卖出波动率的盈利能力。在盈余公告公布之前，我们可以卖出跨式价差组合，然后希望隐含波动率的下降可以弥补我们在合约标的价格变化上的损失。

- 在盈余公告公布之前（越近越好）卖出当月跨式价差组合，并在公布之后的交易日收盘时买回来。
- 通过除以合约标的价格来对交易结果进行标准化（因此交易结果就与股票价格不相关）。

我们测试了相同的 73 个股票样本自 2005 年第一季度至 2010 年第三季度的交易结果。

结果如下：

- 65% 的交易盈利；
- 盈亏比为 0.69；
- 结果是负偏（偏度为 −2.1）和厚尾（超额峰度为 12.2）的。

用和之前一样的名义本金方法，我们得到了图 5-11 所示的交易结果。

类似地，我们也可以考察不同基本面因子对交易结果的影响，具体结果如表 5-2 所示。

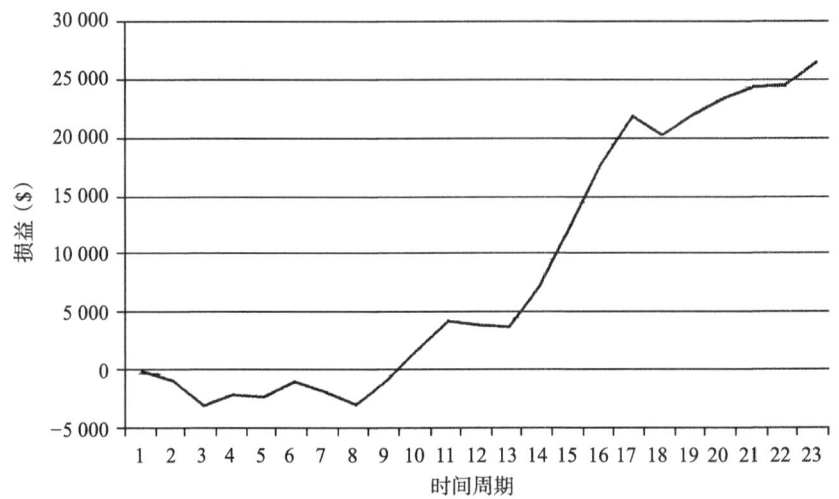

图 5-11 卖出跨式价差组合策略的交易结果

表 5-2 卖出跨式价差组合策略在不同基本面因子时的盈利能力

四分位数	PE	市值	红利率	分析师数量	分析师预测值分散程度
最低	29	6	16	23	11
第二	24	30	1	6	14
第三	23	9	29	20	24
第四	-2	29	30	24	25

此时我们发现,该策略有略微的倾向在高市盈率股票中表现得不好。有研究表明,成长股和价值股对盈余公告存在不同的反应,这可能就是导致这一现象出现的原因(He、Lee 和 Wei,2010)。不过即使这一现象是真实存在的,它也不是太显著。

我们同样发现了不同分析师分散程度对交易结果的影响:高分散程度预示着高盈利。产生这一现象的原因可能有两个。请记住,我们是在股票价格变动以反映新信息时,交易期权的隐含波动率与股票已实现波动率之间的差。正如我们先前所提及的,高分析师分散程度会导致高的隐含波动率,因此我们可以以较好的价格卖出跨式价差组合,但我们同样可以从分析师对股票价格实际变化幅度观点的分散程度中获益。当新信息出现时，股票价格会发生变动。所谓的新信息，是指尚未反映在股票价格中的东西，也就是说，某些与预期不一致的东西。高分散程度意味着，不管是分析师还是整个市场，都没有达成一致预期。如果大家的观点都一致，那就没有"惊奇"了。

交易隐含波动率对即将出现的新信息的反应这一想法也同样适用于其他金融产品。例如在大经济体公布经济数据之前，利率产品也有类似的走势，而大宗商品的隐含波动率通常也会在库存或作物收成报告发布前上升。事实上，Carr 期货公司（Panos，1997）的一份研究结果表明，从 1994 年 1 月到 1996 年 12 月，在每个失业数据公告周（通常在周五开盘前发布）的周一以收盘价购买 delta 中性的跨式价差组合，然后在周四以收盘价卖出，这样的操作大概能获利 9 个点左右（相当于 6.53% 的收益率）。

当我们在类似事件发生时卖出期权，这可以帮助我们计算合约标的价格中由期权价格所隐含的跳空。为了发现这种隐含的跳空，我们可以比较当月和次月平值期权的隐含波动率。此处的假设是，在该事件发生之前，两种期权的绝大部分差异都来自该事件的不确定性。可能还有其他原因所导致的差异，但我们希望该事件是最主要的影响因素。

首先需要注意，如果当月的隐含波动率低于次月，那么市场预期该事件的发生不会导致价格波动。但如果当月的隐含波动率高于次月，那我们就需要先计算远期波动率（就是从第一个到期日 T_1 起到第二个到期日 T_2 止的隐含波动率），即

$$\sigma_{12}=\sqrt{\frac{\sigma_2^2 T_2 - \sigma_1^2 T_1}{T_2 - T_1}} \tag{5-2}$$

式中 σ_1——当月期权的隐含波动率；

σ_2——次月期权的隐含波动率。

而由该事件导致的波动率变化 σ_E（就是即期波动率与远期波动率之差）为：

$$\sigma_E = \sqrt{T_1\left(\sigma_1^2 - \sigma_{12}^2\right)} = \sqrt{\left(\sigma_1^2 - \sigma_2^2\right)\frac{T_1 T_2}{T_2 - T_1}} \tag{5-3}$$

再根据式（2-12），我们可以计算出绝对收益的期望（价格跳跃）为：

$$E(|R|) = \sqrt{\frac{2}{\pi}} \sigma_E \tag{5-4}$$

根据式（5-4），我们可以通过前两个月期权的隐含波动率计算出价格跳跃的期望值，并将该值与估计出的标的股票实际价格的变化值进行比较。

波动率微笑和合约标的

对于隐含波动率微笑的变化与合约标的价格变动的关系，有两种广泛使用的表述方法：黏性行权价规律和黏性 delta 规律。黏性行权价是指，当合约标的价格变动时，给定行权价的波动率不会发生变化。黏性 delta 则是指，波动率微笑会随合约标的一起变动，因此给定 delta 的期权会保持同样的波动率。例如，随着合约标的价格变动，delta 为 10 的看涨期权的行权价在变化，但 delta 为 10 的看涨期权的波动率保持不变。这些规律也被相应地称为固定的偏度（fixed skew）和漂浮的偏度（floating or swimming skew）。

这两个规律都没有很好地描述真实市场的动态变化。Derman（1999）用标准普尔 500 期权检验了这些规律。他发现，当合约标的价格在区间震荡时，黏性行权价规律会起作用；而当市场呈趋势变化时，黏性 delta 规律就会起作用。

换句话说，每一种规律都只在一段时间内有效。这比较合理，毕竟这些规律仅是对特定时间期权市场观点的体现。交易员应该对这两种情形都有所了解，并知道在何种情形下该应用什么规律。

黏性行权价

从数学上说，这个规律可以描述为隐含波动率与合约标的不相关。即

$$\frac{\partial \sigma(X)}{\partial S} = 0 \tag{5-5}$$

之前我们推导过，一个对冲的期权多头头寸的损失损益为：

$$\frac{1}{2}S^2\Gamma\left(\sigma_{\text{已实现}}^2 - \sigma_{\text{隐含}}^2\right)$$

在黏性行权价的条件下，这个结果会让构建套利组合成为可能。

考虑一个 delta 中性的看涨期权价差，其中空头腿由单个期权的 gamma 比率加权而成：

$$C_1(X_1) - \frac{\Gamma_1}{\Gamma_2}C_2(X_2) \tag{5-6}$$

若 $X_1 > X_2$ 且 $\sigma(X_1) < \sigma(X_2)$，即隐含波动率曲线向下倾斜。当我们计算该价差的损益时，已实现方差项就抵消了，因此我们得到：

$$\frac{1}{2}S^2\Gamma_1\left(\sigma_2^2 - \sigma_1^2\right) \tag{5-7}$$

该结果一般为正（我们构建了一个正 gamma 的头寸，并同时可以获得 theta）。

黏性 delta

这条隐含波动率规律同样允许套利。考虑一个动态对冲、delta 中性和风险逆转的头寸，如卖出虚值看跌期权，并买入虚值看涨期权。在黏性 delta 的假设下，如果合约标的价格上涨，两个期权的隐含波动率都

会上升。不过，看涨期权现在会更接近于平值点，因此其 vega 会比看跌期权更大。所以看涨期权价值上涨的幅度会比看跌期权价值下跌的幅度更大。该组合就可以实现盈利。类似地，如果合约标的价格下跌，两个期权的价值都会下跌，卖出的看跌期权价值会下跌更多，因此该组合还是可以实现盈利。

另一个观察黏性 delta 只在一个有限的条件下有用的方法，是我们在第 3 章中所看见的：当合约标的价格下跌时，已实现波动率正常情况下会上升，而这会使平值期权的隐含波动率也相应上升。黏性 delta 不会有这样的效应，它会让（不断变化的）平值期权的隐含波动率保持不变。强调这一现象的一个方法，就是让波动率曲线沿某个"支柱"或"路径"浮动。而该"支柱"或"路径"是行权价的减函数⊖，如图 5-12 所示。该路径的斜率可以通过将隐含波动率的历史变化与合约标的历史收益率进行回归来估计得到，不过这可能不会太有效。在实践中，交易员一般是用倾斜度来拟合当前的市场行为。

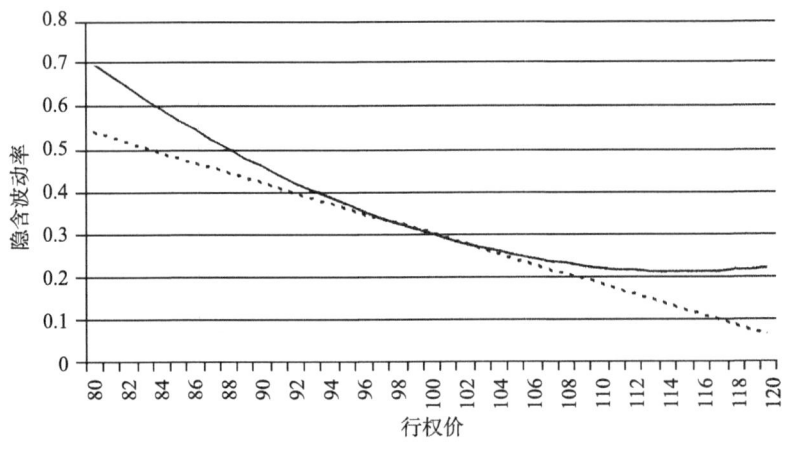

图 5-12　隐含波动率及其作为行权价的函数的支柱（切线）

⊖　此处作者是指，当合约标的价格下跌时，隐含波动率会上升。为了强调这一点，就假设波动率曲线会沿着过平值点的切线移动。由于隐含波动率的变化方向与合约标的相反，所以该切线是行权价的减函数（即斜向下）。——译者注

不管我们决定如何移动隐含波动率来匹配合约标的的变化,我们都应该将波动率的变化考虑进我们的 delta。尽管 delta 的正式定义是期权价格相对于合约标的价格的偏微分,但交易员却主要用它来表示他们总的方向性风险敞口,即总的微分。

$$\frac{\mathrm{d}C}{\mathrm{d}S} = \frac{\delta C}{\delta S} + \frac{\delta C}{\delta \sigma}\frac{\delta \sigma}{\delta S}$$
$$= \Delta_{BSM} + vega\frac{\delta \sigma}{\delta S} \quad (5\text{-}8)$$

因此,如果我们想用这个黏性 delta 范例,我们将需要修正 BSM 模型的 delta,以确保维持方向中性。

波动率微笑的动态变化

这里我们来研究一下波动率微笑的性质。刚才提到,波动率微笑没有波动率的水平那么重要。这虽然是事实,但它也不是完全微不足道。一些学术研究表明,如果交易成本足够小,那么微笑效应还是有利可图的(例如,Goncalves 和 Guidolin,2005;Jha 和 Kalimipalli,2006)。此外,为了找到交易的最佳行权价,所有的交易员都需要监测并理解波动率微笑。波动率微笑对有着许多不同行权价的产品更重要。正因为如此,才有可能构造出将偏度(比率价差和风险逆转)和峰度(蝶式价差和鹰式价差)相分离的交易策略。波动率微笑对于那些能够撮合多条腿的交易而不用承担全部买卖价差的做市商而言,也有很重要的意义。

波动率微笑现象主要是由以下原因产生的(这个列表只列举了一部分相对重要的原因)。

- 在许多产品中,典型的最终用户都是做多的,因而会偏向于购买具有下侧保护作用的产品。

- 在权益类产品中，多头会倾向于卖出与其股票多头头寸相反的看涨期权。
- 在权益类证券中，行权价更高的期权相对于平值期权所存在的溢价，往往预示着公司有可能被收购（显然这点和上一点对曲线的影响会有相互作用，哪一点的作用更强就取决于具体的产品和时间了）。
- 如果客户买入看跌期权并卖出看涨期权，那么做市商就会相应地卖出看跌期权以及买入看涨期权。通常客户不会去对冲头寸（期权本身就是他们的对冲工具了），但做市商会去，而且其中至少有一部分是动态对冲的。如果市场下跌，与卖出看跌期权的方向一致，受对冲的影响，标的股票的波动率就会增加。如果市场上涨，与买入看涨期权的方向一致，相反的情况也会发生（对冲会降低股票的波动率）。从这个意义上来说，波动率微笑其实是对"波动率水平取决于合约标的价格水平"这一自我实现过程的预言。
- 在权益类产品中，指数的偏度要更强于其成分股的偏度。指数的波动率 σ 与其成分股的波动率 σ_i 是相关的：

$$\sigma^2 = \sum_{i=1}^{N} w_i^2 \sigma_i^2 + 2\sum_{i=1}^{N-1}\sum_{j>1} w_i w_j \rho_{ij} \sigma_i \sigma_j \quad (5\text{-}9)$$

式中　w_i——各成分股的权重；

　　　ρ_{ij}——各成分股之间的相关系数。

从式（5-9）可以看出，有两种方式可以让指数的波动率上涨：要么是各成分股的波动率上涨，要么是成分股之间的相关系数变大。式（5-9）同时适用于已实现波动率和相关性以及隐含波动率和相关性。所以指数的隐含波动率还包括了一个隐含相关性的作用。即使指数所有成分股的波动率曲面都是平的，只要相关性会随着资产价格变化而上升，那指数波动率曲面依然会出现"微笑"的现象。而市场通常都认为，股票间的相关性确实会随着崩盘或者大幅下跌而上升。

- 合约标的的真实收益率均不服从正态分布。这些收益率的分布都受偏度和峰度的影响。

除了最后一点外，这些原因都和隐含波动率市场的购买（或者抛售）压力有关，但这是很难预测的。在大部分市场中，它的净影响会趋向于达到均衡。也就是说，在一个特定的产品上，隐含波动率曲线会呈现出一个特定的形状，然后会基本保持这个形状（Hafner 和 Wallmeier，2000；Cont 和 da Fonseca，2002）。

我们需要找到一个方法来量化"微笑"曲线的形状，这样就可以预测它偏离均衡水平的程度。到目前为止，我们讨论的都不是偏度曲线应该是什么样的，而是讨论它通常是什么样的。

在涉及更多技术之前，我想提一个非常简单的对波动率微笑进行参数化的方法。这让我们能够对波动率微笑进行比较，而且能够用来快速比较不同到期日的微笑。这个方法也可以用来比较同一类产品（如股票指数或政府债券）的微笑。我们使用期权的 delta 来参数化微笑，然后将每个特定月份的所有（不同行权价的）波动率除以相同月份的平值波动率。这样能够得到一个特别稳定的不随时间变化的曲线。我也不知道为什么会是这样的——它很可能正好也是做市商表示波动率微笑的工具。

表 5-3 以 QQQQ 期权为例，显示了使用这种方法的惊人效果。事实上，由于波动率需要做一些插值以及受到买卖价差的影响，我们甚至可以认为在这种形式下，所有的月份都有着同样幅度的微笑。还不错的开局！但是这个方法还不能让我们比较隐含波动率和已实现波动率的属性。

表 5-3　QQQQ 期权原始和调整后的隐含波动率与虚值 delta 之间的关系
（2007 年 9 月 13 日晨）

delta	10月原始波动率	11月原始波动率	12月原始波动率	3月原始波动率	10月调整波动率⊖	11月调整波动率	12月调整波动率	3月调整波动率
10	35.8	35.5	33.0	32.0	1.47	1.47	1.46	1.44
20	31.2	30.4	29.2	28.0	1.28	1.26	1.29	1.26
30	28.8	27.8	26.5	25.7	1.18	1.15	1.17	1.16
40	26.3	26.0	24.0	23.5	1.08	1.07	1.06	1.06
50	24.4	24.2	22.6	22.2	1.00	1.00	1.00	1.00
40	23.5	23.4	22.2	21.8	0.96	0.97	0.98	0.98
30	22.0	21.8	20.7	20.3	0.90	0.90	0.92	0.91
20	20.8	20.2	19.2	18.9	0.85	0.83	0.85	0.85
10	18.7	18.6	17.8	17.6	0.77	0.77	0.79	0.79

与我们之前给期权定价的方法类似，我们后续将着手解决这一问题。一开始我们认为，期权仅与合约标的价格变动的平方有关，这个观点引导我们使用波动率来给期权定价，但我们并没有采用股票价格的绝对变动幅度来研究这个问题。之所以使用波动率，是因为它可以让我们对两个价格不同的合约标的进行比较。现在我们意识到，仅仅有波动率是不够的，我们的研究过程还不够具体，需要扩展 BSM 模型，从而将偏度和峰度的影响也纳入模型中。

偏度是样本期望的三阶中心矩，它通过标准差来进行标准化。

$$\mu_3 = \frac{\frac{1}{N}\sum_{i=1}^{N}\left(x_i - \overline{x}\right)^3}{\sigma^3} \tag{5-10}$$

式（5-10）和式（2-1a）的形式很像。如果分布是对称的，那偏度就会是 0（所以，正态分布的偏度为零）。如果分布的左尾比右尾更厚，那么这个分布的偏度就为负值。反之，偏度就为正值。当样本的规模为 N 时，得到的偏度估计量的方差为：

⊖ 某 delta 的调整波动率，即用该月份的原始波动率除以平值波动率，如 10 月 delta=10 时的调整波动率 =35.8/24.4=1.47。——译者注

$$\text{Var}(\mu_3) \approx \frac{6}{N} \quad (5\text{-}11)$$

将峰度定义为标准化后的样本四阶中心矩：

$$\mu_4 = \frac{\frac{1}{N}\sum_{i=1}^{N}(x_i - \bar{x})^4}{\sigma^4} \quad (5\text{-}12)$$

这是一个描述分布尾部肥硕程度的指标。标准正态分布的峰度为 3。峰度值大于 3 的分布为尖峰分布（leptokurtic），金融领域涉及的分布几乎都是尖峰分布。峰度值小于 3 的分布为低峰分布（platykurtic）。基于这个定义，正态分布的峰度恰好为 3，我们有时候也使用超额峰度的概念，即峰度值减去 3。容易引起混淆的是，有些作者直接把这个概念误认为是峰度的定义。微软 Excel 中计算峰度的公式 KURT，实际上计算的就是超额峰度。

当样本的规模为 N 时，得到的峰度估计量的方差为：

$$\text{Var}(\mu_4) \approx \frac{24}{N} \quad (5\text{-}13)$$

最先尝试将这些矩估计用于期权定价的是 Jarrow 和 Rudd（1982），他们从价格分布入手，不厌其烦地使用对数正态分布来估计价格分布。他们以对数正态分布为基础，将新的价格分布以展开式的形式表示。但是很遗憾，价格分布的高阶矩在不同的到期日上并不恒定，因此我们需要对随时间变化的参数进行不断跟踪。这是数学上的近似过程，即便真实分布并没有发生变化，我们还是需要对参数进行重新拟合。

一个更好的解决方法是由 Corrado 和 Su（1996）提出的，他们对收益率分布进行了展开（从技术上说，这就是 Gram-Charlier 展开），这意味着参数不是随时间变化的（除非分布的形状确实变了）。欧式看涨期权的价格为：

$$C = C_{BSM} + \mu_3 Q_3 + (\mu_4 - 3)Q_4 \quad (5\text{-}14)$$

式中　μ_3——收益率的偏度；

　　　μ_4——峰度；

　　　C_{BSM}——标准的 BSM 看涨期权价格。

$$Q_3 = \frac{1}{6} S\sigma\sqrt{T}\left[\left(2\sigma\sqrt{T} - d_1\right)n(d_1) + \sigma^2 T N(d_1)\right] \quad (5\text{-}15)$$

$$Q_4 = \frac{1}{24} S\sigma\sqrt{T}\left[\left(d_1^2 - 1 - 3\sigma\sqrt{T}d_2\right)n(d_1) + \sigma^3 \sqrt{T^3} N(d_1)\right] \quad (5\text{-}16)$$

和前面一样：

$$d_1 = \frac{\ln\left(\dfrac{S}{X}\right) + \left(r + \dfrac{\sigma^2}{2}\right)T}{\sigma\sqrt{T}} \quad (5\text{-}17)$$

$$d_2 = d_1 - \sigma\sqrt{T} \quad (5\text{-}18)$$

$$N(x) = \frac{1}{\sqrt{2\pi}} \int_{-\infty}^{x} \exp\left(\frac{-z^2}{2}\right) dz \quad (5\text{-}19)$$

$N(x)$ 为正态分布的累积分布函数，并且：

$$n(x) = \frac{1}{\sqrt{2\pi}} \exp\left(\frac{-x^2}{2}\right) \quad (5\text{-}20)$$

看跌期权的价格可以通过看跌/看涨平值关系式得到：

$$P = C - S + X\exp(-rT) \quad (5\text{-}21)$$

起初，我们认为这些参数都是完全隐含的，即它们只有在期权市场的背景下才有意义，和合约标的收益率的分布没有直接关系。我们使用期权的市场价格来倒推期权价格的参数，但这次我们不会对每个行权价都计算一个隐含波动率。我们会从一个给定期限的所有期权价格中，得到隐含波动率、偏度和峰度。这样就把参数的数量从每个行权价都有一个，减少到一共只有 3 个。

我们直接从式（5-4）计算隐含偏度和峰度，通过最小化期权的市场报价和公式价格之差的平方来获得参数的估计值。图 5-13 展示了 GameStop 公司（GME）在 2007 年 9 月 5 日，到期日为 2007 年 10 月的期权的隐含波动率曲线。

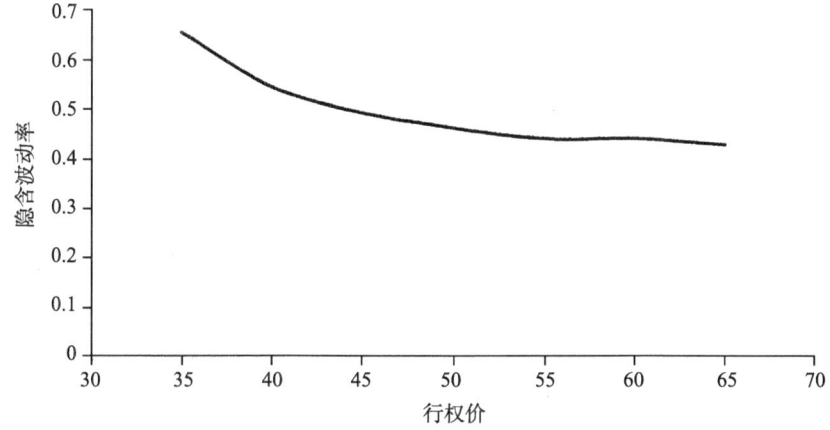

图 5-13　10 月期权的中间价隐含波动率与行权价之间的关系
（GME 公司，2007 年 9 月 5 日，平值行权价为 49.67）

当我们通过调整式（5-14）中的参数 σ、μ_3 和 μ_4 来最小化市场报价和 Corrado-Su 价格之差的平方后，我们得到如下的结果：$\sigma=0.508$，$\mu_3=-0.701$，$\mu_4=4.42$。

优点

- 我们现在可以以类似于研究隐含波动率的方式来研究隐含偏度和隐含峰度，因此就可以记录要交易产品的参数的正常范围和数值。我们可以为偏度和峰度构造期限结构。
- 我们可以直接比较隐含矩和已实现矩之间的差值（还是和研究波动率时一样）。我们可以构造偏度和峰度锥。

缺点

- Corrado-Su 公式中的波动率不是平值隐含波动率。起初接触这一概念的人往往会比较困惑。
- 其他的隐含矩并不以我们所直观想象的方式影响隐含波动率。举个例子，交易员倾向于认为偏度是隐含波动率曲线的线性斜率。但如果我们保持波动率为常数，并且设置峰度为 0，那么可以通过 Corrado-Su 公式得到类似于 BSM 的隐含波动率（作为行权价的函数）的关系曲线，如图 5-14 所示。

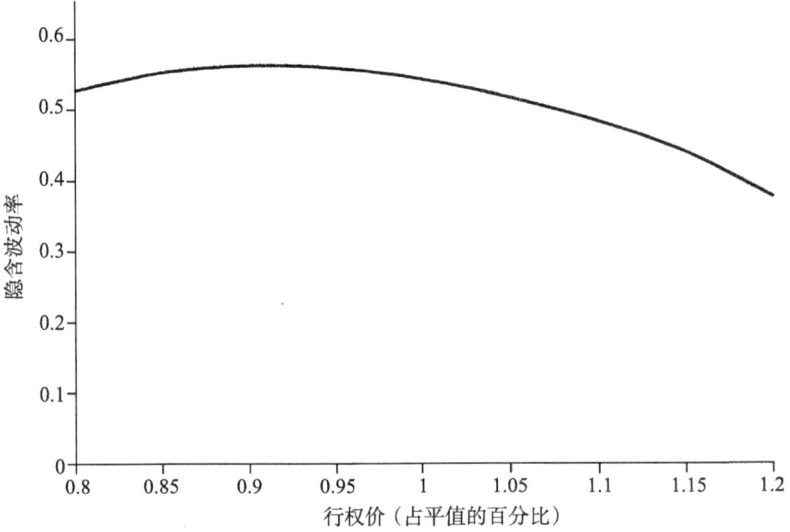

图 5-14　等价隐含波动率与在值程度之间的关系（$\sigma=0.50$，$\mu_3=-0.70$，$\mu_4=0$）

- 类似地，交易员认为"峰度"是导致隐含波动率曲线上出现曲率的原因。但如果我们保持波动率为常数，设置偏度为 0，那么 Corrado-Su 公式得到的相当于 BSM 的隐含波动率关于行权价的曲线，如图 5-15 所示。注意它并不相对于平值波动率对称，并且隐含波动率的最低点在平值行权价的左边一点。
- 高阶矩对隐含波动率的影响在某种程度上是交织在一起的，所以我们不能直接把曲线形状的改变归因为偏度或者峰度，如图 5-16 所示。

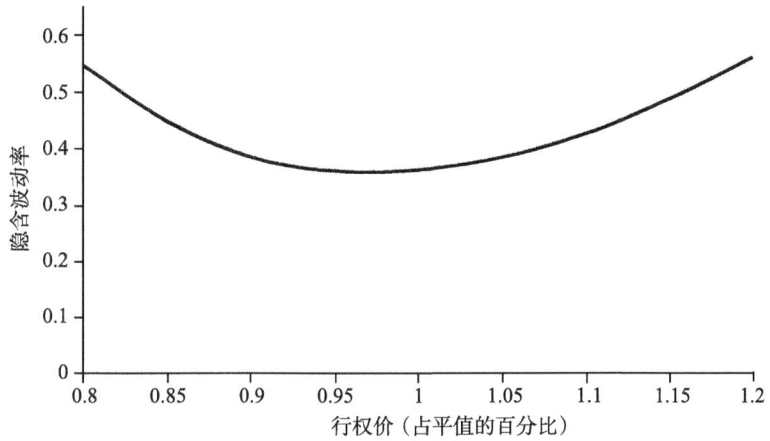

图 5-15　等价隐含波动率与在值程度之间的关系（$\sigma=0.50$，$\mu_3=0$，$\mu_4=10$）

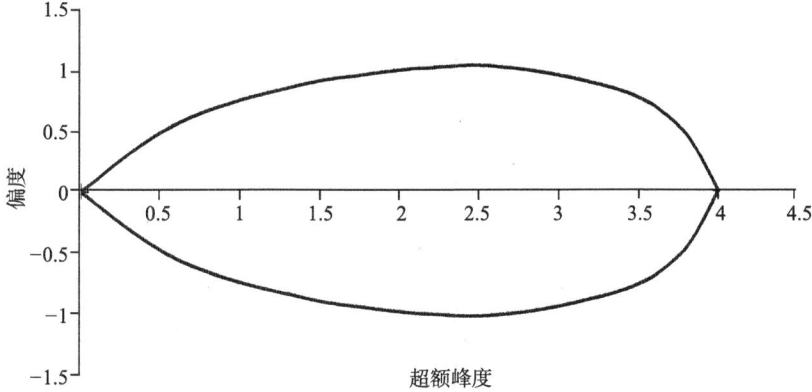

图 5-16　偏度/峰度的取值范围，预设着 Gram-Charlier 展开是一种概率密度

在不是很离奇的情景下，我们也有可能计算得到负的期权价格。例如，假设合约标的的价格为 50，距离行权日还有 50 天，利率为 5%，波动率为 50%，偏度为 -0.7，峰度为 0，对于一个行权价为 65 的看涨期权，我们得到的期权价格是 -0.21。为避免期权价格出现负值，Rubinstein（1998）对偏度/峰度的取值范围进行了估计。Jondeau 和 Rockinger（1999，2001）采用 Barton 和 Dennis（1952）的方法推导出偏度/峰度的取值范围，在这个区域内 Gram-Charlier 展开为正数时，

如图 5-16 所示。该图表明，要保证由 Gram-Charlier 展开得到的期权价格为正，收益率分布不能偏离正态分布太大。

Corrado 和 Su 的模型只能直接用于欧式期权的定价上，但是要用于美式期权也很简单。只要把同样的思路用于构造树，再将美式期权（或者更通用的其他期权）的边界条件加上去便可。这个想法首先是由 Rubinstein（1998）提出的，他是从 Edgeworth 展开式入手进行研究的。Haug（2007b）对 Edgeworth 和 Gram-Charlier 树都提供了代码。

期限结构的动态变化

做市商通常对存续期较短的期权的指令流和风险最为关心，这是对他们所掌握资源的合理利用。这些期权不仅是成交量最大的，还是通过交易能很快改变整个市场风险轮廓的期权。不过，做市商对当月期权的这种关心可能会给其他交易员带来好的交易机会。

由于波动率是均值回复的，因此我们会预期近月期权隐含波动率的变化幅度会比远月合约略微更小一些。不过，在实践中，远月合约隐含波动率的变化幅度会比理性预期模型所预示的大得多：它们会过度反应。

最早发现这一效应的是 Stein（1989），但它在 20 年之后依然存在。这让我们意识到，做市商行为中交易执行的具体方法存在一些心理成分。在这段时间里，波动率曲面的调整和风险管理发生了显著的变化。

他假设长期隐含波动率为短期隐含波动率和未来短期隐含波动率的期望值的平均值。特别的：

$$\sigma^l - \langle\sigma\rangle = \frac{1}{2}\left[\sigma^s - \langle\sigma\rangle + E\left(\sigma^s_{t+\Delta t} - \langle\sigma\rangle\right)\right] \qquad (5-22)$$

式中　σ^l——长期隐含波动率；

σ^s——短期隐含波动率；

$\sigma^s_{t+\Delta t}$——未来时刻 $t+\Delta t$ 时的短期隐含波动率；

$\langle \sigma \rangle$——长期平均隐含波动率。

通过取期望和调整项，我们得到：

$$\left(\sigma^s_{t+\Delta t} - \sigma^s\right) - 2\left(\sigma^l - \sigma^s\right) = 0 \qquad (5\text{-}23)$$

这样，我们就可以通过回归期限结构的斜率上的预测误差 [式（5-23）中的第一项] 来判断隐含波动率期限结构中的错误反应。根据理性预期，该预测项应该只有噪声。Stein 发现并不是这样。

在发现预测项存在系统性偏差后，他假设瞬时波动率服从 AR（1）过程。接着他发现，与近月和远月波动率水平相关的比例常数非常高，其理论值在 0.85 附近，而实际值却在 0.95 附近。因此对于较短存续期期权的变动，远月波动率会显著地过度反应。

Stein 并没有对该结构的实际应用进行过多描述。他举了个当长期平均波动率为 0.15、近月隐含波动率为 0.25 时的例子。此时的比例常数为 0.85，长存续期期权的隐含波动率应该为 0.15+0.85×（0.25−0.15）=0.235，但如果期权市场所使用的常数为 0.95，那长存续期期权的隐含波动率就会为 0.245。1989 年，这样的差异并没有交易的价值，但在 2012 年，它就有了。

本章小结

期权交易需要两类波动率的知识：已实现波动率（也就是对合约标的波动情况的估计）和隐含波动率（它决定了期权的市场价格）。我们只对这两个波动率间的价差感兴趣。隐含波动率的动态变化也同样难以量化和预测。相对于已实现波动率，隐含波动率变化得更慢，但是需要考虑其期限结构和行权价结构。尽管如此，我们还是可以列出一些交易员需要知道的通用规则。

- 对交易员来说，重要的隐含波动率是平值波动率。大部分隐含波动率的变化是由波动率的水平移动引起的。隐含波动率曲线的斜率和曲率的波动性是逐渐变小的，因此它们的重要性也逐渐减小。
- 隐含波动率是均值回复的。
- 对于一个特定的产品而言，隐含波动率曲线的形状是趋于稳定的。尽管对不同的产品而言，引起波动率微笑的原因不尽相同。
- Corrado-Su 模型让我们可以把隐含偏度和隐含峰度放到和隐含波动率一样的层面来研究。

第6章
Volatility Trading

对　冲

在第 1 章中，我们了解到对冲是 BSM 框架的核心。BSM 公式的推导过程中使用了对冲的概念，并且在实际交易中，使用对冲手段来消除合约标的的价格风险敞口也是很有必要的。此外，我们也需要用对冲来隔离波动率敞口。专业的期权交易员都很清楚对冲的重要性。但在实际对冲过程中很容易产生分歧，并且容易被错误观念所误导。

俗话说，"任何期权交易都可以盈利，只要用对了对冲方法"。如果把对冲视为期权交易过程的一部分，而不是一个完全不相关的交易策略，这句话就完全是错误的。虽然不能排除有些交易员确实有交易合约标的的特殊能力，但这和对冲没有任何关系。对冲的目的是降低风险，以使得我们能够从波动率的预测上盈利。一般来说，只有当我们卖出的隐含波动率高于已实现波动率，或者买入的波动率低于已实现波动率时，交易才有可能会盈利。但由于交易结果与这个结论会存在一些差别，所以也有相当数量的交易能凭借错误的波动率预测而获得盈利。一些交易员正是基于这些现象，就认为该结论是不正确的。没关系。他们确实错了，并且在一个零和博弈中，如果有参与者对交易的某个基本特征存在误解，那么对其他参与者来说，是一件好事。

即使一个交易员能够同时在交易波动率和合约标的方向上盈利,那他也得明白,这其实是两个独立的策略:波动率交易与方向性交易的能力并无关系。此外,即使最优秀的方向交易员也不会时刻对合约标的都有方向性观点,但是期权交易员却时刻需要一个对冲计划。在本章中,我们将会讨论如何来构建这么一个计划。

如果能够以任何想要的交易量进行交易,同时不产生任何成本,那么我们在对冲时就应该连续调整股票头寸,以保持 delta 中性。就像第 1 章中所提到的,这样做才能够保证盈利是隐含波动率与已实现波动率之间差值的函数。然而,在现实中,我们只能以离散的交易量进行交易,而且每一笔交易都会产生成本(包括手续费和买卖价差),这就使得连续调整 delta 的方法变得不切实际。

根据几何布朗运动(GBM)的数学特性,我们可以证明 BSM 模型所需要的连续复制策略在任意时间区间内都会产生无限的交易成本,不论时间区间如何小。除此之外,一个更严重的问题是,当合约标的价格存在买卖价差时,我们无论如何都无法维持一个 delta 为 0 的头寸。gamma 的存在会使得当头寸分别以买价和卖价进行估值时,delta 会有所不同。所以在这种情况下,即使合约标的的价格并没有发生变化,delta 依然会变。尽管没有移除任何风险,对冲买卖价差还是会带来成本。

廉价且有效的对冲手段的重要性是不言而喻的。由不完美对冲导致的复制风险可能会超过由隐含波动率错误定价所带来的预期收益。对冲的交易成本可能很大。它们也很容易被忽视,因为成本是在交易过程中逐渐积累起来的。交易员倾向于关注短期的交易结果,因此这些成本不容易被交易员感知。

让我们通过以下的例子来了解这个问题的重要性。假设我们在做空 \$1000vega 的平值期权,其标的股票的初始价格为 \$100,到期日为 1 年后。假设真实波动率为 40%,我们在隐含波动率为 50% 的点位上卖出期权。在不考虑任何成本的情况下，我们期望持有至到期时的收益为 $10\ 000$。不过，该合约标的的买卖价差为 0.1。表 6-1 展示了以不同的频率进行 delta 中性对冲，这个组合所能获得的期望收益（这些数字是在上面所述的情景下，通过蒙特卡罗模拟得到的结果。我们选取了 10 000 次试验结果的平均值）。

表 6-1　当再平衡对冲的间隔不同时，所能实现的平均收益
（在一个完美的 BSM 世界中，我们会获得 $10\ 000$ 的收益）

对冲频率	实现的平均收益	对冲频率	实现的平均收益
每周对冲	9 791	每日对冲两次	8 830
每日对冲	9 220	每日对冲四次	7 952

特殊的对冲方法

不同的交易员都有各自的方法来决定什么时候调整对冲头寸。在期权定价成为一门科学之后的很长时间里，对冲仍然被认为是一门艺术，以至于早期的对冲策略看起来都比较特殊。

以固定时间间隔进行对冲

一个最简单的对冲策略就是在固定的时间间隔内对冲。在每个时段的末尾，我们执行交易以保证合约标的的总 delta 为 0（由于受交易单位为离散值的限制，起码尽可能接近于 0）。这个做法有时候会被一些大型交易公司所使用，他们可能持有包含几百种合约标的的期权头寸。在每天收盘前，他们会平掉每个合约标的的 delta。这个办法实施起来比较简单，而且易于理解，但是在选择对冲的时间间隔时，显得有些随意。很显然，提高对冲频率可以降低风险，但反过来，降低对冲频率可以降低成本，而且一周后到期的期权和一年后到期的期权应该用不同的方法来进行对冲。一天的持有时间对于存续期为一周的期权来说，要比存续

期为一年的期权重要得多。

对冲至一个 delta 区间

这是做市商或者只交易少量种类产品的交易员常用的对冲策略。在用这个方法时,我们首先要确定一个固定的能容忍的 delta 敞口。当 delta 超过这个数值时,交易员才进行对冲。

我们需要一些方法来确定这个区间的大小。通常这个区间是通过评估无法对冲的合约标的价格变动(如开盘价跳空)所导致的风险敞口金额来确定的。当然,这个区间也取决于投资组合 gamma 的正负。如果投资组合处于 gamma 多头状态,我们可以让对冲区间更宽一些,因为多头 gamma 头寸会对不利的价格变动起到保护作用。做出这个决定并不是一个大问题——我们会发现,类似的决策总是不可避免。但问题在于,对冲区间不应该是固定不变的,而是取决于期权头寸。因此,这个方法需要随时进行临时调整才能实现。

根据合约标的价格变化来对冲

使用这个策略时,交易员在合约标的价格变化到一定量之后,才对 delta 进行相应的调整。这个策略背后的合理观点是:投资组合的风险是由合约标的价格变动引起的,因此这也应当作为调整平衡的出发点。然而,交易员仍然在研究,如何确定合适的触发调整平衡的价格变化量。他们同样还需要确定使用哪种指标来刻画这种方法:是百分比变化、绝对金额变化、重要的技术水平,还是隐含或者历史标准差。

基于效用的方法

我们知道,对冲实际上是在降低风险和产生成本两者之间进行权衡。当经济学家研究类似的权衡问题时，他们通常会使用效用的概念。通过这个概念，我们就有了一个在不同方法中进行比较和选择的必要框架。

效用理论

设想这样一个情景，你可以选择收下一定数额的钱，也可以接受这样一个赌约：你有50%的机会赢得100美元，也有50%的概率分文未得。很显然，这个赌约的期望价值是50美元。如果你宁可收取小于50美元的钱，也不接受赌约，那你就属于风险厌恶型。如果你只收取50美元的钱，那你就属于风险中性型。如果你需要收取大于50美元的钱，才肯放弃赌约，那你就属于风险偏好型。

这个你愿意放弃赌约而接受的现金数额叫作确定性等价量。如果我们把确定性等价量看作是赌约大小的一个函数，将它表示成图形，我们就得到了效用函数的图形。对于风险厌恶型的交易员来说，他的效用曲线是向下弯曲的。也就是说，一个固定数额现金的效用会比现金数额本身来得大，我们从图6-1中可以看到这一点。相反，风险偏好型交易员的效用曲线是向上弯曲的。固定数额现金带来的效用会比现金数额本身来得小。这样的效用曲线如图6-2所示。

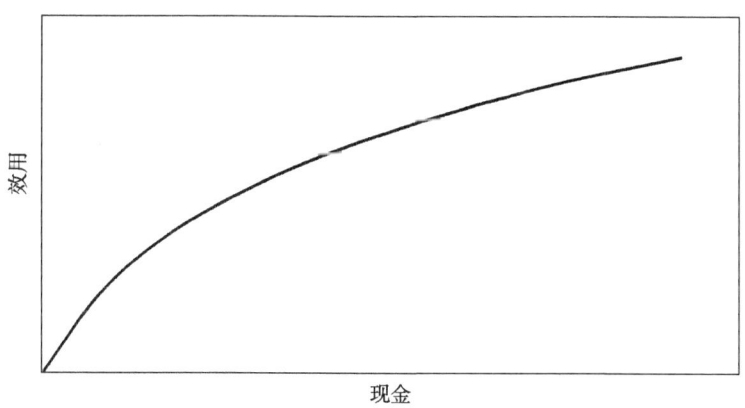

图6-1　风险厌恶型交易员的效用函数

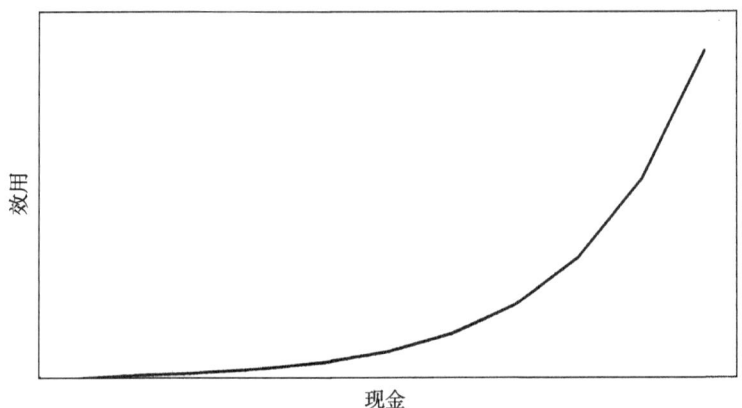

图6-2 风险偏好型交易员的效用函数

对交易员来说，（合理的）效用曲线最重要的两点是：首先，它的斜率是正的，因为钱总是越多越好；其次，它是下凹的，因为当交易涉及更多的金额时，交易员会逐渐变得厌恶风险。

我们可以通过Arrow-Pratt绝对风险厌恶系数来量化风险厌恶的程度，其定义如下：

$$r = \frac{U''(W)}{U'(W)} \quad (6\text{-}1)$$

指数效用函数是一个常用的效用函数，其公式如下：

$$U(W) = -\exp(-\gamma W) \quad (6\text{-}2)$$

这个效用函数的特点是：它具有恒定的绝对风险厌恶值，为$r=\gamma$，它与财富拥有量W无关。

让我们通过一个例子来了解如何确定风险承受程度。首先我们通过回答一系列问题，来找到各种服从正态分布的风险结果所对应的确定性等价量。

假设未来财富分布的均值为μ，标准差为σ。例如，$\mu=\$10\,000$和$\sigma=\$2000$。

那么有：

$$E(U)=E[-\exp(-\gamma W)] \quad (6\text{-}3)$$

$$E(u) \approx -\exp\left[-\gamma\left(\mu - \frac{1}{2}\gamma\sigma^2\right)\right] \quad (6\text{-}4)$$

所以确定性等加量 W_0 等于：

$$W_0 = \mu - \frac{1}{2}\gamma\sigma^2 \quad (6\text{-}5)$$

改写此式可以得到风险厌恶系数 γ 的表达式如下：

$$\gamma = \frac{2(\mu - W_0)}{\sigma^2} \quad (6\text{-}6)$$

现在假设对于交易员来说，这样的一个财富分布与一个固定的 \$8000 财富是无差别的，也即 W_0=\$8000，因此可以得到：

$$\gamma = \frac{2 \times (10\,000 - 8\,000)}{2\,000 \times 2\,000} = 0.001$$

我们可以对不同的财富水平和不同的分布重复这个过程，但是发现结果会相差很大。现实中的交易员往往难以使其风险偏好保持一致。这种不一致性既会随着前后时间的变化而变化，也会随着风险财富数额的变化而发生。许多行为金融学家的研究也直接指出了这个问题（Kahneman 和 Tversky，1979；Barberis 等，2001）。

由于这个问题以及一些其他原因，经济学中对效用函数的使用提出了一些批评（Mirowski，1989；McCauley，2004）。然而我们无须过分担心，因为在使用 BSM 的过程中，效用函数仅仅是作为一个思考框架而已。交易员可能永远都不知道他的效用函数具体是什么，或者他的风险厌恶系数会如何变化，但是他可以知道自己喜欢更多还是更少的风险，明白自己是不是属于风险厌恶型。如果能达到这些目的，那就足够了。

Hodge 和 Neuberger（1989）意识到 BSM 其实是对期权复制策略

而不是期权本身进行定价。这两者之间可能看似没什么区别，但其实相差了一个交易成本。事实上，第一个把交易成本考虑到定价模型中的是Leland（1985）。他把对冲成本以调整波动率的形式引入期权定价结果中。然而，依照他的公式，交易员仍然需要不断地调整对冲头寸。所以这个方法并没有解决最佳对冲时点的问题。

Hodges 和 Neuberger 论文中最重要的观点是：存在一个临界点，能够使得期权交易员认为（从效用的角度）持有未完全对冲头寸带来的风险与进行完全对冲导致的成本是无差别的。如果我们能确定风险厌恶的水平，那对冲到这个临界点的策略就是最优的。他们通过最大化指数效用函数的方法来阐述这个问题。后来有研究证明（Davis 等人，1993 年；Andersen 和 Damgaard，1999），这个问题的解其实与效用函数的具体形式是不相关的。正如上文关于效用理论文本框中所提到的，我们有理由怀疑任何不具备这个特点的结果。

量化这个问题的数学方法已经超出了本书的范围，而且遗憾的是，最终得到的定价公式并没有解析解，需要进行数值求解，而且即使是数值解，也不是那么简单，其中所需的计算量是相当耗时的。用 Hodges-Neuberger（HN）方法来指导实时对冲并不现实。

但是由于这是一个最优解，因此了解它的特点还是很有必要的。图 6-3 和图 6-4 分别展示了一个看涨期权多头和看涨期权空头的对冲区间。当我们头寸的 delta 移出这个对冲区间时，才需要通过对冲来把 delta 带回到对冲区间内（这个结论成立的前提是我们假设期权交易的对手方没有能力判断合约标的的变化方向。有些证据表明，期权客户或多或少都有一些合约标的的信息。在这种情况下，我们应该立即将任何新的期权交易的 delta 值对冲至 BSM 的 delta。随后的 delta 再平衡对冲就可以依照 HN 模式，而且只在 delta 出了对冲区间时才进行。除非你非常明确期权客户的方向性交易能力，包括交易量和在市场中的持续时间，否则对初始交易进行过度对冲可能不是个好方法，因为此时会面临和交易对手相同方向标的价格的方向性风险，而了解交易对手的交易能力就要靠充分的分析了）。图中这个例子所选择的参数不是特别切合实际，但是可以清楚地看出这个方法的特点。我们挑选了波动率为 0.3 的一年期期权，交易成本为 2%，利率和持仓成本为 0，风险厌恶系数为 1。

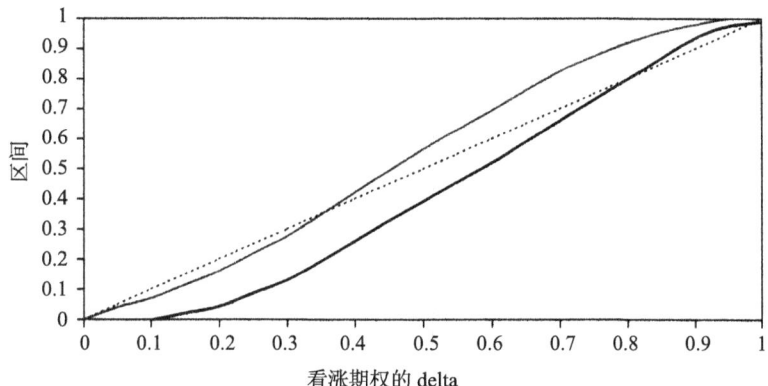

图 6-3　看涨期权多头的最优对冲区间与 BSM 的 delta（虚线）之间的关系

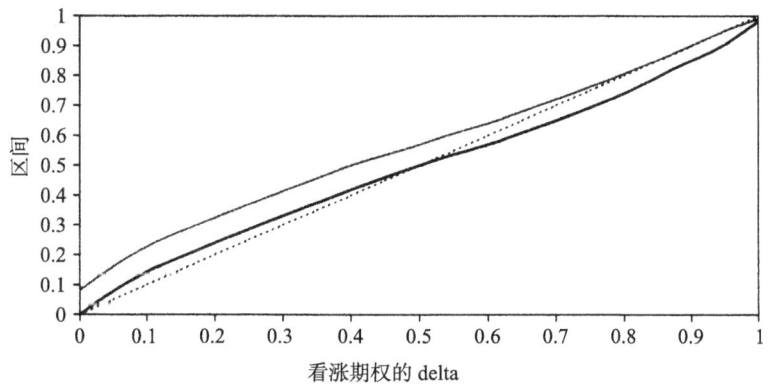

图 6-4　看涨期权空头的最优对冲区间与 BSM 的 delta（虚线）之间的关系

有几点是显而易见的。首先，空头和多头要区别对待，用不同的方法来对冲。空头的对冲区间要更窄一些，也就是说，我们对空头头寸的对冲需要更保守一点。因为空头头寸需要承担时间衰减，所以我们调整 delta 的机会相对较少。相反，当对冲期权多头头寸时，我们要"让 delta 跑起来"。有趣的是，这和交易员之间流传的口诀是一致的。

从另一个角度来看，这个结论成立的原因是：多头头寸的对冲者和空头头寸的对冲者所观察到的波动率水平是不一致的。当合约标的价格创新高时，持有 gamma 空头的对冲者将倾向于购买合约标的。这样的话，他会把合约标的交易价格推得更高，因为他要以卖出价（ask）执行交易。相反，卖出资产的一方（gamma 多头的对冲者倾向于卖出合约标的）却以比当前的最高报价稍微低一些的买入价（bid）执行交易，诸如这样的买卖价差的累积效应，意味着空头和多头头寸持有者需要应对的波动率水平是不一致的。

这就是 Leland 的中心结论。他证明了调整后的期权多头头寸的波动率为：

$$\hat{\sigma} = \sigma \sqrt{1 - \frac{\lambda}{\sigma} \sqrt{\frac{8}{\pi \Delta t}}} \qquad (6\text{-}7)$$

式中　λ——按比例计算的交易成本；
　　　Δt——每次调整平衡之间的时间间隔。

对于期权空头头寸，调整后的波动率为：

$$\hat{\sigma} = \sigma \sqrt{1 + \frac{\lambda}{\sigma} \sqrt{\frac{8}{\pi \Delta t}}} \qquad (6\text{-}8)$$

尽管交易员并不会明确地使用 Lenland 的结果来确定对冲策略，但它们是非常重要的结论。在进行期权交易之前，我们需要大致了解多少利润会消耗在累积的 delta 对冲上面。这部分影响可能会非常可观，尤其是对低波动率、低流动性的股票而言。例如，假设一份期权的公允波动率为 10%，买卖价差为 1%，如果每天进行再平衡对冲，就需要至少以 15.9% 的隐含波动率卖出期权，才能够弥补这些对冲成本。

另外，最优 delta 区间并未完全覆盖 BSM 中的 delta。在交易成本存在的情况下，由 BSM 得到的完美对冲头寸量是需要进行调整的。这和 Leland 的观察也是一致的，即当虚值期权遇到更高波动率的时候，由于期权的 delta 受波动率水平的影响，真实的 delta 水平会更高一些。同样地，实值期权的真实 delta 则会更低一些。这就导致了对冲区间是以 S 形调整后的 delta 为中心的，而不是以 BSM 的 delta 为中心的。

前面的分析都是针对欧式期权的，但是大致的思想也可以拓展至美式期权。这与 BSM 模型类似，偏微分方程是一般性的，但求解的具体方法还要取决于具体的边界条件。这个要点也同样适用于我们研究的其他模型。通常情况下，我们可以预期美式期权的结果和欧式期权是相似的（在大多数例子里，美式期权都可以用欧式期权的思路去思考）。

虽然无法从图 6-3 和图 6-4 中观察到，但是这个模型的重要特征是：对冲区间的宽度取决于风险厌恶系数。高风险厌恶系数意味着交易员只能承受少量的风险。所以他想要收紧对冲区间，从而会频繁地进行对冲。相反，风险厌恶系数小的交易员的对冲频率会更慢一些，他通过承担更多的风险来减少对冲成本。这些不同的选择并不存在好坏之分，也不能说明某个选择要比其他的更正确。对于所有的这些对冲方法，我们都要知道自己的风险厌恶系数是多少。一旦给定了这个系数，HN 公式就能够告诉我们风险与收益的最优平衡是多少。

Whalley 和 Wilmott 的渐近解

假设交易成本很小（相对于 BSM 中的期权价格而言），那么就有可能得到整个问题的一个近似解。这一结论是由 Whalley 和 Wlimott 首先得到的（1993，1994）。他们证明了非交易区间（no-transaction region）的边界满足如下的表达式：

$$\Delta = \frac{\partial V}{\partial S} \pm \left(\frac{3}{2} \frac{\exp(-r(T-t)\lambda S\Gamma^2)}{\gamma} \right)^{\frac{1}{3}} \quad (6-9)$$

其中 λ 是按比例计算的交易成本，交易成本满足以下表达式：

$$tc=\lambda|N|S \tag{6-10}$$

其中 N 是交易的股票总数。

虽然 Whalley 和 Wilmott 只考察了对冲欧式看涨期权空头头寸的例子，但其实这个方法具有较好的通用性：该方法有许多让人满意的合理之处，可以用于大部分普通投资组合的对冲。图 6-5 展示了一个使用该方法进行对冲的对冲区间。它使用的例子是波动率为 0.3 的一年期期权，交易成本为 2%，利率和持仓成本为 0，风险厌恶系数为 1。

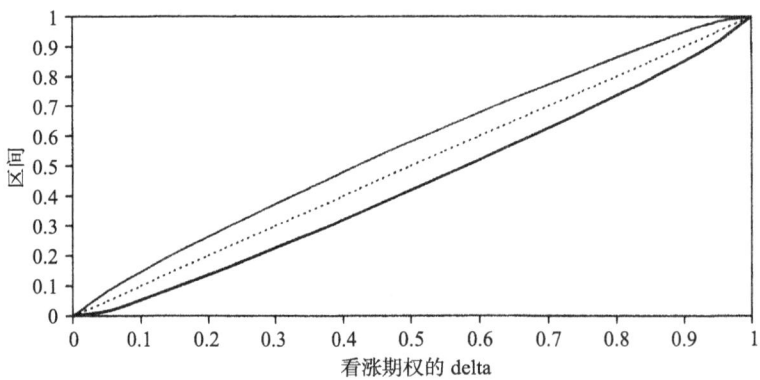

图 6-5　Whalley 和 Wilmott 的渐近方法所得到的近似对冲区间与 BSM 的 delta 之间的关系

- 当交易成本降低的时候，对冲区间的宽度也会减小。事实上，当成本变为 0 时，对冲区间就变成了 BSM 的 delta 线。
- 当风险厌恶系数上升时，对冲区间的宽度会减小，这和完整的 HN 理论的结论一致。
- 这个策略可以简化为一个分析式，从而可以在 Excel 中实施。
- 这个方法也可以用于处理其他不同形式的交易成本。特别是它能够处理交易成本与交易股票数量成比例的情况，而不是像式（6-10）那样交易成本与交易股票价值成比例的情况。交易单成本（ticket charges）和经纪费用就是这样的例子。对于买卖价差（最主要的成本）是不是也应该用这种方式来建模也有争议。我们在本章稍后部分会讨论这一点。这个模型甚至还可以适用于一些不怎么合理的情况，比如成本为固定成本。有时候交易成本很高，以至于和交易量的大小都无关了，这时的成本就是固定成本。它可能会对散户造成影响，但对于一个半职业的交易员来说就没有什么关系了。

遗憾的是，Whalley 和 Wilmott（WW）方法也有一些不足之处：

- 与完整的 HN 方法不同的是：gamma 多头和 gamma 空头所对应的对冲区间的不对称现象消失了。渐近解的大小只和 gamma 绝对大小有关，而与 gamma 头寸方向无关。
- 对冲区间是以 BSM 的 delta 为中心的。完整的 HN 解决方法的另一个重要特性也消失了。

在实际应用的过程中会遇到一个问题，如果交易员看到合约标的的价格开始波动或者震荡，通常他并不能确切地知道应该调整对冲模型的买卖价差还是波动率。对交易员来说，这两者的效果是一样的，即它们都使得对冲变得更加困难了，但是由此所产生的影响对这些模型（HN 和 WW）来说大为不同。对平值期权而言，增加波动率水平会降低 gamma，从而使得对冲区间变窄，但是增加买卖价差（比例交易成本）会使得对冲区间变宽。我们应该如何处理在实际中面临的这一重要问题呢？这里面的差异其实是因为模型考虑了风险厌恶系数后才引起的。波动率是一个能够交易的量，它同时具有风险和收益两方面的特性。当波动率变高了，模型就告诉我们要规避最差的情况，需要更频繁地进行对冲。但买卖价差是一个纯成本项，没有收益的特性在里面。所以一旦买卖价差变大，模型就告诉我们要减少对冲次数，以降低反复交易的成本⊖。交易员需要意识到这些情况，并思考市场的变化到底属于哪一方面。波动率和交易成本是完全不同的（即使在完美的无摩擦市场中也存在着波动率），但第一眼看上去时，往往很难将它们区分开。

虽然在许多市场上并不是那么可行，但如果要从统计上分别估计交易成本和波动率，那还是可行的。通过记录成交价格与之前交易价格的区别，我们可以估计出交易成本。这完全是个微观结构问题（对微观结构的理解因交易员而异。Fidelity基金对交易成本的理解会与NYMEX市场上原油期货做市商的理解完全不同）。波动率可以选择在一段有大量成交量的时间区间上进行。交易员应当选择与其交易数量相当的成交记录进行计算。

类似于BSM模型，这些对冲模式不应该被认为是能够反映真实环境的。它们只是提供了一个一致并且系统地处理真实环境的框架。上面所提到的在实际应用中遇到的问题只是更加明确了这一事实。

Zakamouline 的双渐近解

两个相对简单的交易成本模型分别是由 Leland 和 Whalley 及 Wilmoott 提出的。它们都可以被视为 Hodges 和 Neuberger 模型的特例：Leland 阐述了当处于风险中性状态时，如何在有交易成本的情况下复制一个期权。Whalley 和 Wilmott 考虑了风险厌恶的情况，但是认为交易成本比较小。

这些模型使用起来均较为简单，而且相对于那些非系统的对冲方法有了大幅提高，但是它们忽略了一些完整 HN 模型中很有价值的因素。更为关键的是，一些较为严谨的数值仿真结果表明，这些近似方法与完

⊖ 参见 Johnny 对此的有用解释，www.nuclearphynance.com。

整方法相比，性能上会差很多。换句话说，在一个既定的交易成本水平上，使用 WW 模型对冲的投资组合会比使用 HN 模型对冲的组合面临更多的波动（这其实不能算作批评的意见。很明显，近似的模型效果不会有完整模型那么好）。

Zakamouline（2006a，2006b 和 2006c）研究了基于效用的对冲策略的特性（尤其是上面列出的几个要点），并提出了一个对冲策略公式，它能够保持 HN 模型最重要的特性。这项研究也曾经由 Risher（2004）独立地提出过。这个对冲区间具有以下形式：

$$\Delta = \frac{\partial V(\sigma_m)}{\partial S} \pm (H_1 + H_0) \quad (6\text{-}11)$$

从中我们可以发现，这个对冲区间不是以 BSM delta 为中心的，而是以根据修正后的波动率 σ_m 计算出的 BSM delta 为中心的：

$$\sigma_m^2 = \sigma^2(1-k) \quad (6\text{-}12)$$

H_1 是与 gamma 相关的项，与其在 WW 模型里面的作用类似。HN 模型的精确数值解告诉我们，即使对于深度虚值期权而言（这时 gamma 可视为 0），对冲区间的宽度也不会变为 0。该特点并没有被 WW 模型捕捉到。这意味着我们还要另外引入一个 H_0 项。Zakamouline 设定了一个公式形式，然后通过数值分析的方法拟合得到了参数。最终结果如下：

$$H_0 = \frac{\lambda}{\gamma S \sigma^2 T} \quad (6\text{-}13)$$

$$H_1 = 1.12 \lambda^{0.31} T^{0.05} \left(\frac{\exp(-rT)}{\sigma}\right)^{0.25} \left(\frac{|\Gamma|}{\gamma}\right)^{0.5} \quad (6\text{-}14)$$

$$K = -4.76 \frac{\lambda^{0.78}}{T^{0.02}} \left(\frac{\exp(-rT)}{\sigma}\right)^{0.25} \left(\gamma S^2 |\Gamma|\right)^{0.15} \quad (6\text{-}15)$$

图 6-6 和图 6-7 列出了使用这个结论得到的对冲区间的例子。例中使用的也是波动率为 0.3 的一年期期权，交易成本为 2%，利率和持仓成本为 0，风险厌恶系数为 1。

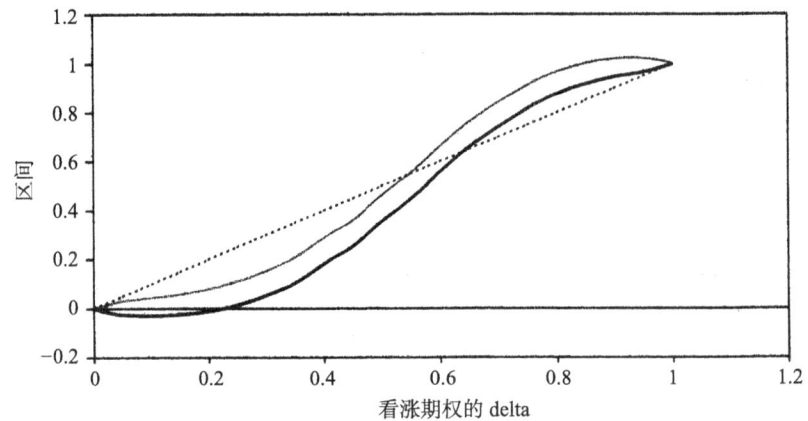

图 6-6　由 Zakamouline 的渐近方法得到的看涨期权多头对冲区间与 BSM delta 的函数关系

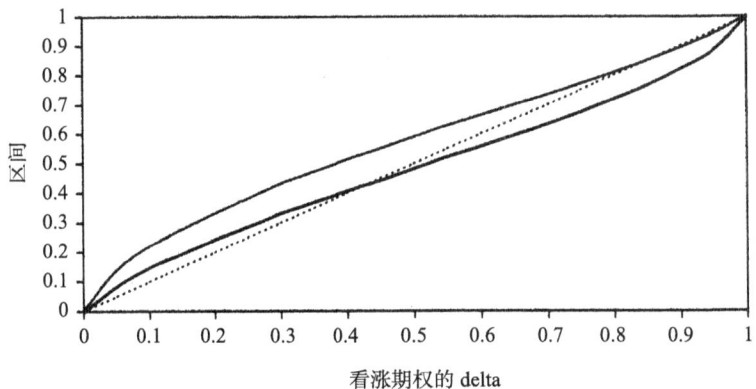

图 6-7　由 Zakamouline 的渐近方法得到的看涨期权空头对冲区间与 BSM delta 的函数关系

如图 6-6 和图 6-7 所示，比起 WW 的方法，Zakamouline 的方法更接近 HN 模型的结果。尤其是非交易区间中间的那部分与 BSM 没有重叠，这正是由于使用了修正过的对冲波动率。

在比较这些不同的对冲策略前，我们首先需要一些通用的评价基准。这些策略不尽相同。有些是基于时间增量的，有些则是基于价格变动的。比如，以固定时间区间进行平衡调整的策略为例。首先我们选择一个时间间隔；然后进行模拟，并且计算该策略的风险和收益；接下来我们改变这个时间间隔，并重复之前的步骤；最终我们会得到这个策略的一个有效前沿。这能够帮助我们在给定的风险水平下，找到最优的策略（以收益的形式来衡量优劣）。一方面，我们选择复制误差，也即所有交易成本影响的总和，来作为衡量收益的指标；另一方面，我们选择使用复制误差的方差来衡量风险项。也就是说，我们使用了常用的均值 – 方差框架来评估风险，当然其他风险指标也是可行的（在第 9 章中将可以找到有关这些指标优缺点的讨论）。

Zakamouline（2005，2006b）和 Martellini and Priaulet（2002）对不同的策略进行了模拟仿真。Zakamouline 对一年期的看涨期权的空头头寸的对冲策略进行了仿真。对冲的时间间隔从 1.25 个交易日到 50 个交易日不等。其他模型选择参数所得到的仿真结果都要在均值 – 方差框架下进行。（这类似于交易员是如何使用模型的。他在校验新的对冲模型时说道："目前我的对冲策略使我只承担 X 份的风险。如果我通过新的对冲模型让我承担同样份额的风险，那么我将能节省多少钱呢？"）

数值模拟的结果表明，Zakamouline 的近似方法显著优于其他方法。也就是说，对于给定的风险水平而言，这个策略实施起来的成本最小。在理想的情况下，我们当然希望一个策略可以在各种风险水平上都能显著优于其他策略，但事实并非如此。不同策略之间相对性能的优劣还取决于风险厌恶水平和交易成本的大小。

选择对冲策略时，另一个需要考虑的问题是：并不是所有策略在实施的时候都同样简单。Hodges-Neuberger 模型是一个极端情况：它虽然是最优策略，但是却无法用于实际。Zakamouline 模型比 Wilmott-

Whalley 方法的近似程度更高，但是它同样也更难应用到实际中去，因为一些交易软件不能简单地促进其有效实施（具体说来，不是所有的系统都能计算 delta 随波动率的变化量）。

另一个难点在于，期权头寸的 gamma 往往会随着合约标的价格的变化而改变方向。例如，考虑一个蝶式期权多头头寸，它由 1 份在值程度为 90% 的看涨期权多头和 2 份 100% 看涨期权空头以及 1 份 110% 看涨期权空头构成。它的盈亏情况如图 6-8 所示。

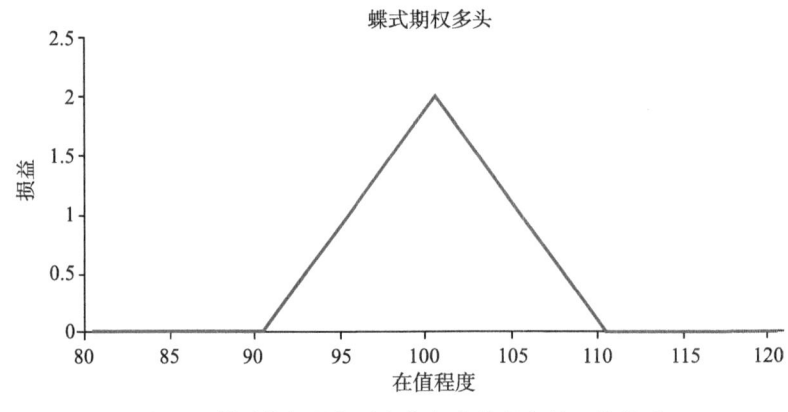

图 6-8 蝶式期权的损益与期权在值程度的函数关系

假设我们成功地以零成本的价格买入这个头寸。此时我们处于一个很完美的状态，因为只可能盈利而不会亏损——只要我们不进行连续对冲。当合约标的的价格在 90% ~ 110% 波动时，我们会一直处于 gamma 空头的状态。而如果我们此时选择对冲累积的 delta，就相当于在高点买入股票然后在低点将其卖出，反而会很快亏钱。这个例子告诉我们两个重要的事实：首先，动态对冲策略需要考虑整个组合的 gamma 状态；其次，如果我们能以便宜的价格使用其他期权来进行静态对冲，那么这将比使用合约标的进行动态对冲的效果要好得多。

还有一点要在这里提一下。正如本书中一直强调的，明确交易的具体目的很关键。具体来说就是，对冲的目的是什么？简单地说，是为了消除在合约标的市场上的价格方向敞口，或者说是为了移除我们不想承担的风险敞口，同时保留那些愿意承担的风险敞口。如果我们是期权做市商，那我们的利润就来自买卖价差。为了尽可能多地获取利润，我们应该尽量通过购买其他期权（如果能同时获取这部分的买卖价差就更好了）来对冲波动率敞口。这个问题在 Baird（1992）和 Taleb（1997）的研究中，作为实际问题讨论过。Carr 等人（1998）以及 Hua 和 Wilmott（1999）以更正式的形式也进行了研究。然而，如果我们明确地想要持有已实现波动率与隐含波动率的价差头寸，那上面的方法就行不通了。动态对冲虽然会残留下许多风险，但有时候，这些风险正是我们愿意承担的。

动态对冲过程中所产生的问题不能一味地通过教条的方法来解决。我们需要理解风险，然后降低其中一部分风险，同时承担另一部分。一些解决对冲过程中所出现问题的基本方法可以归结如下：

- 如果你在做空平值期权，那么购买一些深度实值和深度虚值的期权。这样做可以预防波动率赌注头寸由于价格跳跃影响而可能遭受的巨大损失（相应地，如果你拥有期权多头，那么可以增加一些价格跳跃的敞口）。
- 尽量在不同的产品上分散价格跳跃风险。
- 让每个头寸的损失都有限。
- 不要以过去发生的最糟糕的事情来估计将来可能发生的最差情况。如果你在卖出波动率，那么你收到的权利金中的一部分正是用来涵盖以前从未发生过的事件的。

交易成本的估计

对任何合约标的的交易来说，交易成本中的固定部分都是微不足道的。这部分主要包括佣金、交易所手续费以及清算费。更难计算的部分是交易成本的比例部分，这主要由买卖价差构成。如果交易量足够小，那它大致等于报价的买卖价差的一半。个人交易员在交易利率产品和指数产品时的情况可能就是这样，但是我们的交易规模也有可能达到影响市场的程度。这样大的交易规模可能会显著地改变价格，使得我们刚开始对冲时看到的报价与实际收到的价格不一致。

一般情况下，市场深度看起来就像表6-2和图6-9所展现的那样。买盘/卖盘的累积数量与距当前价格远近的关系函数看上去是一个V形的分布。

表6-2 美林（MER）的市场深度（2007年8月24日，美国中部时间9:13）

买报量	买报价	卖报价	卖报量
200	75.42	75.44	200
3 000	75.40	75.45	500
200	75.38	75.54	500
900	75.31	75.81	10 000
100	75.27	75.82	900
500	75.12	75.99	1 300
100	75.00	76.10	1 000
1 100	74.50	76.42	900
100	73.66	77.47	100

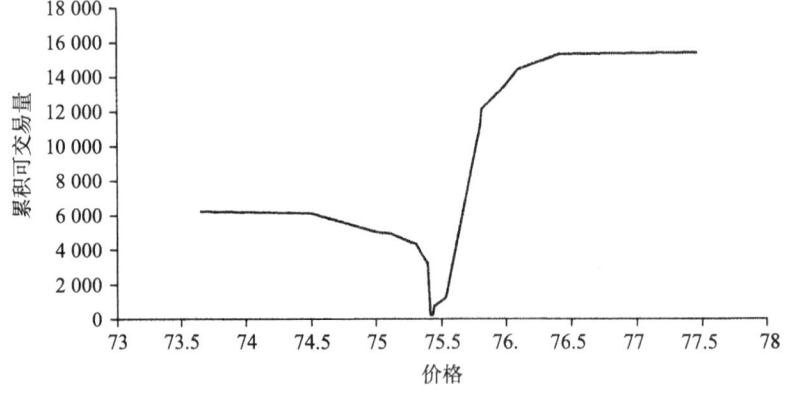

图6-9 累积可交易量与价格的关系

但我们任何时候在订单簿上看见的数据并不会与我们所能真实交易的实际数量一致。例如，如果我们想买 1000 股美林股票，根据订单簿，我们的成交均价应为 75.475（200 股在 75.44，500 股在 75.45 以及 300 股在 75.54）。但在现实中，我们通常能以更好的价格成交。这有两个原因：首先，我们看到的只是订单簿中剩余的限价指令。如果把我们的交易拆分成小单分开执行，那么我们的买入指令可能会吸引新的卖盘进入市场（从理论上说，很多做市商就是这么做的）。但是另一个与此相关的问题就是流动性黑洞⊖（dark liquidity）。有一些类似的算法，以前只有采用复杂算法交易的对冲基金才使用，如今也可以由大多数机构交易员得到。这些算法可以做到不把整笔交易一次性报入市场。一个简单的例子就是冰山订单（iceberg order）。假设我们要购买 1000 股美林公司的股票。那么冰山订单会先以市场报价 75.44 购买 700 股，然后挂出 75.44 的 100 股买单。如果这个买单达成了交易，系统会自动再挂出 75.44 的 100 股买单，直到整个交易都完成。这种类型的订单之所以被称为冰山订单，是因为任何时候我们看到的挂单量都只是整个订单的一小部分，大部分都被隐藏起来了。

我们还需要估计交易成本中市场影响部分与订单大小的函数关系。这仅仅依靠观察当前市场是不够的。类似于量子物理学中的海森堡不确定性原理（Heiseberg uncertainty principle），交易员与市场的互动也会改变市场。我们需要一个很稳定的方法来估计这种交互所带来的影响。这个问题一直都是市场微观结构研究领域中的一个活跃的研究方向，但还不够成熟。不过我们还是可以找到一个简单但强大的模型，从而能够捕捉这个问题的许多方面，而且易于使用，同时也是相关研究的很好起始点。这类市场冲击分析的模型首先是由美林提出的（Gagheral，2001）。

⊖ 这个概念最初用来表示大型金融机构的内部交叉交易，后来被延伸为任何不能被直接观察到的交易。

即使完全没有接触过市场的人也会知道，交易并不是以固定的时间间隔进行的。但为了数学上的简化，我们可以假设对交易时间表做一些调整，这样使得交易能够以相等的时间间隔发生（这样的调整在现实中不会发生，但是我们从概念上可以这么调整）。现在每个时间间隔 $N_{\Delta t}$ 中发生的交易数量服从参数为常数 λ 的泊松分布。所以在这个交易时间表中，每个交易时间内的期望交易数量为 λ。如果该股票很活跃，那么交易时间会过得很快。如果该股票不活跃，则交易时间会过得很慢（泊松分布可以参见图 6-10。注意分布只能定义在 k 为整数的时候，每个点之间的连接线是为了帮助显示图形而加上去的）。

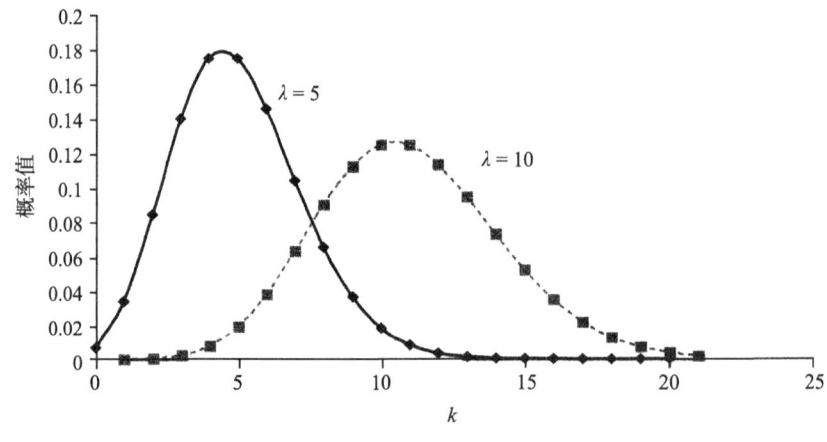

图 6-10 泊松分布的两个例子

市场影响 $F(n)$，定义为由 n 股交易所导致的合约标的对数中间价的变化程度，如式（6-16）所示：

$$\Delta \ln S = \sum_{i=1}^{N_{\Delta t}} sign(n_i) F(|n_i|) \quad (6\text{-}16)$$

对于参数为 λ 的泊松分布来说，它满足：

$$E[N_{\Delta t}] = \text{Var}[N_{\Delta t}] = \lambda \Delta t \quad (6\text{-}17)$$

因此能够得出：

$$\mathrm{Var}[\Delta\ln S] = E[N_{\Delta t}]\mathrm{Var}[F(n_i)] + \mathrm{Var}[N_{\Delta t}]E[F(n_i)]^2$$
$$= \lambda \Delta t E[F(n)_t]^2 \qquad (6\text{-}18)$$

一些研究表明，市场冲击量与交易量的平方根相关（Hasbrouck，1991；Madhavan 和 Smidt，1991；BARRA，1997）：

$$F(n) = \alpha \sqrt{n} \qquad (6\text{-}19)$$

其中 α 是个常数，被称为市场冲击参数。

将式（6-19）代入式（6-18）中，我们得到：

$$\mathrm{Var}[\Delta\ln S] = \alpha^2 \lambda \Delta t E[n_i] = \alpha^2 \mu \Delta t \qquad (6\text{-}20)$$

其中，μ 被定义为单位交易时间内的股票交易数量。

对交易时间进行时间调整的目的是保持这个数量为常数，所以这个公式也说明每单位交易时间的收益率方差也是常数。现在我们取消之前做的时间调整，这意味着波动率 σ_t 和 μ_t，以及单位实际时间的交易数量都成了随机变量。抵消两边的公共因子 Δt 以后 [参考式（6-18）]，我们得到：

$$\sigma_t^2 = \alpha^2 \mu_t \qquad (6\text{-}21)$$

这个公式清楚地给出了交易量和波动率之间的关系。许多研究（Clark，1973；Tauchen 和 Pitts，1983；Karpoff，1987）都证实了这点。很少有交易员会对这个关系式进行争论（尽管他们会争论到底是交易量导致了波动率变化，还是应该服从相反的因果关系）。这个模型也留下了另一个未决的争论——交易量应该是以交易的次数还是以股票数量来进行衡量。但是在这里，无论哪种选择，结果都是一致的。

式（6-22）给出了简单的用来衡量市场冲击的方法：

$$\alpha = \frac{\sigma_t}{\sqrt{\mu_t}} \qquad (6\text{-}22)$$

我们知道如何去估计波动率，剩下来要做的只是去估计每单位时间的股票成交量。

优点

- 该模型易于理解和应用。
- 该模型符合我们的基本直觉：一只股票的交易越活跃，我们的交易所导致的市场冲击就越小。
- 我们不需要去处理单笔交易层面的数据。
- 我们可以像使用 BSM 和第 1 章提到的对冲模型那样使用这个模型。我们能够针对每个独立的市场对模型进行微调，把它乘上一个预设因子便可以。比如，我们可能发现 DAX 的股票比 FTSE 的股票更容易产生波动（美林曾经计算了一份这样的预设因子列表。我之所以没列在这里，是因为这些数字可能已经失效了，而且它们是经过询问美林的交易员后得到的。我认为它们只是反映了单个交易员的观点，而不是每个市场的基本面情况，但这点没法证明。这些预设因子可能是优秀的、专注的交易员能够显著突出于交易员整体水平的一个方面）。

缺点

- 这个模型并不能把买单和卖单对市场的不同影响区分开。
- 这个模型没有考虑做市商的存货，这其实对每个交易的市场冲击都有重要影响。

加总不同合约标的的期权

正如我们在本章开始时了解到的，最佳的降低对冲成本的方法就是减少对冲频率。如果我们在交易一些不同合约标的的期权，delta 风险很可能会互相抵消。如果我们能够接受相关性，那就可以通过加总 delta

头寸来减少对冲，然后利用市场指数或者行业指数来对冲风险。总体来看，这里需要进行权衡。与使用个股期权对应的实际标的股票进行对冲相比，使用指数对冲的效果不会那么好，但是我们可以减少交易成本，因为我们只需要对冲残余风险，而不是每个个体风险。

期权加总的过程从原理上来说是相当简单的。考虑这样一个例子，我们持有价格 S_A=100 的股票 A，S_I=1000 的指数 I。另外假设有一个交易所交易基金（ETF）与这个指数相匹配，因此所有的交易单位都是可比较的。股票 A 与指数的 beta 为 β=1.5。这意味着如果指数上涨 1 个百分点，股票 A 会上涨 1.5 个点。如果我们持有股票 A1000 delta 的多头头寸（无论是通过指数还是通过期权 delta），同时指数上涨 1 个百分点，我们的损益（P/L）是：

$$P/L = \$0.01 \times \beta \times S_A \times 1000 = \$15 \times S_A = \$1500$$

对于每单位的指数 ETF 空头头寸来说，我们的损失是：

$$P/L = -\$0.01 \times 1000 = \$10$$

因此为了将头寸对冲掉，我们需要持有 150 份 ETF 空头头寸。相应的，ETF 头寸的 delta 为：

$$\Delta_I = \beta \frac{S_A}{S_I} \Delta_A \tag{6-23}$$

为了将 gamma 加入到 ETF 式中，先用泰勒展开将期权价格的变化表示出来，如（式 6-24）所示：

$$dC_A = \Delta_A dS_A + \frac{\Gamma_A}{2} dS_A^2 + \cdots \tag{6-24}$$

但由于：

$$dS_A = \beta \frac{S_A}{S_I} dS_I$$

所以得到：

$$dC_A = \Delta_A \beta \frac{S_A}{S_I} dS_I + \frac{\Gamma_A}{2} \beta^2 \left(\frac{S_A}{S_I}\right)^2 dS_I^2 + \cdots \quad (6\text{-}25)$$

因此 gamma 项满足如下关系：

$$\Gamma_I = \left(\beta^2 \frac{S_A^2}{S_I^2}\right) \Gamma_A \quad (6\text{-}26)$$

vega 可以用和 delta 相同的方法进行加总，但为了做到这点，我们首先要知道波动率的 beta（volatility beta）。这可以通过实证的方法得到，可以将股票隐含波动率的变化与指数隐含波动率的变化进行回归，但可能得到的是带有很多噪声的、毫无意义的结论。一个替代的方法是：假设隐含波动率的变化和已实现波动率的变化是完全相关的（虽然这个假设并不算好，但作为初始研究也不是最差的选择），然后我们可以推出波动率的 beta 和 beta 是相等的。要证明这个结论，我们要从式（2-1b）对方差的定义开始：

$$\begin{aligned}
\sigma_A^2 &= \frac{1}{N} \sum \ln\left[\frac{S_A(t)}{S_A(t-1)}\right]^2 \\
&\approx \frac{1}{N} \sum dS_A^2 \\
&= \frac{1}{N} \sum \left(\beta^2 dS_I^2\right) \\
&\approx \beta^2 \sigma_I^2
\end{aligned} \quad (6\text{-}27)$$

（当然，如果我们把 β 定义为股票对数收益率与指数对数收益率回归方程的斜率，那上面的关系式就不是一个约等式而是一个等式了。）

这个等式意味着我们能够对期权头寸进行标准化，但我们是否应该标准化期权头寸则是一个依赖于主观判断的问题。我们需要将减少对冲成本带来的好处，与错误估计和不稳定的 beta 因子带来的误差进行权衡。通常来说，估计和预测 beta 比预测波动率更难（因为要准确估计两个波动率和一个相关系数才能得到 beta）。当进行期权投机的时候，我们会认为与市场相比，自己在波动率预测方面更有优势。此时，为了降低对冲成本而在我们的赌注中混入另一个更复杂的因素，这可能不是一个明智的决定，但是这样的权衡还要视具体情况而定。对于短期国库券、中期国债和长期国债而言，把它们的希腊值（Greeks）加总起来就是一个聪明的决定，但是否要把微软（MSFT）和谷歌（GOOG）的风险加总到一个纳斯达克的账户中去，就需要深思了。在这方面想认真研究下去的交易员可能会考虑使用一些商用的因子模型，如 BARRA 或者 APT，来量化其中的风险。

一个更为保守的方法可能是对每个合约标的设定一个对冲区间，然后通过一个或一些指数来同时监控整体头寸的风险。当整个市场朝着对我们不利的方向变动，但此时并没有一个个体头寸达到对冲临界点的时候，这个方法便可以保护我们的头寸。

本章小结

在交易波动率的时候，我们需要不停地监测合约标的的头寸，并且定期进行调整。如何具体实施监测和调整的过程，会对整体利润水平产生影响。期权交易员大部分的交易其实都是在进行对冲，因此理解整个过程是很重要的。

- 记住对冲的目的是移除风险。如果你打算方向性地交易合约标的，那你就不需要对冲。
- 成功的对冲是以最少的成本转移尽可能多的风险。
- Hodges-Neuberger 范式从理论上解决了对冲问题，但在实践中难以实施。
- Zakamouline 的近似方法是个很好的解决方法，它能够保留 HN

模型中大部分的有用特性。
- Whalley-Wilmott 是一个很好的简单近似方法，可以在许多商用的定价软件中使用。
- 对不同合约标的期权头寸进行加总，然后管理残余的风险，可以节省更多的对冲成本。
- 风险对冲不能完全依赖动态对冲，它必须结合其他期权进行静态对冲。只有这样才能抵消由价格跳跃所带来的风险。

第7章
Volatility Trading

对冲后的期权头寸的分布

在第 1 章中,我们曾提到过一个核心结论,即

$$P/L = Vega(\sigma_{\text{隐含}} - \sigma_{\text{已实现}}) \tag{7-1}$$

事实上,这个结论只在平均意义上成立。真实的损益可能会围绕这个结果大幅波动。在本章中,我们会研究这些波动的成因,并分析波动的大小。这样我们才能确切地知道每笔交易的期望结果。

离散对冲和路径依赖

假设我们购买了总 vega 为 \$1000 的一年期看涨期权,购买时的隐含波动率为 30%,而在期权到期时,存续期内的已实现波动率正好也为 30%。我们在每天收盘时对冲掉 delta。在整个过程中,其中 10 个交易日的损益(P/L)数值如下:

−\$516	−\$1741
\$154	−\$230
−\$108	\$138
−\$537	\$423
\$331	\$1984

这一组数据的平均损益为亏损 $10.2。这个结果离期望损益 0 很接近，但是这些数值之间有较大的离差。毫无疑问，可能会出现这样的情形：某个交易员正在为自己 $1741 的损失向上司辩护，而另一个交易员却在捏造一个故事来解释为什么他今天赚了 $1984。这里面到底发生了什么？真实损益结果的分布到底应该是什么样的？BSM 公式的核心观点是可以通过交易合约标的来复制期权。图 7-1 展示了我们复制这个期权的 100 次模拟结果。由于我们持有的是看涨期权多头，所以复制的结果看上去是一个看涨期权空头。

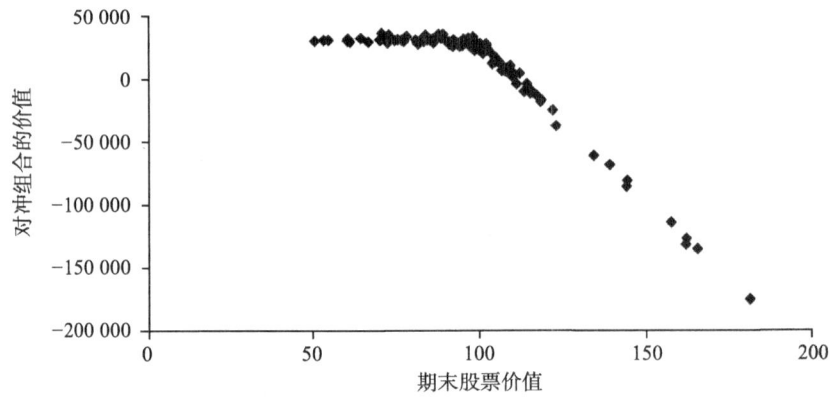

图 7-1　一年期期权对冲策略的 100 次模拟结果

图 7-1 中的结果看上去和我们预想的差不多。复制期权的损益图形和行权价为 100 的看涨期权空头的图形看上去很相似，初始价值正好对应于 $1000 的 vega，但是这个复制并不算完美。它与期权的真实价值之间还是有着显著离差的，而且离差的程度取决于最终的合约标的价格。当资产在行权价附近到期时，离差最大。

首先需要注意，在这个例子中，我们并没有进行连续对冲。离散对冲策略使得我们的无方向（nondirectional）策略具有路径依赖的特性（美式期权的弱路径依赖是与欧式期权对应而言的，所以这种路径依赖与美式期权的弱路径依赖特性无关）。两个有着相同波动率的路径可能会产生不同的损益。设想一种极端情况：所有合约标的的波动都只是由一次价格跳跃产生的。在第一条路径中，这个跳跃发生在第一天，如图7-2所示。在第二条路径中，跳跃刚好发生在期权到期之前（见图7-3）。

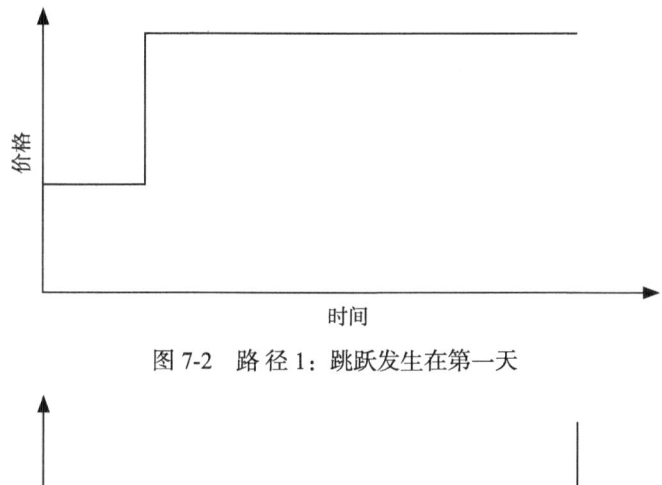

图7-2　路径1：跳跃发生在第一天

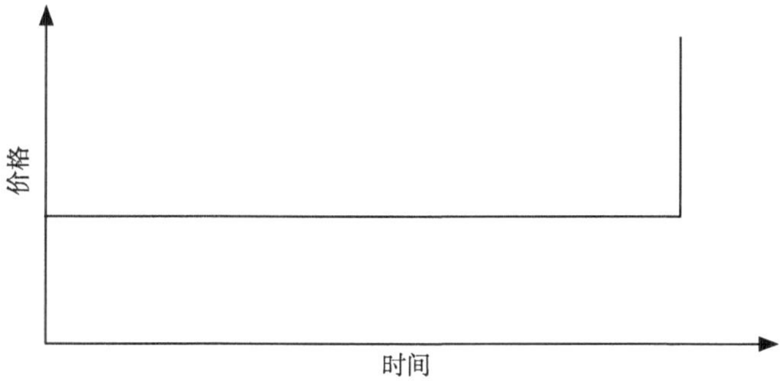

图7-3　路径2：跳跃发生在到期前

在每个例子中，头寸的总损益均为看涨期权的损益减去对冲头寸的价值变化。即

$$P/L = C(T) - C(0) - \sum \Delta(t) \times [S(t) - S(t-1)] \quad (7\text{-}2)$$

但在这个特殊的例子中，我们只须在跳跃发生之前及时对delta进行评估，就可以计算出两条路径损益的差别。如果持有的是平值看涨期权，那么有以下结果：

情形1：$\Delta > 0.5$

情形2：$\Delta = 0.5$

因此在这两种情况下的损益差为：

$$\Delta(P/L)=(\Delta_1-\Delta_2)\times[S(T)-S(0)] \quad (7\text{-}3)$$

所以在做空这个看涨期权时，第一种情况会更有利一些，因为在对冲头寸上我们持有了更多的股票。虽然这只是个比较极端的例子，但是其基本原理还是成立的。股价变动的时间点会严重影响到期权的利润。

现在让我们在更加切合实际的价格路径下，仔细研究这一效应的大小和性质。我们以一个初始价格为 \$100 的股票为例，假设利率、股息率以及价格漂移项均为 0。同样我们购买总的 vega 为 \$1000 的一年期看涨期权，隐含波动率为 30%。我们模拟了 100 条路径，它们在期权期限内的已实现波动率正好也为 30%。我们使用几何布朗运动（GBM）来描述价格路径，因此可以得到价格路径的表达式如下：

$$S(t+\Delta t)=S(t)\exp\left(-\frac{\sigma^2}{2}\Delta t+\sigma\sqrt{\Delta t}\varepsilon\right) \quad (7\text{-}4)$$

其中，ε 服从均值为 0、方差为 1 的标准正态分布。

图 7-4 描述了我们每周对冲时的损益情况，图 7-5 描述了每日对冲时的损益情况。

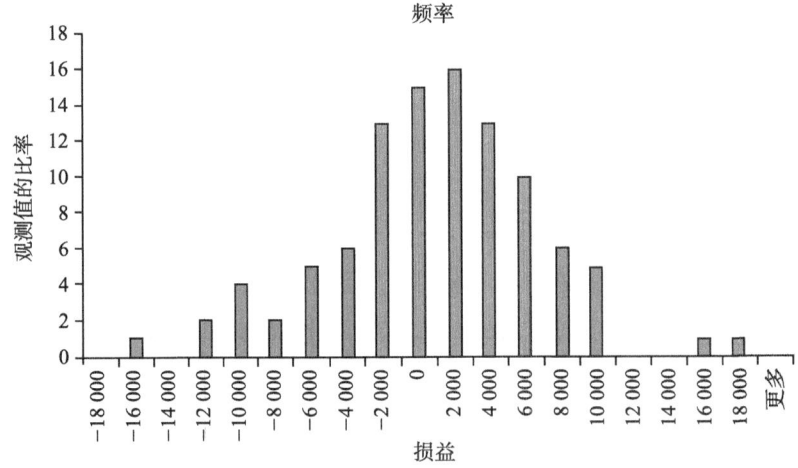

图 7-4 初始为平值，vega 为 \$1000 的期权在对冲时的损益分布（每周对冲）

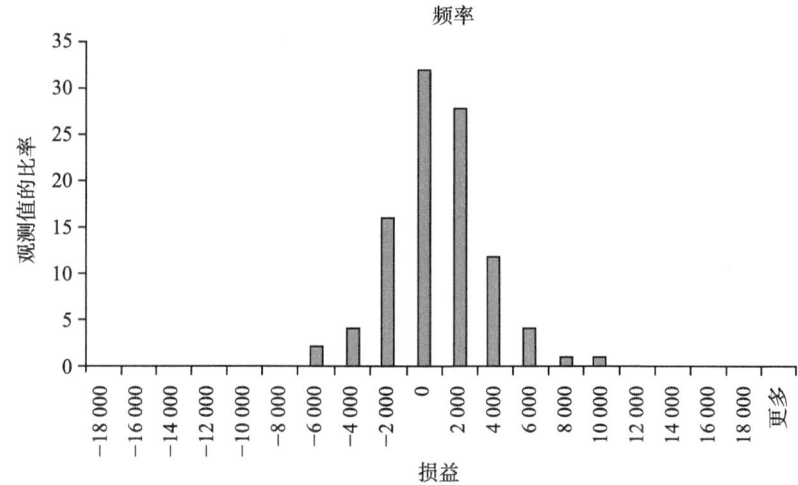

图 7-5　初始为平值，vega 为 $1000 的期权在对冲时的损益分布（每日对冲）

表 7-1 给出了这两种对冲频率的主要结果。

表 7-1　两种对冲频率试验的主要统计结果

对冲频率	P/L	$\sigma_{P/L}$	峰度	偏度
每日	−107.19	2 615.2	4.05	0.25
每周	−140.36	5 714.6	3.66	0.16

虽然试验过程比较简略，但我们还是可以得到一些初步的结论：

- 损益的均值大致为 0。
- 损益分布大致是正态的。
- 损益的离差与对冲频率成反比：具体来讲，它大致可以用 $N^{-1/2}$ 函数来近似，其中 N 为对冲次数（见图 7-6）。

先前我们提到"存续期内的已实现波动率正好也是 30%"。这一说法其实并不算正确。虽然产生合约标的价格序列的随机过程的波动率确实为 30%，但由于我们只是通过离散时间区间来观察这个过程，这样一来会导致抽样误差的存在。根据第 2 章式（2-10），我们知道抽样误差满足公式：

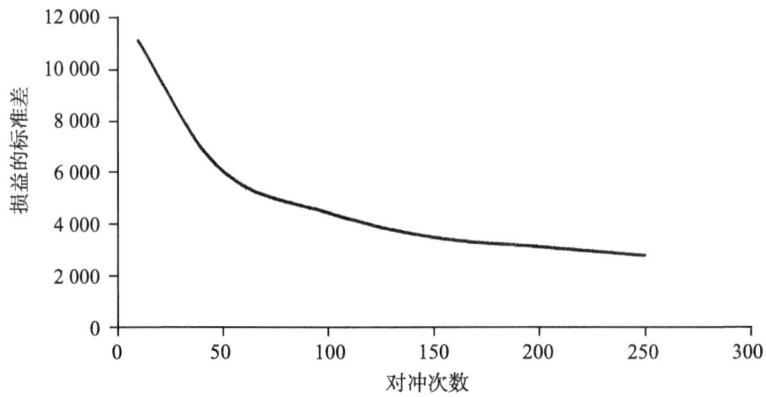

图 7-6 对冲误差的分布与对再平衡次数之间的关系

$$\sigma_{\text{测量}} \approx \sigma \pm \frac{\sigma}{\sqrt{2N}} \quad (7\text{-}5)$$

所以损益的波动率和期权初始价值的函数关系满足：

$$\sigma_{\text{损益}} \approx vega \frac{\sigma}{\sqrt{2N}} \quad (7\text{-}6)$$

这个结论其实也不算多么精确，事实上还谈不上是正确的。实际的关系式应该是（Kamal 和 Derman，1999）：

$$\sigma_{\text{损益}} \approx \sqrt{\frac{\pi}{4}} vega \frac{\sigma}{\sqrt{N}} \quad (7\text{-}7)$$

由这个式子可以推导出估计跨式期权组合标准差的经验法则。平值期权（看涨或者看跌）的价值近似为（Brenner 和 Subrahmanyam，1994）：

$$C \approx \frac{1}{\sqrt{2\pi}} S\sigma\sqrt{T} \quad (7\text{-}8)$$

所以跨式期权组合（由一份看跌期权和一份看涨期权合成）的 vega 近似为：

$$vega \approx \frac{2}{\sqrt{2\pi}} S\sqrt{T} \quad (7\text{-}9)$$

如果我们将跨式期权组合当成一个单一波动率的赌注，并且只对冲一次（$N=1$），那么根据式（7-7），我们可以得到：

$$\sigma_{损益} \approx \frac{1}{\sqrt{2}} S\sqrt{T}\sigma \qquad (7\text{-}10)$$

请注意，在这个式子中，只有实际的已实现波动率与最终的到期结果有关。它的大小只有在到期日才能知道，因此与我们完成交易后期权市场的隐含波动率无关。

值得注意的一个要点是：交易员有可能正确估计了已实现波动率，但是却没能盈利。为了避免由于无限次对冲而产生的巨额交易成本，这是我们必须承担的风险。这部分损益的波动虽然让人无可奈何，但是我们总能通过增加对冲频率来降低波动率。我们还要注意，这个结论的前提是合约标的价格服从扩散过程。如果存在价格跳跃，频繁对冲也一样无济于事。在实际市场的交易中，总有一些风险是我们无法对冲的。股票交易员实际交易的是价格漂移，但他也会面临波动率风险和路径依赖的风险。做多一只价格从 100 平缓上涨到 110 的股票，与做多一只价格从 100 先跌到 50 再迅速涨到 110 的股票是完全不同的。在这两个例子中，最终的结果无法明确告诉我们交易中隐含的所有风险。我们主动地进行波动率交易，但同时也面临波动率抽样的风险（或者说是波动率的波动率）以及路径依赖的风险。

波动率依赖

在以上分析中，我们假设以真实波动率来对冲期权。但在实践中，真实波动率是未知的，所以我们需要选择一个对冲波动率。显然有两个波动率可供选择，即 $\sigma_{预测}$ 和 $\sigma_{隐含}$。到底哪一个更好呢？无论选择哪个波动率，它显然都不会和到期时的已实现波动率相同，这会产生什么后果呢？

一些简单的例子表明，选择不同对冲波动率所得到的损益结果也同样具有路径依赖的特性。考虑如图 7-7 所示的两条合约标的价格路径。它们拥有相同的年化波动率（23.44%），但是其中的一条会产生更多的价格漂移。

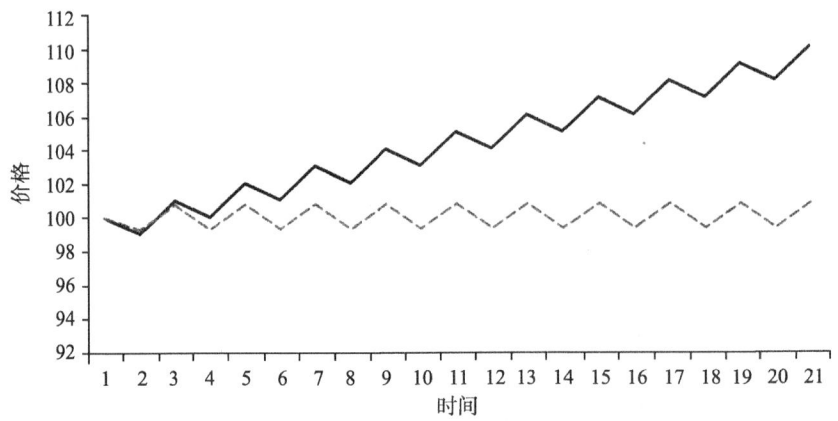

图 7-7 具有相同波动率的两条价格路径

假设我们购买 vega 为 $1000、行权价为 100 的一月期看涨期权，购买时的隐含波动率为 18.44%，考虑在每日收盘前进行对冲。另外还假设我们可以完美地预测已实现波动率（注意，在计算盈利时不会有抽样误差，因为价格路径是被确切地构造出来的，而不是由特定的随机过程产生的）。表 7-2 展示了分别基于隐含波动率和预测波动率进行对冲时 P/L 的可能情况。

表 7-2 相同期权组合在不同波动率和路径下的对冲结果

路径	以隐含波动率对冲	以已实现波动率对冲
有漂移	$9 821	$10 516
无漂移	$6 765	$3 078

显然，不同的选择的确会影响到最终结果，而且结果也有着路径依

赖的特性。当合约标的存在价格漂移且我们处于 gamma 多头时，对冲头寸可能会发生亏损。因为我们会在上涨的市场中不断卖出合约标的。因此我们希望对冲的频率慢一些。如果我们使用了更高的波动率，那么就会得到较小的 gamma，从而我们对冲的频率会变慢。相反，在一个震荡的、毫无趋势的市场中，对冲头寸会变成盈利头寸，因此我们可以调快对冲频率。如果我们使用了更低的波动率，那就会得到较大的 gamma。在卖出期权时，情况则刚好相反。当在趋势市场中处于 gamma 多头时，交易员将这个对冲技巧戏称为"奔跑的 delta"；如果是在趋势市场中处于 gamma 空头时，他们则称之为"保守型对冲"。这点总结在表 7-3 中。

表 7-3　在不同市场情况下，对不同的期权头寸，需要调整波动率

头寸	市场态势	对冲波动率的偏差
gamma 空头	趋势	低
gamma 空头	震荡	高
gamma 多头	趋势	高
gamma 多头	震荡	低

下面我们在更一般的情形下研究对冲波动率的选择问题。假设以隐含波动率 σ_i 卖出期权，然后用已实现波动率 σ_r 进行对冲。我们需要研究对冲后头寸的损益如何随时间而变化。其实推论过程和第 1 章中所使用的是一样的，只是我们现在更加关注使用隐含波动率和已实现波动率的不同结果而已。同样，我们使用的推导过程并不是非常严谨。有兴趣了解相关数学细节的读者可以参阅 Carr（1999）、Henrard（2003）或者 Ahmad 和 Wilmott（2005）的论文。

式（1-2）给出了对冲组合在首个时间间隔之后的价值。值得注意的是，我们需要使用 σ_i 来给期权估值，因为此时我们关心的是组合的盯市价值。但是 delta 需要用已实现波动率来估计，因为这是我们选择的对冲波动率。每日交易结束后，整个账户的盈利为：

$$C(S_{t+1},\sigma_i) - C(S_t,\sigma_i) - \Delta(\sigma_r)(S_{t+1} - S_t) + r\left[C(\sigma_i) - \Delta(\sigma_r)S_t\right] \quad (7\text{-}11)$$

然而，我们知道已实现波动率 σ_r 也可以对组合进行估值，而且这样的估值才是"正确的"（从定义上来说）。因此可以得到：

$$C(S_{t+1},\sigma_r) - C(S_t,\sigma_r) - \Delta(\sigma_r)(S_{t+1} - S_t) + r\left[C(\sigma_r) - \Delta(\sigma_r)S_t\right] = 0$$
（7-12）

这样，在一个时间间隔之后的盯市利润为：

$$\mathrm{d}C(\sigma_i) - \mathrm{d}C(\sigma_r) + r\left[C(\sigma_r) - \Delta(\sigma_r)S\right]\mathrm{d}t - r\left[C(\sigma_i) - \Delta(\sigma_r)S\right]\mathrm{d}t$$
（7-13）

如果使用 BSM 表达式 [式（1-5）]，那一个时间间隔后的利润可以写成：

$$\frac{1}{2}(\sigma_i^2 - \sigma_r^2)S^2\Gamma(\sigma_i)\mathrm{d}t + \left[\Delta(\sigma_i) - \Delta(\sigma_r)\right]\left[(\mu - r)S\mathrm{d}t + \sigma S\mathrm{d}X\right]$$
（7-14）

- 式（7-13）表明，当 $\sigma_i > \sigma_r$ 时（暂时忽略离散对冲所导致的问题），我们会获得盈利。
- 式（7-14）表明，利润的变化不是平滑的。式（7-14）中包含了一个随机变量。
- 利润实现的方式取决于漂移项 μ。

图 7-8 展示了损益随时间演变的 5 条可能路径。此处期权都是用已实现波动率来对冲的。使用的例子为 1000vega 的 1 年期平值看涨期权，卖出时的隐含波动率为 40%，对冲时使用的到期已实现波动率为 30%。设定漂移项、利率和股息率均为 0。

交易员需要对这些情况很熟悉。这些损益波动产生的原因是其他人（或者其他市场）的盯市波动率不同于我们头寸的使用方式，但这并不意味着交易过程中存在阴谋。我们之所以交易这些期权正是因为它们被错误定价了。如果期权头寸持续地被错误定价，那么最终我们将持有与期权头寸不匹配的股票头寸。虽然根据我们的交易思路，头寸已经被对冲了，但是根据市场价格，期权却没有被完全对冲掉。任何人如果想和他们的上司解释这个情况，都会觉得难以解释清楚。

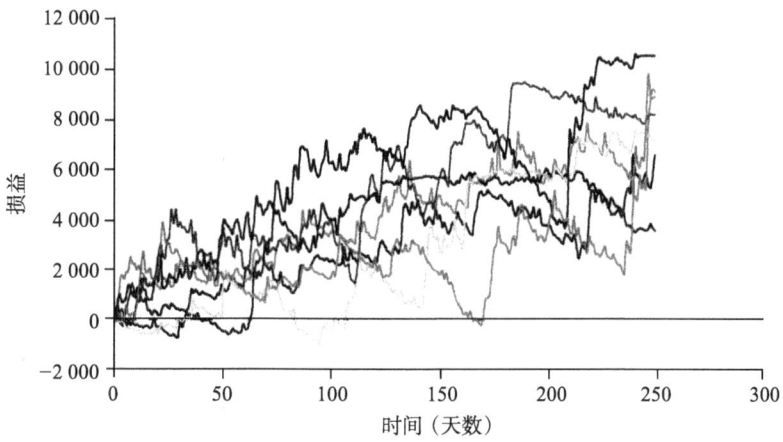

图 7-8　用已实现波动率来对冲空头头寸时的损益与时间的关系

接下来研究用隐含波动率来对冲时的情况。虽然我们按照之前相同的办法来进行分析，但是这次所有相关变量都是用隐含波动率来估计的。对冲头寸在一个时间间隔后的盯市利润满足如下公式：

$$dC(\sigma_i) - \Delta(\sigma_i)dS - r\left[C(\sigma_i) - \Delta(\sigma_i)S\right]dt = \frac{1}{2}(\sigma_i^2 - \sigma_r^2)S^2\Gamma(\sigma_i)dt$$

（7-15）

- 式（7-15）中不包含随机项。利润是一个确定的量。
- 这时并不存在市场的盯市波动率与我们的对冲波动率不同的问题。无论市场以什么波动率进行盯市，我们都可以相应地予以对冲。
- 即使我们不知道如何精确地预测波动率，这种对冲方法依然是一个可行的方法。只要我们卖出期权时的依据是认为隐含波动率过高，我们就可能盈利。

如果我们计算每一个时间间隔所产生的利润的现值，然后将它们加总起来，那么就能够得到头寸的总损益为：

$$\frac{1}{2}\left(\sigma_i^2 - \sigma_r^2\right) \int \exp(-rt) S^2 \Gamma(\sigma_i) \mathrm{d}t \qquad (7\text{-}16)$$

现在我们可以观察到前一个例子中提到的路径依赖效应。即使期权一开始是平值的，合约标的价格的漂移也会使最终价格偏离行权价，导致 gamma 项变得很小，从而使得根据式（7-16）得到的潜在利润也很小。这其实不难理解：我们实际上是在赌波动率。因此盈利的前提是拥有一定的波动率风险敞口。如果一个期权的合约标的价格距离平值点很远，那么此时的波动率敞口就很小了。这就是为什么交易员都希望期权能够在接近行权价时到期的原因。这时候的 gamma 无论从时间维度还是从价格维度上来看，都是最大的。因此只要波动率的估计是正确的，此时的盈利就是最多的。这个结论不光对跨式价差组合成立，对宽跨式价差组合（strangles）以及剥离式期权组合（strips）也同样成立。我们希望所持有的波动率头寸能够覆盖足够宽的合约标的的波动区间。

路径依赖也是不同行权价的期权应该用不同的隐含波动率来定价的原因。合约标的的不同路径对不同行权价期权的影响是不同的，这是因为它们的 gamma 状态差别很大。式（7-14）表明，公允的隐含波动率（使得损益为 0 的波动率）会随 gamma 的变化而不同。Dupire（2006）在他关于"实现盈亏平衡的波动率偏度"的著作中研究了这个概念。

要注意的是，这个结论对 gamma 多头和 gamma 空头头寸都是有效的。初看上去，这个观点可能有点令人惊讶。大部分交易员都明白，对于空头头寸来说，以靠近行权价的价格到期是一件好事。但事实上，对于多头头寸来说，以行权价到期同样是一件好事。gamma 空头和多头的区别在于，在实践中，要在短时间内对冲掉 gamma 多头是很难实现的。只有在已实现波动率较低的时候（也就是说，看涨期权在接近行权价的价位平缓到期），才有可能比较容易地对冲它，但这意味着我们对波动率的预测是错误的。同样我们要注意到，在以行权价到期时，做市商的动态对冲所导致的反馈效应会增强。如果做市商处于 gamma 多头，他们会在合约标的价格低于行权价时买入资产，在高于行权价时卖出资产，这样就会压低已实现波动率。对于期权持有者来说，这是件坏事，但其中坏的方面是由低波动率引起的，而并不是因为到期价格接近行权价。到期价格接近行权价只是导致低波动率的一个原因。

图 7-9 展示了用隐含波动率对冲的期权头寸的损益随时间变化的情况，图中给出了 5 条可能出现的损益路径。图中所用的例子是 vega 为 1000 的一年期平值看涨期权空头，在 40% 的价位卖出波动率，并且用隐含波动率对冲至到期。漂移、利率以及股息率均为 0。

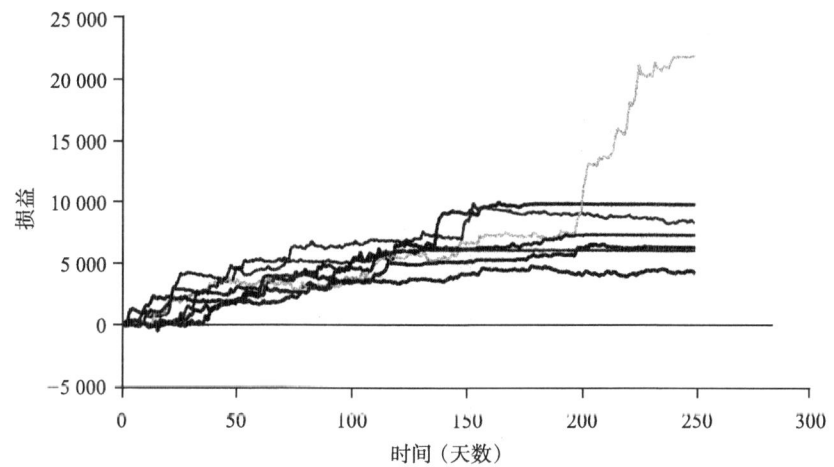

图 7-9　用隐含波动率来对冲空头头寸时的损益与时间的关系

图 7-9 所展示的结果表明，用隐含波动率来对冲期权头寸时的损益更为平滑，但是与用已实现波动率来对冲相比，其结果更加不确定。大部分交易员都认为这样的情况更容易处理。

Ahmad 和 Wilmott（2005）推导出了期望收益的表达式（以积分的形式），以及用隐含波动率对冲期权价值的标准差表达式（以二重积分的形式）。感兴趣的读者可以去参考这两个式子。但是进行模拟测试可能是一个更为有用的、可以了解整个对冲情景的方法（模拟测试可以扩展到引入不同的随机过程，可以加入隐含波动率微笑，可以处理包含多种期权的头寸）。图 7-10 和图 7-11 展示了一些模拟结果。我们可以清楚地得到如下特性：

- 虚值期权头寸损益的方差比平值期权的要高。
- 如果我们总是偏向于选择高波动率来作为对冲波动率，那么就会得到较低的损益方差。

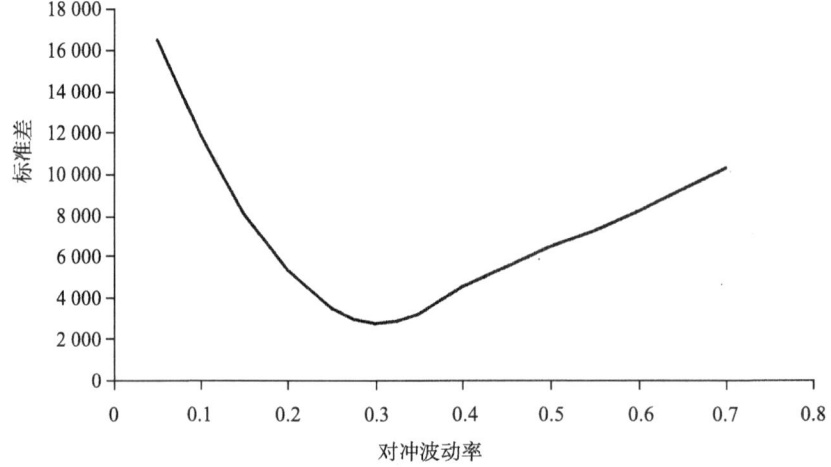

图 7-10　用不同的波动率来对冲平值期权空头头寸时的损益的标准差

当然，对冲波动率是可以任意选择的，我们并不一定要用隐含波动率或者预测波动率来对冲。Carr（1999）和 Henrard（2003）研究了一般情形下的例子。但是，模拟测试可能还是最简单的了解整体情况的办法。

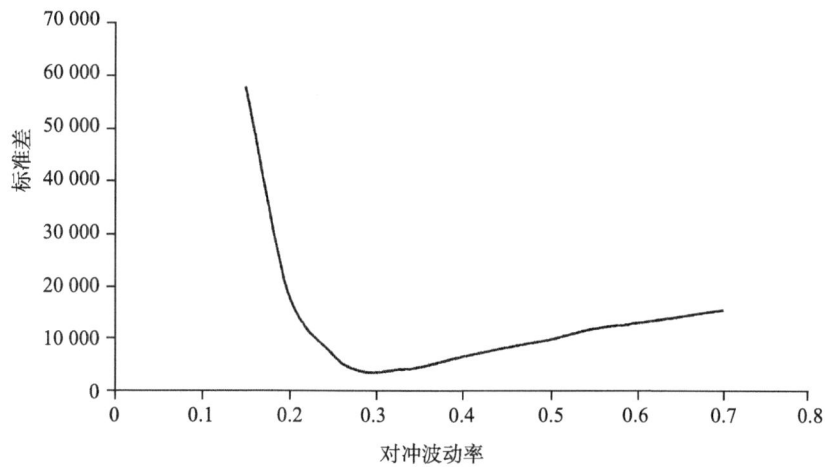

图 7-11 用不同波动率来对冲 delta 为 20 的看涨期权空头头寸时的损益的标准差

本章小结

在对隐含波动率与已实现波动率之间的价差进行交易的过程中,交易员可能在预测对了波动率时仍然亏损,这是很容易让人沮丧的结果。交易员需要明白为什么这种情况会发生。预测值和实际结果之间的一部分差别是可以找出原因的,我们需要了解这些原因,并从中吸取经验。从纯粹的坏运气中是没法获取经验的,经验应该从实际误差中获得。

- 对冲后的期权头寸的价值具有路径依赖的特性。
- 预测对了真实隐含波动率并不能保证盈利。
- 提高对冲频率能够降低损益的不确定性。
- 用已实现波动率来对冲,可以使最终损益更加确定,但是会包含更多的噪声。
- 用隐含波动率来对冲,可以平滑损益分布,但是最终结果会更加不确定。

第8章
Volatility Trading

资 金 管 理

> 凡事预则立，不预则废。

一个好的资金管理系统当然不能保证让所有的交易方法都保持盈利，但是一个差的资金管理系统却完全有可能让最优秀的交易策略面临失败。对潜在盈利的预测和捕获是困难的，而且还夹杂了一些主观判断的因素，所以我们或许能够理解为什么这些方面会备受交易员的关注，但是资金管理以及头寸规模确定同样是交易成功的关键。在本章中，我们会研究确定头寸规模的不同方法，以及每种方法所隐含的风险／收益特性。

特别的头寸管理方案

观察图 8-1 和图 8-2 给出的两条资金曲线，很明显，第一幅图中的交易员看上去似乎更出色一些。因为在同样的时间段内，他获得的盈利更多，尽管方差也更大。其实在这个例子中，两个交易员所执行的交易都是相同的。资金曲线的差异只是因为他们的头寸大小不一样。这两个交易员实际上都是在玩抛硬币，如果猜对了就得到 1 美元，猜错了就支付1美元。每个人都是在1000次抛硬币中猜对了550次。但是第一个交易员最终拥有的资金量为5207美元，而第二个却只拥有620美元。很显然，这个例子说明，头寸规模是影响成功与否的重要因素。

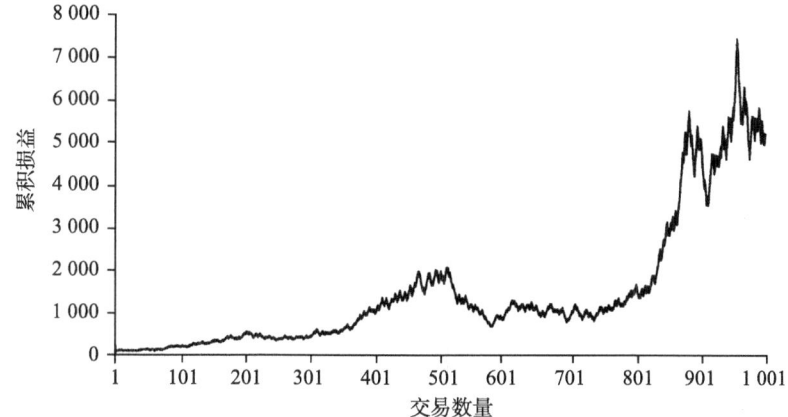

图8-1　每次交易下注额为总资金量5%时的资金曲线

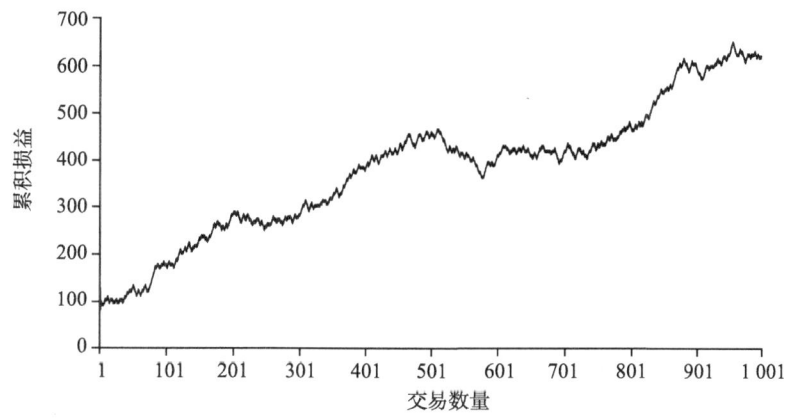

图8-2　每次交易下注额为固定5美元时的资金曲线

确定头寸规模最简单的方法是根据"感觉"进行判断。每笔交易的头寸规模都是特定的。交易员根据他对每一次押注好坏程度的判断来确定下注规模。这其实是个糟糕的方法，它和跟着感觉选择交易对象没什么大的区别。整个交易方法的依据是我们可以系统地逼近交易过程，而通过直觉来确定交易规模则与此恰好相反。这会使得交易结果成为个人情绪和心理偏差的牺牲品：这正是我们要设法避免发生的事情。

还有一个方法是每次都执行相同金额的交易。比如，我们可以选择每次都交易 100 份期权，或者 1000 的 vega，这被称为固定交易规模系统。任何一个能够发现交易价值的交易系统都可以通过这个确定头寸大小的方案盈利（从长期来看）。在做回测时通常都使用这个方法来确定头寸规模，因为它能够最明确地展现所测试的交易方法的盈利能力。

我们也可以选择在每次交易时，以账户资金的固定百分比来执行交易。这个系统被称为固定比例交易规模系统。

我们刚才所使用的掷硬币的例子只是一组 1000 次下注的结果，图 8-3 展示了另外三次硬币试验的结果。我们可以从中得到两个结论：首先，尽管在三种情况下，从数学角度算出的胜率是相同的（赢得每次下注金额的概率为 55%），但是最终结果却千差万别；其次，对下注量的不同选择也会使得结果产生很大的差异。按比例下注有时候最终可以得到巨额财富，而且也使得资金永远不会变成 0（至少在理想情况下，我们认为货币单位是可以无限分割的），但是这个方法与定额下注相比，其结果更不稳定。

上述数值测验的结果说明，下注方法的选择也很重要。除了上面提到的两种模式外，我们还可以构想出一些其他模式。比如，调整下注额使得每次获胜后赢得的金额相等；每次获胜后就提高下注额（可以是绝对量，也可以是相对比例）；或者使用类似的策略，只是在每次失败后才提高下注额。所有这些模式都还有一些参数需要确定，比如在赌局开始时，应该投入的金额占账户总资金的比例。如何在所有这些候选方法中进行选择？其中一个可行的解决方案是由约翰·凯利（John Kelly，1956）发明的。

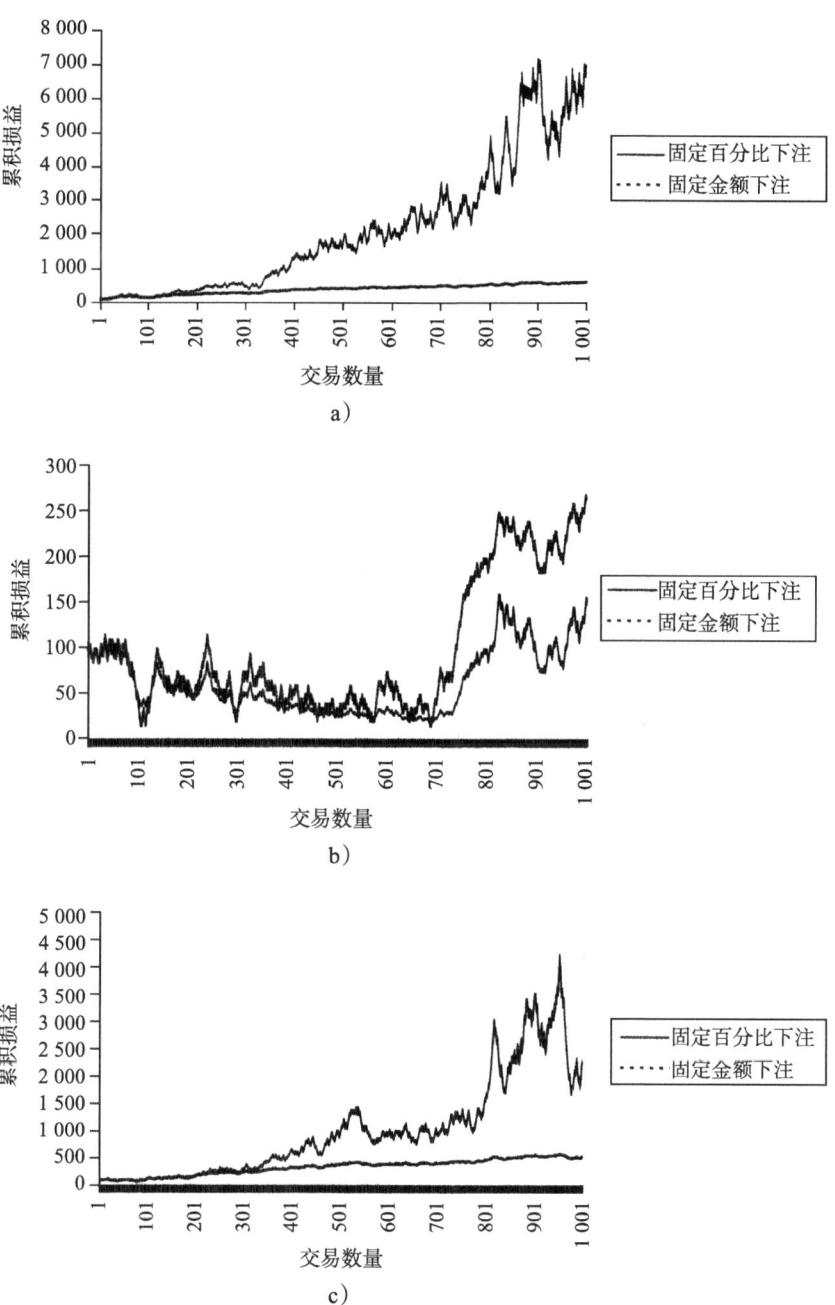

图 8-3 与图 8-1 相同的过程所产生的更多的资金曲线

凯利规则

考虑这样一个一般的情况:每次赢的时候,我们可以赚 $w\%$,输的时候会亏损 $l\%$。资金账户的初始金额为 W_0。每次下注额占资金账户的比例为 f。

因此在一次获胜后,账户金额为:

$$W_0(1+fw) \tag{8-1}$$

或者我们可以说盈利因子(gain factor)为 $(1+fw)$。类似地,在一次亏损后,我们剩下的资金量为:

$$W_0(1-fl) \tag{8-2}$$

因此,这时候的盈利因子为 $(1-fl)$。简单地说,在每次获胜后,我们的资金量就乘以 $(1+fw)$,每次失败后就乘以 $(1-fl)$。所以 n 次获胜和 m 次失败后,盈利因子为:

$$G(f)=(1+fw)^n(1-fl)^m \tag{8-3}$$

或者说,每一次交易时,我们能够得到:

$$G(f)^{\frac{1}{n+m}}=g(f)\equiv(1+fw)^p(1-fl)^q \tag{8-4}$$

其中,$p=n/(n+m)$,为获胜的概率;$q=m/(n+m)$,为失败的概率。

通过选择不同的 f 来最大化 G 的方法可能是错误的。在任何有限次数的赌博中,只要每次押上整个账户,我们的期望收益是最大的。遗憾的是,这样一来,我们 100% 会破产,因为最终还是会输。只要输了一次就会破产。这个策略并没有考虑风险。事实上,我们需要最大化的是风险调整后的收益,或者说是效用,这其中又一次涉及选择效用函数(我们可以在许多效用函数中选择一个,但从长期来看,对数效用函数的效果更好)。此时,我们最大化的将不再是期望财富(expected wealth),而是典型财富(typical wealth),它们之间概念上的区别很重要。平均值会被一些不可能发生的情况所干扰,例如交易员每一次都盈利。这对已经破产的交易员而言没有任何意义。而通过最大化对数期望财富,我们可以降低破产的概率。

因此,我们对收益函数取对数,然后对 x 求偏导并使之等于 0,由此可以得到最优的 f 值:

$$f = \frac{pw - ql}{wl} \quad (8\text{-}5)$$

(所以在一开始的简单例子中,凯利比率应该是 0.1。)

在 N 次赌局后,期望账户金额为:

$$W = W_0 \left[1 + p\ln(1 + fw) + q\ln(1 - fl)\right]^N \quad (8\text{-}6)$$

图 8-4 展示了 10 次赌局后的期望账户金额与赌注大小的函数关系。在这个赌局中,获胜的概率为 45%,获胜时的盈利为失败时损失的 2 倍。在这个例子里,凯利比率为 0.175,对应的是曲线的峰值。如果下注比例达到凯利比率的 2 倍以上,那么账户增长率会变成负值,赌的次数越多,账户损失也就越大。

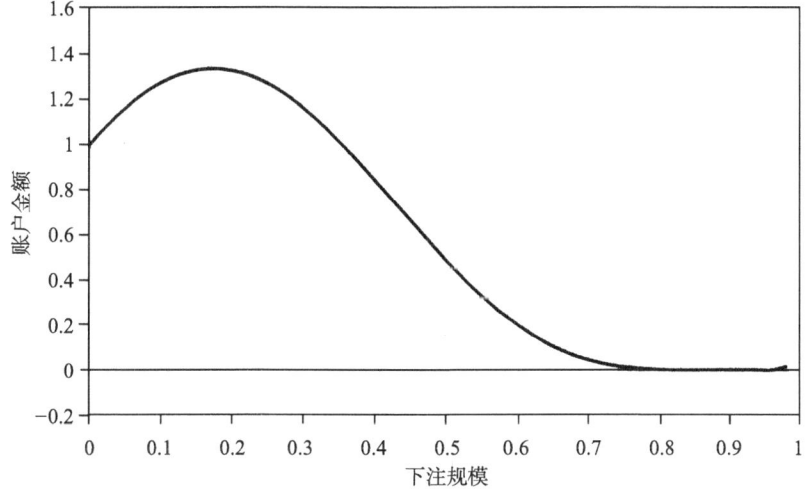

图 8-4 下注 10 次时的期望账户金额与下注规模的关系

进行一些简单的模拟,就可以充分了解如下几个特点:

- 与其他下注比例相比，凯利比率通常能够得到较多的最终财富。
- 以凯利比率下注时，资金的波动会变得异常大。
- 实际下注比例高于凯利比率时的结果，会比低于凯利比率时的结果更差。

最后有一点需要特别强调。实际下注比例比凯利比率高得越多，波动率会变得越高，而收益会变得越低。这点可以从图 8-5 中看到。该图展示了分别使用 50% 凯利比率、凯利比率以及 200% 凯利比率进行下注时，资金曲线的可能情况。

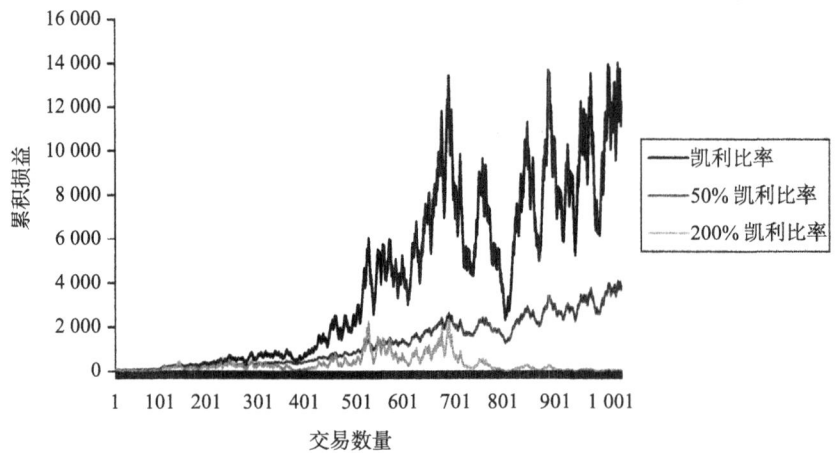

图 8-5　以凯利比率的不同乘数进行交易时损益路径的相对波动率

现在，我们假设凯利策略已经足够诱人，我们可以用它来验证更真实的环境。这个环境更接近于我们在交易金融工具时可能遇到的情形。

为了应对赌局结果为连续值的情况，我们需要把交易的情景一般化。假设在交易中，一次赌局或者一次交易的结果服从某个特定的分布。这可能是一个交易员通常面对的情况：分布可以用历史数据来估计，也可以通过理论推导得到。现在，我们先假设这些交易的结果都是独立分布的。同样地，在每一期，我们的下注额为总财富的固定比例 f，从而：

$$W_n = W_{n-1} + fW_{n-1}g(X_n) \tag{8-7}$$

其中随机变量 X_n 为第 n 个交易的结果，其损益为 $g(X_n)$。

在连续 n 次交易后，账户金额变为：

$$W_n = W_0 \prod_{i=1}^{n}\left[1+fg(X_i)\right] \tag{8-8}$$

我们同样在公式两边取对数后可以得到：

$$\ln(W_n) = W_0 \sum_{i=1}^{n} \ln\left[1+fg(X_i)\right] \tag{8-9}$$

因此有：

$$E\left[\ln(W_0)\right] = nW_0 E\left\{\ln\left[1+fg(X_n)\right]\right\} \tag{8-10}$$

$$E\left[\ln(W_0)\right] = nW_0 \int \ln\left[1+fg(x)\right]\Phi(x)\mathrm{d}x \tag{8-11}$$

其中，$\Phi(x)$ 为描述交易结果的分布函数。

如果通过选取合适的账户比例来最大化期望对数财富，那么可以得出最优解所满足的公式为：

$$\int \frac{g(x)\Phi(x)\mathrm{d}x}{1+fg(x)} = E\left[\frac{g(x)}{1+fg(x)}\right] = 0 \tag{8-12}$$

这个公式是通用的，它适用于所有的分布。有说法认为凯利规则只适用于只有两种结果的交易，这其实是错误的。在二项结果的情况下，凯利规则可以做一定的简化，但是凯利规则近似解的适用性比较差。通常这个公式太复杂而难以直接使用。如果假设每笔交易的盈利都很小，那么就可以对公式进行简化（但遗憾的是，这种情形过于简单，从而难以代表现实的情况）。在这个假设前提下，f 值将会很小，因此我们将式（8-12）按幂级数展开，截取前几项后得到：

$$\begin{aligned}0 &\approx \int g(x)\Phi(x)\left[1-fg(x)+\cdots\right]\mathrm{d}x \\ &= \int g(x)\Phi(x)\mathrm{d}x - f\int g^2(x)\Phi(x)\mathrm{d}x + \cdots\end{aligned} \tag{8-13}$$

其中的第一项为每单位赌注的期望收益,第二项为收益 $g(x)$ 的方差。所以在每笔交易盈利很小的限制下,我们可以得到:

$$f = \frac{r}{\sigma^2} \quad (8\text{-}14)$$

这个式子简单易用。无论实际的交易有多复杂,只要得到了交易的期望收益和方差,我们就可以计算出最优的头寸规模。事实上,这里的收益应当理解为超过无风险利率的超额收益。许多文献中的推导过程都忽视了这点(那些面向赌徒的文献可能是有意忽略这点,因为当赌徒坐在黑杰克赌桌上时,很难赚到利息,而且庄家也不愿意付出利息)。

当交易员以凯利比率的某个比例 f 进行交易时,资金的期望增长率为:

$$GR = \left(f - \frac{f^2}{2}\right)\frac{r^2}{\sigma^2} \quad (8\text{-}15)$$

当 $f=1$ 时,也即完全以凯利比率进行交易时,式(8-15)值最大,此时的期望增长率为:

$$GR_{\max} = \frac{r^2}{2\sigma^2} \quad (8\text{-}16)$$

另外我们可以看到,当 $f=0$,也就是不进行任何交易时,或者当 $f=2$,也就是大幅度超额下注时,财富的期望增长率为零。由于增长率函数是关于 $f=1$ 对称的,所以略微保守的下注会更好一些,这也就是低估我们的盈利优势(同样地,也就是高估方差的时候),因为在 $f=1-x$ 和 $f=1+x$ 的时候增长率是相等的。

如果我们以凯利规则进行交易,在账户金额跌至 $A \times W < W_0$ 以前,实现 $B \times W > W_0$ 的概率为:

$$P(A,B) = \frac{1 - A^{1-\frac{2}{f}}}{B^{1-\frac{2}{f}} - A^{1-\frac{2}{f}}} \quad (8\text{-}17)$$

有趣的是，盈利优势和方差并没有在这个式子中出现。好的交易能够加速这个过程。如果 $A=0.5$，$B=2$，那么 $P(A\ B)=2/3$。这意味着以凯利比率执行交易时，有 1/3 的可能性会使得你的资金在翻倍前减半。从前文的模拟中我们知道，以凯利头寸执行交易时，交易结果的波动会异常大。为了处理这些极端回撤的情况，凯利指标的拥护者通常都会以低于凯利比率的头寸规模执行交易。表 8-1 展示了头寸规模为凯利比率的不同比例时，账户金额在减半前翻倍的概率。

表 8-1　账户金额在减半前翻倍的概率，与按凯利比率的不同比例来交易的关系

凯利比率的倍数	$P(AB)$	凯利比率的倍数	$P(AB)$
1	0.667	0.4	0.941
0.8	0.739	0.2	0.998
0.6	0.834		

通过以低于凯利比率的头寸规模进行交易并不是免费的午餐。由于交易规模的减小，实现账户增长目标所需要的时间将显著增加。期望的退出时间（也就是实现账户增长目标的时间）满足如下公式：

$$E[T] = \frac{1}{GR} \log \left[\frac{B^{P(A,B)}}{A^{P(A,B)-1}} \right] \qquad (8\text{-}18)$$

这就是我们实现账户目标（$B.W_0$）或者账户金额终止（$A.W_0$）所需的期望时间。

并没有强有力的、理论上的理由让我们根据凯利规则的某个比例来管理头寸规模。比例化的凯利规则并没有与最大化任何效用函数相对应。不过，有两个实践上的理由让我们使用比例化的凯利规则。

1. 这是一个有用的尝试，以在根据完全的凯利比率来实现潜在收益和降低随之带来的高波动率之间实现一个折中。

2. 这是一个承认很难战胜市场的适用于普通人的贝叶斯方法。例如，使用 50% 凯利比率意味着，在对我们的盈利优势和零盈利优势（即当前市场是其未来价值的完美预测值）之间进行一个平均。

我们现在大致了解了使用凯利规则时的潜在收益和损失分布。我们也能计算出期望增长率、离差（也就是回撤概率），以及实现交易目标所需的期望时间。其实，我们还可以计算出未来账户金额的概率分布函数。Chapmam（2007）的一篇优秀论文研究了账户金额如何随时间变化而变化。为简便起见，我们假设账户初始值为 1。Chapman 得到的概率分布函数为：

$$P(x,f,t) = \exp\left[\left(1-\frac{1}{f}\right)t\right]\frac{1}{\sqrt{2\pi t}}\exp\left(-\frac{\left[\log x + \left(\frac{3}{2}-\frac{1}{f}\right)t\right]^2}{2t}\right) \quad (8\text{-}19)$$

图 8-6 值得仔细研究。它展示了以凯利比率进行交易时，账户金额的概率分布函数（PDF）是如何随时间而变化的。我们可以观察到，随着时间的推移，账户金额的分布开始变宽并且逐渐偏离初始点，而且还可以观察到，当以凯利比率下注时，交易结果的分布是有偏的（这在之前讨论回撤时已经有所涉及，但是更多的图形能够更加强调这一点）。概率分布函数的峰值小于 1。我们明白，从长期来看，凯利策略能够超

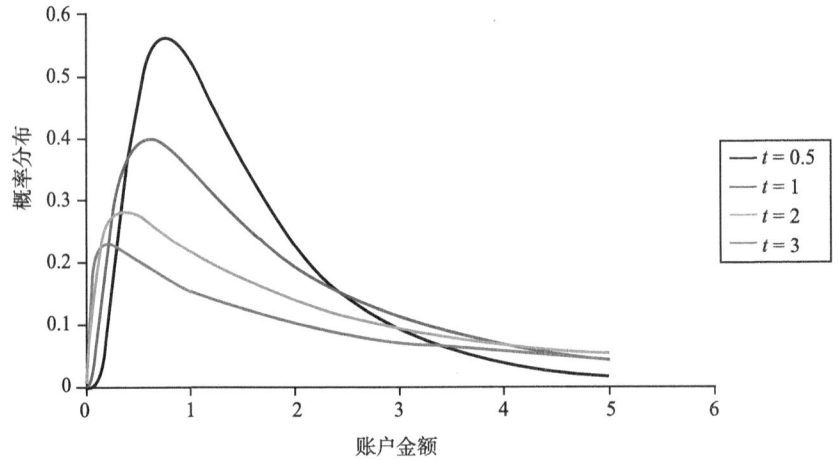

图 8-6　以凯利比率进行交易时，账户金额的概率分布函数随时间变化的关系

越其他策略。但是我们也要清楚，一次交易结果的波动性会比较大，因此可能从短期来看效果会很差（预期增长率的作用需要一定的时间来超越波动率的影响），而长期的效果需要较多的时间才能够达到。

图 8-7 显示了以低于凯利比率的某个比例进行交易时的结果（图中的例子为 50% 凯利比率）。此时 PDF 的峰值比起凯利比率结果显著右移，但还是保持了一定的偏度，使得大额的盈利可能发生。

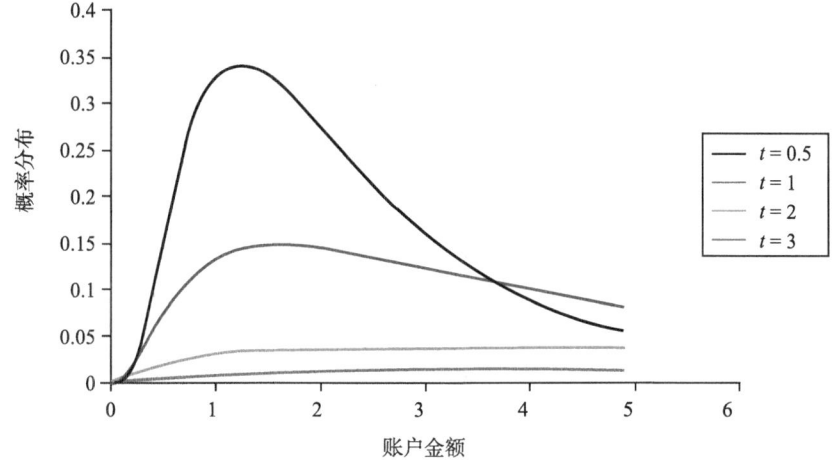

图 8-7　当以 50% 凯利比率进行交易时，账户金额的概率分布函数随时间变化的关系

相反地，图 8-8 展示了以大于凯利比率的某个比例来进行交易时的结果（图中的例子为 200% 凯利比率）。随着时间的推进，PDF 逐渐向零逼近。

使用凯利准则确定头寸规模大小是一个有争议的话题（关于这点，Poundstone 于 2005 年曾经写过一篇很值得一看的论文）。其中大部分讨论的中心是，最大化期望财富函数的对数形式并不是投资者真正想要的。换句话说，效用函数的形式并不正确。在反对凯利规则的阵营里，包括诺贝尔奖得主（Samuelson，1979）、金融专业人士（Brown，2002）以及职业体育赛事赌徒（Miller，www.professionalgambler.com）。但是另一方阵营也拥有一些耳熟能详的支持者，包括 Ed Thorpe（1984，1997）、Claude Shannon（信息理论的创始人）、David Shaw（对冲基金 D. E. Shaw 的创始人）以及 William Miller（Legg Mason Value 信托的管理人，这是唯一一只在 SEC 监管下能连续 10 年业绩超越标准普尔 500 指数的共同基金）。由于凯利方法的结果取决于特定效用函数的形式，因此有许多人持反对意见并不让人吃惊。我们暂时先不去研究其他人所希望的风险偏好函数的形式，而是先简单地看一些凯利准则的优缺点。

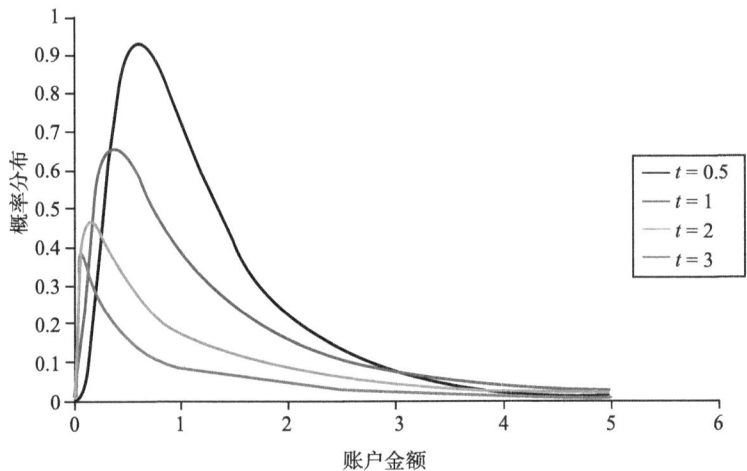

图 8-8　当以 200% 凯利比率进行交易时账户金额的概率分布函数随时间变化的关系

优点

- 从渐近的角度看，在最大化财富对数期望值的同时可以最大化增长率，所以凯利策略最终能够超越其他策略。
- 凯利策略破产的概率为 0。
- 平均来看，使用凯利策略总是能够优于其他策略。
- 这个策略是短视的，也就是说在确定交易量大小时，只需要考虑当前的获胜概率和账户额度，而不需要考虑交易以后的情况。但当使用发展型的方法时，当前的交易量大小还取决于过去几期的交易量大小。当判断某个策略是否在实践中可用时，短视是非常有用的。
- 如果以凯利额度的某个比例来进行交易，就能够简单地在风险水平和期望收益率之间进行调整。

缺点
- 当按财富的固定比例下注时，如果先亏损再盈利，总体来看还是亏损的。
- 当我们有很大的盈利优势时，也就是说获胜概率很大或风险很低时，下注金额会变得很大。
- 概率的估计很关键。高估获胜概率会导致过度投资，进而会引发灾难。
- 投入的总资金会远大于赢得的利润。
- 由于策略结果的波动很大，即使长期的期望收益很高，依然可能会有一段时间的交易结果很差。
- 要使长期的财富期望增长作用占主导，可能会需要很长的时间。
- 有时候，我们很难确定账户金额是多少。

当分析了优点，并且优点看上去如此有吸引力之后，任何缺点都是可以被忽略的。那是否只要按照凯利规则来设置头寸规模就可以最终比任何其他策略都获得更多的财富，而不需要其他的考虑了呢？在得出这个结论之前，让我们认真地了解一下先前没有注意到的缺点。

凯利规则的生效需要时间

我们都知道在交易时要保持耐心，这通常被认为是交易的美德。交易时，我们常常像条件反射似的告诫自己要保持耐心，因为我们都深深地清楚，这对优秀的交易员来说十分重要。但是，我们的耐心需要提高到何种程度才能从凯利策略中获益呢？

Browne（2000）的一个例子可以说明，等待长期结果到来的过程比我们通常预期的要乏味很多。他假设一个交易员有两个交易选择：一是投入年收益为15%的股票，波动率为30%；二是利率为7%的存款账户。凯利规则[式（8-14）]告诉我们，如果将89%的资金投入股票账户$[0.15-0.07/(0.3)^2]$，剩余资金存入银行，为了使该组合的收益率较全部资金均为存款的收益率高出10%的概率能达到95%以上，我们需要等待157年。更糟糕的是，若想让凯利组合的收益率较全部资金均为股票时的收益率高出10%的概率能达到95%以上，我们需要等待10 286年。即使我们降低标准，只考虑等于这些比较基准（全为存款或全为股票）的收益率的期望时间，也分别需要2.8年和184年$^\ominus$。由此我们可以看到，耐心真的很重要。

错估参数的影响

在金融实践中，我们永远也不会知道交易结果的分布。那我们在估计分布中的错误是否重要呢？Medo、Pis'mak和Zhang（2008）研究了这个问题。

首先我们考虑一个二项的交易结果。如果输了，我们支付1美元；如果赢了，则获得1美元。如果赢的概率$p>0.5$，那这个游戏对我们就是有利的，此时凯利比率为：

$$f=2p-1 \tag{8-20}$$

$\ominus$ 凯利规则超越另一个交易比例为f'的策略的期望时间，其中百分之ε由式 $\dfrac{2}{\sigma^2(f-f')^2}\ln(1+\varepsilon)$得到。

但如果我们不知道 p 是多少呢？如果我们需要用历史数据来估计它呢？假设我们在 N 次交易中赢了 w 次。根据贝叶斯定理，真实概率的分布为：

$$\theta(p|w,N) = \frac{\pi(p)P(w|p,N)}{\int_0^1 \pi(p)P(w|p,N)\mathrm{d}p} \quad (8\text{-}21)$$

其中 $\pi(p)$ 为 p 的先验分布，$P(w|p, N)$ 为给定 N 和 p 时，w 的概率分布。P 为二项分布，均值为 pN。

$$P(w|p,N) = \binom{N}{w}p^w(1-p)^{N-w} \quad (8\text{-}22)$$

由于我们所知道的全部信息都来自观测值，因此先验分布需要反映这种最大的无知。因此我们需要使用均匀分布，$\pi(p)=1$，p 的跨度为从 0 到 1（该选择或先验分布也可以用来低估我们的估计，以反映我们的小心。例如，我们可能使用定义跨度从 0 到 0.75 的分布）。求解式（8-21）中的积分，可以得到：

$$\theta(p|w,N) = \frac{(N+1)!}{w!(N-w)!}p^w(1-p)^{N-w} \quad (8\text{-}23)$$

该分布的均值为：

$$\langle p \rangle = \frac{w+1}{N+2} \quad (8\text{-}24)$$

这个结果非常重要。我们对胜率的粗略估计（10 次中胜 6 次，意味着胜率为 0.6）常常是高估的。我们需要把我们的先验无知效应考虑进去。这会让我们降低给观测值的权重。图 8-9 展示了该分布，其中 $w=6$，$N=10$。另外请注意，这个交易结果有很大的机会会有负的期望。当累积凯利分布低于 0.5 时，也会出现这样的情况。在这个例子中，它是在 27% 附近。

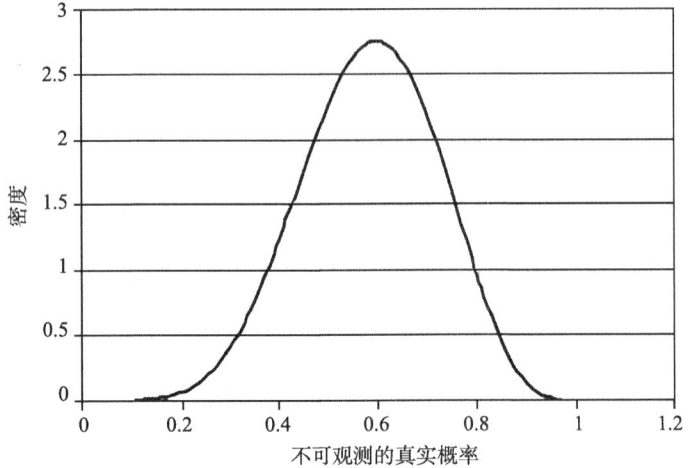

图 8-9 当 10 次游戏中有 6 次赢时的后验分布

此外，我们可以计算该分布的方差：

$$\mathrm{Var}(p) = \frac{(w+1)(w+2)}{(N+2)(N+3)} - \frac{(w+1)^2}{(N+2)^2} \quad (8\text{-}25)$$

在这个例子中，计算得到的标准差为 0.137。

当我们明显有参数不确定性的额外"风险"时，凯利比率是什么呢？我们有很大的可能是在玩一个持续输的游戏。

凯利比率是最大化对数收益后得到的一个量 f。我们还知道，根据 Chapman（以及其他人）的研究，将它与用平均胜率的方法来比较。不过我们可以用一个简单的例子来说明。

考虑一个最简单的例子。胜率可以为以下两个值中的一个：p_1，概率为 F_1；p_2，概率为 F_2。现在我们可以得到增长率的公式为：

$$G = (F_1 p_1 + F_2 p_2)\ln(1+f) + (1 - F_1 p_1 - F_2 p_2)\ln(1-f) \quad (8\text{-}26)$$

对式（8-26）相对于 f 求微分，并令结果为零，则得到凯利比率的公式为：

$$f = 2(F_1 p_1 + F_2 p_2) - 1 \quad (8\text{-}27)$$

它刚好等于：
$$f = 2\langle p \rangle - 1 \tag{8-28}$$

这个结果并没有什么特别之处，但当我们把式（8-24）代入其中后，会发现：

$$f = \frac{2w-N}{N+2} \tag{8-29}$$

将该结果与我们对 p 估计的原始值 $\frac{w}{N}$ 相对照，我们会发现：

$$\frac{f}{f_{原始}} = \frac{\frac{2w-N}{N+2}}{2\frac{w}{N}-1} = \frac{2w-N}{N+2} \times \frac{N}{2w-N} = \frac{N}{N+2} \tag{8-30}$$

这意味着，我们的原始估计常常会高估我们的胜率。

这个效应并不是特别大，当 N 很大时，该效应就会完全消失。事实上，在 100 次试验后，该偏离就只有 2% 了。更重要的是 f 的方差。我们需要多少次试验才能合理地认为我们的估计值是近似等于真实值呢？

delta 方法告诉我们，f 的方差为：

$$\text{var}(f) = \left(\frac{\partial f}{\partial p}\right)^2 \text{var}(p) \tag{8-31}$$

根据式（8-25）和式（8-31），我们可以得到：

$$\text{var}(f) = 4\left[\frac{(w+1)(w+2)}{(N+2)(N+3)} - \frac{(w+1)^2}{(N+2)^2}\right] \tag{8-32}$$

现在回过头来看，在该例子中，$w=6$，$N=10$，我们可以估计得到，f 的标准差近似为 0.274，它同样会随着 N 的增加而下降。如果我们在 100 次试验中观察到 60 次胜，那标准差就会只有 0.097。

凯利比率的标准差与样本容量之间的实际关系确认了我们的猜测，更多的数据意味着更小的偏差。图 8-10 显示了当理论胜率为 0.6 时，标准差与样本容量之间的关系。

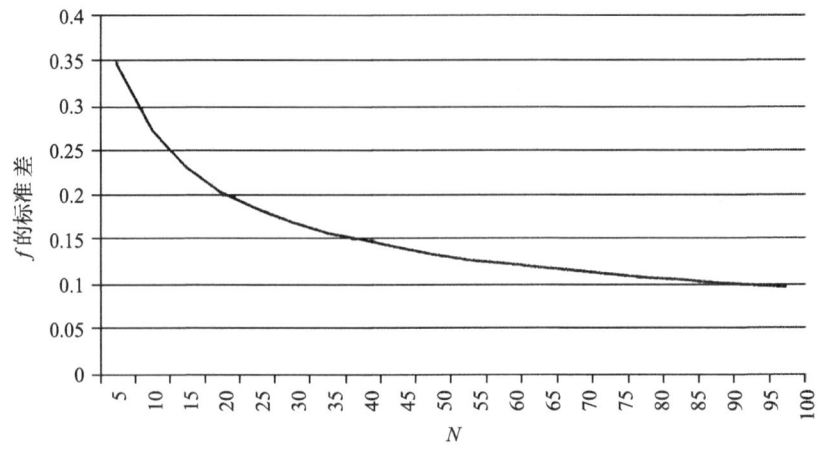

图 8-10 *f* 的标准差与样本容量之间的关系

账户金额是什么

账户金额当然不等同于保证金，保证金是我们需要放在清算公司的金额，但它并不等于我们能够亏损的金额。通常来说，账户金额可被视为在该策略被废弃前我们所能承担的最大亏损额。但即使这样，很多时候这个数字也很难确定。Leib（1995）曾经研究过这个问题，他认为黑杰克的业余选手应该比职业选手更激进一些，因为业余选手可以通过其他收入来补充他们的账户。这个理论也适用于那些能够找到其他工作的交易员。

凯利准则可以从以下两个方面来理解：

1. 该策略最大化了账户金额的预期增长率；
2. 该策略最大化了对数效用函数。

上述两个解释都没有考虑当我们能够补充可亏金额的情形。

在第一个分析框架中，交易目标是尽可能快地变得越富越好。破产是不好的，因为它将不能再进一步增长。账户最终能剩点钱，总比一无所有好一些。不过，如果有其他的资金来源（例如，来自其他的工作或支持者），那未来的增长仍是可能的。

在效用增长解释的框架中，资金增长只是一个结果，效用增长才是真正目的。在这种情况下，破产无疑是最坏的，因为此时效用变得无限差。

在任意一个解释中，亏掉你所有的钱都是无限差的。这里需要重点强调一下"无限"一词。它意味着将没有任何恢复的办法。不过这种情形在现实中很难发生，除非我们实际讨论的是赌徒用其生命本身在冒险的情形。

当我们考虑自身总的财富时，我们可以与凯利方法更紧密地结合起来，并进行相应的比例调整。例如，如果我们有一个100万美元的交易账户，而总的财富为500万美元时，我们可以把账户金额设置为500万美元，凯利比例系数为0.1，而不是把账户金额设置为100万美元，乘数为0.5。当盈利优势很小时，两者的差异不大，但当盈利优势很大时，两者差异就会变得非常大。

凯利规则的替代方法

凯利方法是不是真的能够满足交易员的需求呢？和以往一样，答案是：要视具体情况而定。交易员所面临的外部制约条件是什么？在个人账户里，没有其他人可以在账户大幅缩水时制止他交易，因此交易员可以很满意地使用凯利规则，并在凯利比率基础上调整投入比例来对账户波动率进行调整。类似地，如果某策略能在短时间内有大量的交易，我们更能接受以凯利比率来执行交易，因为此时凯利方法的长期效果会来得更快一些，以降低任何方差效应。但如果交易员是在为某个机构交易，或者有其他人在监管交易账户时，凯利规则可能并不能与交易员的利益保持一致。当有机会赚取利润时，交易员并不在意最优的长期增长率。交易员会为了更确定的短期利润而牺牲长期增长潜力。

上面曾经提到，凯利方法能够超越其他策略，那么交易员应该怎样做才能获得更好的结果呢？他可以通过放弃策略中永远不可能破产的特点，从而获得更高的短期确定利润（当以凯利比率交易，或者采用任何其他比例交易的资金管理模式时，我们永远都不会破产。但这只是理论上的观点，因为当发生 90% 的资产缩水时，大部分交易员就会被解雇，90% 资产缩水和破产没什么太大区别）。为了了解这个权衡的基本原则，我们现在研究一下 Oscar 的系统，这是一个在 20 世纪 50 年代由骰子玩家（Wilson，1965）最先设计出的累进下注系统。

累进下注系统并不能把期望盈利为负的赌局变为期望盈利为正的赌局，它并不是一个魔术，但是下注额度的算法可以改变赌局的支付进程的某些方面。在前面，我们已经观察到了这点。我们之前注意到，损失后双倍下注的方法会产生偏度。此外，比例化的凯利系统可以减小资产缩水的程度，但是同样带来略少的收益。Oscar 想要一个完全不同的系统。他只希望每周末在拉斯维加斯投下的钱都可以得到一些小额的收益，所以他设计了一个在短期内就能够有出色表现的累进系统。

累进下注共分为两种基本类别：正向累进和负向累进。在一个正向累进系统中，主要观点就是在获胜之后增加赌注。这意味着每次增加的赌注主要都是由之前的利润支撑的。凯利模式就是一个正向累进系统的例子。

负向累进系统的主要观点就是在失败之后增加赌注。它试图在失败之后尽快获利回本，但这样的风险更大，因为几次亏损就可能让你迅速破产。但是，这个下注系统的诱人之处在于，它能够使你在失败次数多于获胜次数的一系列赌局之后仍然可能保持盈利。因为每次失败以后都会提高下注额，所以回本所需要的获胜次数会比失败次数少。另一个结果就是：当连续输了足够多次之后，你就会破产。

许多人尝试将这两种系统的优点结合起来，Oscar 的系统就是其中之一。Oscar 想实现的获利目标为 1 个单位。在每一场赌局开始时，下注额都为 1。如果获胜则停止赌局。如果输了，则下一次赌局的下注额保持不变（所以与凯利系统相比，我们承担了更多的风险，因为在失败之后我们的下注额相对于账户的比例提高了）。在一次获胜后，下一次赌局的下注额会比前一次增加 1 个单位。因此，在实现获利目标的过程中，我们的赌注可能会变得非常大。

Wilson 第一次研究了这个下注系统，随后 Ethier（1996）对其进行了更深入的研究。它成功的概率如表 8-2 所示。

表 8-2　使用 Oscar 系统，在不得不退出前达到 1 单位盈利目标的概率
（每次试验的胜率为 p，下注限额为 M）

M	$p=9/19$	$p=244/495$	$p=1/2$
50	0.990 781 12	0.996 203 67	0.997 346 97
100	0.994 642 46	0.998 412 19	0.999 043 42
150	0.995 871 58	0.999 027 85	0.999 475 77
200	0.996 468 66	0.999 305 53	0.999 658 33
250	0.996 817 64	0.999 460 77	0.999 755 01
300	0.997 044 04	0.999 558 95	0.999 813 37
350	0.997 201 07	0.999 626 24	0.999 851 74

这个系统的问题在于，一旦发生极端情况，结果将会变得非常糟糕。根据 Wilson 的研究，在 20 世纪 60 年代，Julian Braun 针对 Oscar 的系统进行了一次模拟测试。他假设赌场设置的下注限额为 500 个单位，每次赌局的胜率为 244/495（与掷骰子赌局一致）。在 280 000 次试验中，出现了 66 次下注额达到赌场限额的灾难情况。在这些情景中，平均亏损额为 13 000 单位。虽然数学法则是无法违背的，但我们仍然有办法推迟灾难的发生，而不是连续遭遇这些灾难。在某种程度上，交易员可以选择何时承受（不可避免的）损失。

交易员所面临的情况不尽相同。尽管期望盈利大于 0，我们还是希望能够应用 Oscar 的技巧，并在某种程度上平滑利润的生成过程。这个问题曾经由 Browne（1999，2000）提出。特别是，他研究出了一个动

态策略，能够在给定时间内，最大化达到特定财富值的概率。他的研究表明，在当前财富为 W、目标财富为 B、剩余时间为 T 的情形下，最优投资比例为：

$$f^* = \frac{1}{\sigma\sqrt{T}} \frac{B\exp(-rT)}{W} n\left[N^{-1} \frac{W\exp(rT)}{B} \right] \qquad (8\text{-}33)$$

其中：

$$n(x) = \frac{1}{\sqrt{2\pi}} \exp\left(\frac{-x^2}{2}\right) \qquad (8\text{-}34\text{a})$$

$$N(x) = \int_{-\infty}^{x} n(z)\mathrm{d}z \qquad (8\text{-}34\text{b})$$

r 是利率。

Browne 的研究表明，这个头寸规模策略和对冲一个二项看涨期权（binary call）的策略是一样的。这个结论很有见地，可以帮助期权交易员了解这个策略的特性。它同样还可以帮助我们把该结论应用于更加贴近现实的情景中，比如除了盈利目标外，我们可能还设有止损点。

如果我们所持有的股票价格服从通常的几何布朗运动（GBM），假设在时间 T 时，如果股价大于行权价 K，期权支付的财富值为 B，则这个期权的价值为（Haug，2007b）：

$$C = B\exp[-r(T-t)] N\left[\frac{\ln\left(\frac{S}{K}\right) + \left(r - \frac{1}{2}\sigma^2\right)(T-t)}{\sigma\sqrt{T-t}} \right] \qquad (8\text{-}35)$$

期权的 delta 为：

$$\Delta = B\exp[-r(T-t)] n\left[\frac{\ln\left(\frac{S}{K}\right) + \left(r - \frac{1}{2}\sigma^2\right)(T-t)}{\sigma\sqrt{T-t}} \right] \frac{1}{S\sigma\sqrt{T-t}} \qquad (8\text{-}36)$$

这里，Δ 是对冲组合中的股票数量。所以在任何时候，对冲头寸的

价值为 ΔxS。如果我们持有该期权的空头头寸,目标是去对冲它,因此我们会最大化在到期日能够偿付的概率。或者说,在任意时间点,财富总额可由式(8-35)得到,而我们的目标是使最终财富能够达到 B 的概率最大化。此时的最优策略是式(8-33)所示的策略,财富值 $x=C(t,S)$。在代入公式之后,我们得到:

$$f^*=\Delta S \tag{8-37}$$

所以这个策略确实和二项看涨期权的对冲策略等价,此时我们把股价视为财富值 W。图 8-11 和图 8-12 研究了这一动态头寸规模策略与恒定凯利策略的区别。它们假设股票的价格漂移为 22%,年化波动率为 45%,以及无风险利率为 8%。此时的凯利比率为 0.6914。我们的目标是在 100 个交易日内获利 50%(虽然不是完全不切实际的目标,但是根据股票的漂移幅度和波动率,这是个很乐观的目标)。我们会发现,在最开始阶段,Browne 策略要激进得多。由于设定的目标比较高,因此需要承担的风险也较大。刚开始的时候,策略所使用的杠杆为 1.8 倍,这是凯利策略所用杠杆的 3 倍。但随着财富值越来越接近目标值,我们所用的策略大幅调低了所承担的风险。在实践中,交易员可以实时监控目标值,并随时做出调整(这个过程会在第 9 章中进行讨论)。

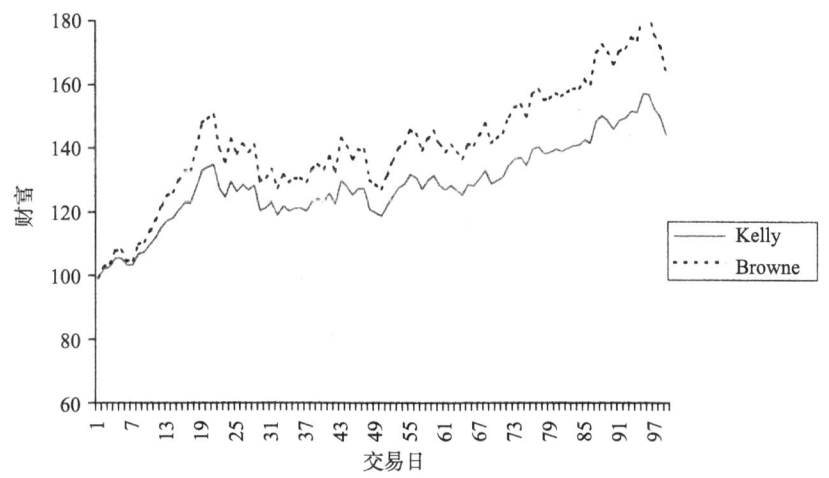

图 8-11　分别根据 Browne 和凯利策略所得到的累积财富

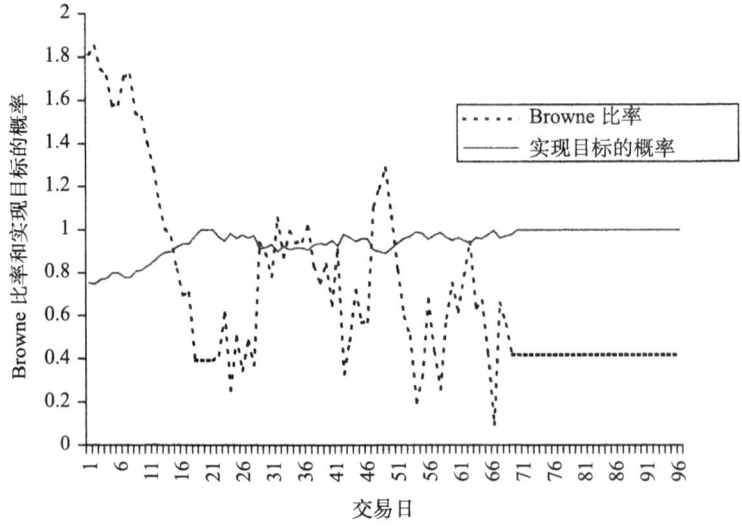

图 8-12 Browne 比率和实现目标的概率

Browne 同样证明了，这个策略击败其他策略所需要的期望时间为：

$$T = \left[\frac{N^{-1}(1-\alpha) - N^{-1}\left(\dfrac{1}{1-\varepsilon}\right)}{\sigma(f-f')} \right]^2 \quad (8\text{-}38)$$

所以现在我们把这个策略与之前的凯利策略的结果进行比较。比较的结果在表 8-3 中。

表 8-3 Browne 策略超越竞争策略 10% 时所需的时间

破产概率	比纯现金收益率高 10% 所需的时间（年）	比纯股票收益率高 10% 所需的时间（年）
0.05	1.3	85
0.01	14	900
0.001	43	2 780
0.0001	73	4 774

这些数据都远远优于凯利策略。凯利策略需要 10 286 年才能够比纯股票收益率高 10%（95% 的置信区间）。虽然按凯利规则交易能够保证破产概率为 0，但 Browne 策略大大缩短了期望时间，因此承担这点

小小的风险还是值得的。

如上面提到的，以所需时间为判断标准，这个方法远远优于凯利策略，但它也承担了更多的风险。具体来说，我们期望实现目标的概率为 V，破产的概率为 $1-V$，其中：

$$V = N\left[N^{-1}\left(\frac{W\exp(rT)}{B}\right) + \frac{\mu - r}{\sigma}\sqrt{T} \right] \tag{8-39}$$

式中，μZ 为该资产的期望漂移量；V 在图 8-12 中已经有所体现。

正如在上面提到的，由于引入了效用函数，我们需要明确成功的具体含义。

截至目前，我们研究的交易情景都是静态的。要么是我们有机会执行一次交易（或赌局），然后观察结果的收益是怎样的，要么是有机会投资一种有着固定漂移量和波动率的资产。一个更现实的情况是，我们关注的所有参数都在不断变化。尤其是在第 5 章中，我们了解到隐含波动率是一个均值回复的过程。考虑这些情形后，会导致一个看上去有些矛盾的局面。

Proebsting 的矛盾是，凯利规则的使用看上去会导致破产这一违反直觉的结果。就像大多数"矛盾"一样，这个矛盾也是可以解决的，但仔细考察这一争论和它的解法也是有所裨益的。Todd Proebsting 在一封写过 Edward Thorpe 的电子邮件中首先指出了这个矛盾，Thorpe 后来在写给 Wilmott Magazine 的文章（Thorpe，2008）中写了出来。

假设这样一种情形，某个赌徒参加了胜率为 50% 的赌局。赢了则获得 2 美元，输了则损失 1 美元。式（8-5）告诉我们，此时的凯利比率为 0.25。现在，在游戏开始之前，该赌徒参加了针对同一事件的另一个赌局。这个赌局会在赢时获得 5 美元，输时则仍损失 1 美元。现在我们需要为这个新的机会确定账户金额的比例 f。在赌局结束时，该赌徒的账户金额要么是 $1.5W_0 + 5fW_0$（赢时），要么是 $0.75W_0 - fW_0$（输时）。因此我们可以最大化下式：

$$0.5\ln(1.5W_0+5fW_0)+0.5\ln(0.75W_0+fW_0) \quad (8\text{-}40)$$

结果为 $f=0.225$。

因此总的比率（首个 2/1 的赌局和后一个 5/1 的赌局）为 0.425。矛盾在于，如果只有 5/1 的赌局，那么凯利比率会为 0.4。因此，当一部分赌局处于更糟的局面时，使用凯利准则会让我们赌得更多。

更需要警惕的是，如果该赌徒能够参加更多赔率越来越好的赌局，那他最终会赌上全部的钱（在下注限额内）。这会让他破产的机会变为 100%，而这种局面是设计凯利准则来避免的情形。

Proebsting 的矛盾非常重要，因为这种情形会在交易中持续出现。价格在连续变化，而我们的盈利优势（赔率）也会随之变化。对该矛盾的最好解法是 Aaron Brown 所提出的（同样在写给 Ed Thorpe 的电子邮件中）。Brown 用金融理论中的一个罕见例子来说明了一个赌博事件，而不是相反，其中他使用了盯市的概念。

特别地，当该赌徒能够参加 5/1 的赌局时，从盯市的角度来看，他的 2/1 的赌局就是一个差的赌局。该赌局可能不会进行，但只要我们能够以相同的成本参加一个更好赔率的赌局，那它就是一个不好的赌局。并且，正如所有衍生品交易员都应该知道的那样，每日的盈亏才是真正重要的，而不是将交易持有至到期时的结果。当赔率从 2/1 变为 5/1 时，该赌徒的账户金额会发生什么样的变化呢？相应地，他需要支付多少钱才能从赔率为 2/1 变成当前市场价格 5/1 呢？这时的 γ 值满足下式：

$$2-\gamma=5(1+\gamma)$$
$$\gamma=-0.5$$

也就是说，先用 0.25 倍账户金额来参与 2/1 的赌局，当赌局还未开始时，赔率变为 5/1，这会让账户金额改变 $-0.5 \times 0.25W=-0.125W$，然后再对 5/1 的赌局下注。

一般而言，如果我们向赔率为 $X/1$ 的赌局下注 f^x，然后我们在参与 $Y/1$（$Y>B$）赌局时的盯市财富（我们用来计算新下注比例时的值）为：

$$W = \frac{1+\bar{x}}{1+Y}W_0 \qquad (8\text{-}41)$$

其中，$\bar{x}$ 为赔率的加权平均值：

$$\bar{x} = f^x X + (1-f^x)Y \qquad (8\text{-}42)$$

我们会看到，这和交易一个均值回复过程非常类似。随着价格偏离合理值越多，我们的交易量会越大。这就得出一个经验规则：当交易不顺时，翻倍交易，但这只在一个点上是正确的。在连续交易时，随着我们得到的价格越来越好，我们会在已经建立的头寸上持续亏钱。这些损失会消耗我们的账户金额，直到我们不得不缩小头寸。做市商就常被告知，若市场不利于他们，就控制他们的交易规模。这个古老的规则让做市商在首个价位上卖出 100 手，然后再在后一个不利价位上卖出 200 手，再在更后一个不利价位上卖出 300 手。但如果市场偏离"合理价"很远，那他就需要开始买回头寸。这并不是因为他所估计的合理值发生了变化（不过确实有这种情况），而是因为他在持续亏钱，并且 600 手的空头头寸对于他现在的账户金额来说太大了。

我们可以构建一个简单的模型来了解交易的基本特征，并对围绕凯利规则的争论进行总结。最简单的均值回复模型是单参数的 Ornstein-Uhlenbeck 过程，其变化完全由它的回复速度 μ 所控制。另外，为了简便起见，我们对合约标的价格 S 进行标准化，所以它的均值为 0，标准差为 1。

$$dS = -\mu S dt + \sqrt{2\mu}dZ \qquad (8\text{-}43)$$

在 GBM 的假设条件下，资产价格的路径看上去充斥着噪声，所以简单地观察这些路径并不能很好地对真实回复速度进行估计。事实上，仅仅通过观察图像，有时候你甚至看不出有均值回复现象。例如，在

图 8-13 中，分别模拟了 5 年的日频价格的三条路径，它们的回复速度都是 100%。

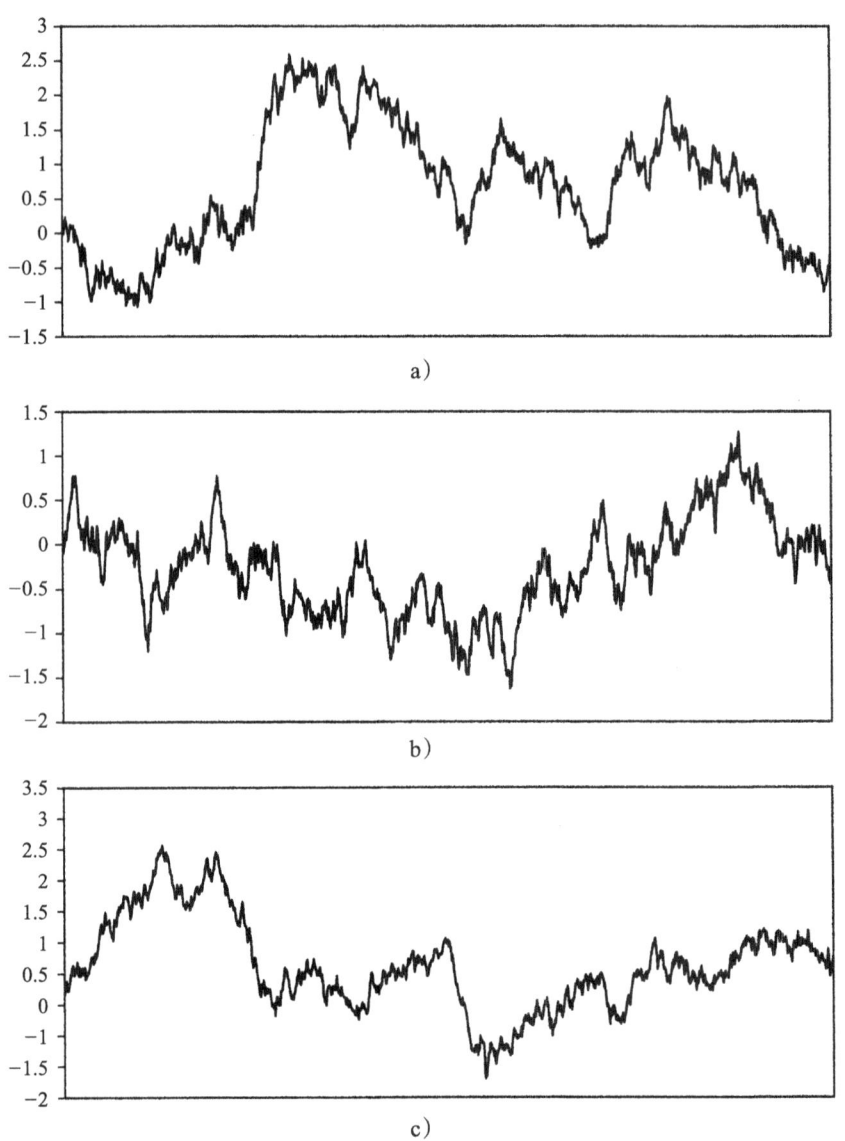

图 8-13　同一均值回复过程生成的三条不同价格路径

有学者（Boguslavsky 和 Boguslavskaya，2004；Liu 和 Longstaff，

2004）研究了在类似过程下的最优资产配置问题。他们的研究表明，如果要将凯利方法扩展并且最大化财富的对数期望值，我们应当持有的合约标的数量为：

$$-W \times \sigma/2 \tag{8-44}$$

所以，如果风险资产的价值为 \$100，并且如果合约标的价格与其均值的距离为 1.8 倍标准差（即 $\sigma=1.8$），那么我们应当持有的空头头寸为 $100 \times 1.8/2=90$。在实践中，这意味着当价格回复到均值时，我们的获利为 \$90。

图 8-14 和图 8-15 展示了依照这个规则进行一系列交易的结果。在这些看上去简单其实内有深意的结果背后，我们需要关注如下几个要点：

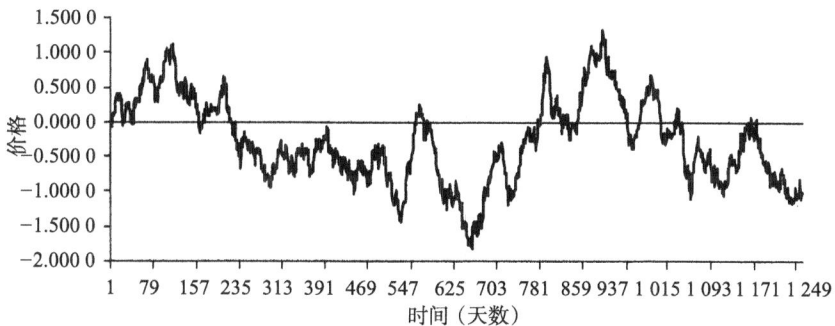

图 8-14　均值回复的资产价格

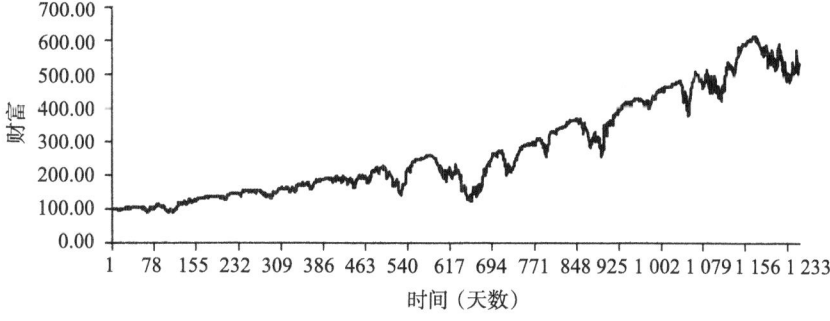

图 8-15　根据式（8-44）进行交易时的财富变化

- 财富数额与交易的有利程度是同等重要的（结果中的 σ 和 W 是可

以替换的)。

- 当 $\sigma=2^{1/2}$ 时,持有的头寸数量最大。低于此值时,损失财富的效应会占主导。这时虽然交易更有利,但是我们的账户金额也会更少。
- 当偏差小于 $2^{1/2}$ 时,我们会在市场不利时增加交易量。虽然我们在已有头寸上是亏损的,但此时额外的价格优势将会占据主导作用。
- 交易结果和回复速率无关。高的回复速率对我们是有帮助的,但这仅仅是因为我们能在相同的时间段内交易更多次。

和所有以最大化对数财富值的期望为目标的策略一样,这是一个非常激进的资金管理模式。从某种程度上来说,我们可以通过管理 W_0 来部分控制策略的激进程度(这时我们采用的是部分凯利策略而不是完全凯利策略),但这也会导致更危险的问题。我们之前假设价格的波动过程是一个带有正态冲击的 Ornstein-Uhlenbeck 过程,而在金融市场上我们所面对的真实过程通常会比正态分布有更厚的尾部。在这种情况下,这个方法可能不太会奏效。图 8-16 和图 8-17 描述了另一组交易结果。图中所对应的资产价格分布不是正态分布而是 logistic 分布。这个例子与图 8-12 和图 8-13 所用例子的区别在于,这里所使用的分布的超额峰度为 9,所以我们可以看到,这个策略的结果很明显差了许多。

图 8-16 均值回复的资产价格

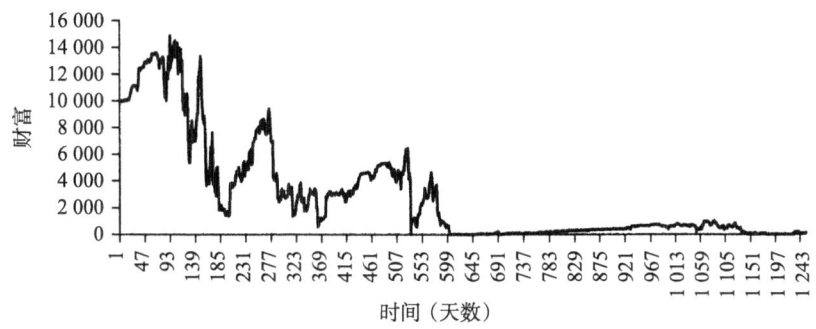

图 8-17　根据式（8-44）进行交易时的财富变化

目前似乎并没有关于资产价格服从这些类型过程时的最优头寸规模的公开研究，但我们依然可以进行一些模拟来得到一些结论。厚尾的分布通常中间会比较瘦。所以，在有更多大幅波动的同时，小波动也会更多。因此，我们可以对策略进行若干调整：在刚入场的时候交易可以更激进一些，这时我们希望资产价格会有小幅波动，一旦市场朝着与头寸相反的方向变化，我们就立即退出市场。模拟结果也支持了这一观点。

但是我们还是很有必要强调一下这个策略的危险性。前面提到的理论都表明，在均值回复的价格过程中进行交易，我们应该（在开始的时候）在市场朝负面变动的时候增加头寸。很显然这可能很危险。危险之处并不是所谓的未经证实的口号：亏了还加注，注定会失败（only losers add to losers）。事实上，前面的理论恰恰证实了在类似情况下，最优策略是亏损后加注。再者，这个准则可以清楚地加以表述、检验和修改。通常的含糊论断是做不到这一点的。

这个交易系统的真正危险之处在于，交易的基本面情况可能随时会发生变化，以至于最终回复的均值已经远远不是交易开始时的均值了。这正是为什么我们要从根本上评估为何初始交易会和我们预期的结果相左的原因。假设我们在波动率为 20% 的位置做空一只股票，此时我们认为公允价值为 13%，如果在成交量很小的一天，一些大单进入了市场，股票的隐含波动率上升到了 22%，此时我们可能会调整头寸，卖出更多波动率。然而，让我们看一个真实的、关于 Interoil Corporation（IOC）的例子。2007 年 6 月 26 日，美国东部时间下午 2 点，巨量的卖单冲入市场，把股票从 \$40.20 打到 \$26.50。可是在所有的主流媒体上，并没有见到关于这个公司的新闻。7 月份的隐含波动率从 94% 跳升至 120%。在这个时候，我们就必须重新审视这个公司的基本面情况。尽管我们手头没有任何新闻或者分析作为参考，但是巨量交易已经发生了（1 小时成交了 600 万股，而这只股票的日均成交量才 60 万股）。这时，决定继续卖出波动率将是鲁莽和不负责任的。所以任何时候我们都应该具体情况具体分析。

显然在某个特定市场中所积累的经验是一份宝贵的财富。但是在运用经验时，既有好的用法，也有差的用法。好的用法是：把经验和知识用在保守的一面。交易员应当积极地去寻找市场中那些与过去不一致的地方，然后倍加小心。坏的用法是：过度依赖历史数据。如果你从未见过股价偏离均值这么远，这并不意味着你现在的交易是最优的，这可能恰恰说明你过去的经验和当前的市场已经完全不相关了。

期权空头的复制策略是在牛市中做空，在熊市中做多。在第 4 章中，我们看到预测波动率通常会低于隐含波动率。这其中的部分原因是在卖出隐含波动率的时候，我们是在卖出未曾发生过的事件的保险。这和我们投入均值回复的资产情况是一致的。我们得时刻清楚这一点，并随时准备收手，即使这笔交易看起来比以前任何时候都更吸引人。

在实践中，维持一个完美的头寸规模是很难，或者说是不可能的。低流动性、交易成本、不连续交易、头寸限额以及下单限制等都意味着，式（8-44）只能用来参考。它作为一个单独的规则用来指导我们如何设置头寸的第一部分比例也是非常有益的。现在，我们试着得到一个简单的结论，能够在必须选择某个点开始交易时，如何最大化我们的总利润。关于如何在均值回复过程中选择入场点的规则可以参考Vidyamurthy（2004）。

在这个简单的模型里，我们假设资产价格与其均值的偏差服从独立的正态分布。所以在任何时候，我们只要从正态分布中抽取随机数并计算偏差，那么它与之前的结果便是互相独立的。对于一个正态过程而言，任何时候与均值的偏差大于 S 的概率为这个过程的积分形式。它等于 $1-N(S)$，这里的 $N(\cdot)$ 是累积正态分布函数。所以在 T 个时间间隔中，资产价格与均值的偏差大于等于 S 的期望次数为 $T[1-N(S)]$ 次。由于正态分布是对称的，因此这和价差小于等于 $-S$ 的期望次数是相同的。所以在 T 个时间间隔中，我们总共可以交易 $2T[1-N(S)]$ 次。每次交易的利润为 S，所以总利润为：

$$2TS[1-N(S)] \tag{8-45}$$

为了找到使利润最大的 S，我们对公式求导并且让结果等于 0。此时我们得到：

$$S_{\max}=0.75\sigma \tag{8-46}$$

图 8-18 展示了不同入场点时损益的理论分布。

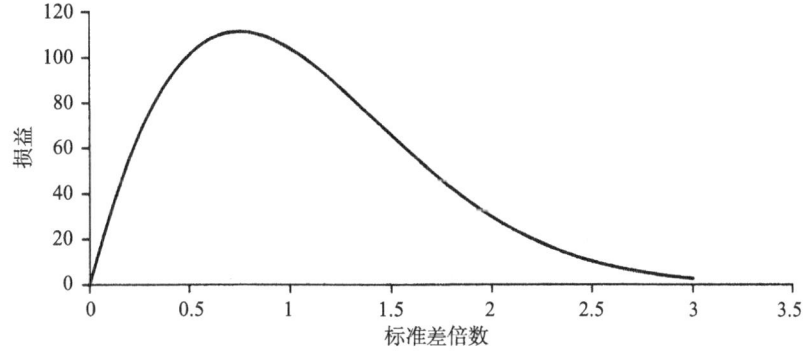

图 8-18　不同入场点时损益分布的形状

实际的交易过程会有多大的差异呢？真实的金融过程与这个理想情况有 3 个重要的区别。

(1) 真实交易过程的分布存在厚尾。

(2) 下跌过程和上涨过程有不同的行为(例如,VIX是一个均值回复的过程,但它上涨的幅度通常会大于下跌的幅度)。

(3) 整个过程的标准差并不是一个常数。

与其使用一个更复杂的模型,我们不如研究一下在实际交易均值回复的产品时,不同的入场点会对损益产生何种影响。我们用VIX来做模拟交易。我们知道VIX是一个均值回复过程。这里我们采用一个简单的布林通道规则:当VIX偏离其移动平均值到一定程度时,我们就相应地买入或者卖出。从模拟结果中我们发现,VIX距离移动平均值的偏离程度看上去服从正态分布,但是显然存在厚尾和偏斜的现象。我们只要让买入和卖出分别采用不同的通道,就可以解决偏斜的问题,但这不是研究的重点。我们也不是要得到一个在真实环境下可行的交易方法。这个研究只是为了说明,即便真实交易环境不完全服从简化假设,式(8-46)也可以应用其中。

从图8-19中可以发现,损益函数的峰值很接近0.75倍标准差的理论值。激进的策略可以带来更多的利润。同时我们注意到,函数左侧的衰减速率比右侧快得多,这也意味着选择比最优点略低的交易频率可能会更安全一些。

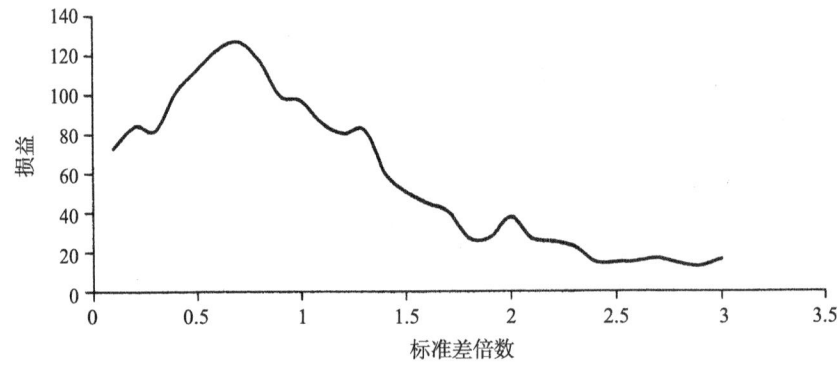

图8-19 交易VIX时损益分布的形状

本章小结

虽然头寸规模管理并不能把亏损的交易变得盈利，但头寸规模管理策略仍会对我们交易的获利能力、方差和回撤带来显著影响。在开始交易之前就选择好头寸规模管理策略及其参数是非常重要的，并在之后对其进行调整时要非常慎重。请注意，我们很容易对好的或坏的结果过度反应。

- 在选择一个资金管理模式前，你必须十分清楚要实现的目标。资金目标、时间约束、能容忍的最大回撤等也必须预先明确。
- 当盈利优势越大时，头寸规模也应相应地增加。
- 当不确定性或者方差变大时，头寸规模应相应地缩小。
- 长期看来，凯利方法会超越其他所有方法。
- Browne 方法可以实现某些特定的目标。
- 在进行波动率交易时，我们要预备着在初期亏损时增加头寸。
- 在交易系统中加入主观的基于价格的退出策略是愚蠢的。我们应该在犯错时退出交易。波动率的走势与预计相反并不意味着我们的判断完全错误。
- 一个不错的经验法则是：交易量要足够大，这样利润才可观，但也不能太大，否则一旦亏损，后果将是灾难性的。如果不能计算出最优的头寸规模，那这笔交易可能就不值得做。

第9章
Volatility Trading

交易评估

伟大的纽约扬基队接球手 Yogi Berra 曾经说过:"从理论上说,理论和实际并没有区别,但从实际上看,它们还是有区别的。"在将我们的交易想法付诸实践时,只有保留了详细记录,我们才有可能看到存在的问题,并找到根源。

交易员需要保留他的交易记录,并追踪交易结果。这对交易员来说很重要,尤其是用期权来进行波动率交易的时候。此时我们是在使用一种金融工具(期权),来交易一个参数(波动率)。正如我们在关于对冲的一章中曾经见到的,由于路径依赖的原因,即便我们对已实现波动率做出了正确的判断,对冲后的头寸依然有可能产生亏损,但这种情况在交易股票和期货的时候是不可能发生的。在交易股票和期货时,判断对了方向,我们几乎肯定能够实现盈利。如果没有小心地保留好交易记录,我们就难以确定,盈利的背后究竟是因为运气好,还是真正发现了一个获利机会。为了能在将来做得更好,你必须时时了解自己在过去的表现。

如果没有精确、完备的记录,交易员很容易受到"选择性记忆"偏差的影响。我们都会倾向于记住那些大盈利或者大亏损。但是这些事件在交易时并不会常常发生，因此仅仅侧重于了解这些大损益的发生，可能并不明智。交易过程中所做的事大部分都是些稳健的、不引人注意的事。或者更确切地说，都是一些不会留下深刻印象的行为。因此，对于每个交易思路或策略，我们都应该保留其结果和记录，哪怕只是一个小小的调整。比如，由于我们考虑到一只股票有可能成为被收购对象，而把以它为标的的对冲策略向多头方微调了一下。

我发现，交易员的盈利能力与他花在计划、解释和记录他的交易上的时间量高度相关。相比于那些毛手毛脚的交易员，他们会更有能力去适应新的市场环境。

许多时候，我们会听到这样的说法："有这么多因素相互作用，要搞清楚利润到底是怎么来的，实在太难了。"然而，只是因为一个问题太难，就不尝试去解决它，这并不是借口。与寻找新的交易机会相比，追踪过去的交易结果可能并不那么有趣或者轻松，但这同样是交易成功的关键。

常规的计划流程

一个好的习惯是：留出一段固定的时间（对股票期权来说，行权日之后的第一个周一可能就是个不错的时间）来检查你交易过程的各个方面。在传统经济学理论中，交易员均认可的一个观点是：所有的提升都是以边际效应来实现的。同样，我们也必须经常努力提高交易的各个方面，包括清算安排、佣金比例、软件、硬件和数据来源等。我们应该把交易业务运作的每一部分都记录下来，并且思考哪些部分还可以进一步提升，这应当成为每个月的例行工作。

通常情况下，我们可能得不到任何结果，但世界实在变得太快。去年的时候，我们修改了交易执行软件、数据来源以及对冲策略。每个变动本身都不能带来多大的提高，但是这个逐步提高的过程是保持竞争力所必需的。

在检查的过程中，我们还应当设立并复核业绩基准。整体的业绩基准其实掌握在出资方手中，但是在年中交易时，每个交易员都应该监测业绩，并依据基准评估业绩。对于已实现业绩的评估，应当设立以下三个级别。

（1）成功：怎样的收益水平能够毫无争议地被视为成功？

（2）良好：怎样的收益水平可以被视为足够但还不算超预期？达到这个水平的交易策略，其有效性不会引起太多质疑，但是它还是有进一步提升和努力的空间。

（3）失败：处于怎样的业绩水平时，交易应当停止？

例如，我们可能在交易业务开展的初期，设定了如下参数。在第一年，我们希望能够在平均账户资金为100万美元的条件下，挣到100万美元的利润。如果收益在40万～100万美元，还是可以接受，同时我们可以在这个收益的基础上继续努力。如果交易结果介于亏损20万美元至盈利40万美元，则需要缩减头寸。但如果我们亏损了40万美元，我们就应该清空所有头寸，并重新审视之前的交易策略。

我们如何实现这些目标呢？要知道，对一个只能做多的股票交易员而言，如果他所交易的股票的漂移量为每年10%，年化波动率为30%，那么100%的收益率目标可能很不现实。在设定目标前，我们需要理性地评估自己的水平以及市场上可能存在的机会。

底线是相当重要的。在每年年末，总的净利润会告诉我们赚了多少钱。交易的目的就是盈利。它和过去的业绩、你的预期业绩、分析师告诉你的市场状况、商业杂志上所发表的分析、电视上的专家评论等之间都没有关系。交易纯粹就是为了赚钱。但是，在短期内，概率只能是一个非常粗略的评价交易业绩的指标，而且也可能不是一个评价未来可能业绩的好指标。我们的目标设定和业绩提升计划必须以更有区分度的信息为基础。

总利润（或者亏损）并不能告诉我们如何才能做得更好。运动员教练不能告诉他的队员说"跑快点"，然后就指望他们真的能够跑得更快。他们当然都知道自己要跑得更快，但他们更需要知道的是，如何跑得更快。同样的道理，我们也都明白要赚更多的钱，我们需要知道的是如何去赚更多的钱。交易的结果是最重要的，但是如果要提升结果，我们得首先关注过程。

有一些交易员会不可思议地否认他们的利润来源。比如，一个做市商可能坚称他所有的头寸都是赚钱的，或者如果他稍微谦虚点，会说他的头寸还不错。对许多交易初学者来说，获取正确的信息比盈利还要重要，这看起来是相同现象的一个方面。出于某些原因，赚取买卖价差或者接单的利润都不足以解释利润的来源。这种态度只会成为阻碍。如果我们不能解释利润到底是从哪儿来的，那我们也没办法提升交易结果。

对于所要交易的每一个合约标的，我们都需要保留至少如下所列的信息。

- 每日平均损益，包括总损益以及去除费用、佣金和经纪费等之后的净损益。
- 交易使用的保证金。
- 盈利或亏损交易日的比例。
- 盈利日的平均盈利额。
- 亏损日的平均亏损额。（成功的交易在某种程度上会具有一定的相似性。比如，持有至到期时，成功的波动率空头头寸可能平均有75%的盈利日。知道这些数据同样可以帮助你避免在多头头寸上亏损过多。再比如，通常在预计行情爆发前，一般需要等多久呢？）

- 最大的盈利和损失。这其实是衡量交易风险的指标。要记住，过去发生的最大亏损并不是它所能达到的最坏亏损程度。你能承受这么大的亏损吗？
- 截止记录日，交易头寸的累积损益。
- 最大回撤，包括回撤金融和回撤持续时间。

这些数字给出了无法通过每日损益柱状图来了解到的损益变化情况。我们需要知道通常会有多久的连续亏损，因为这是我们必须要坚持下来的一段时间。能够从过去的经验中找到与现状相似的经历将会大有裨益，过去的经验能够帮助你消除疑虑，让你明白当前的损失并不真的是厄运征兆。

另外请记住，当遇到回撤的时候（处于资金曲线顶端的时候很少），你并不会得到任何收益。当从回撤处恢复的时候，其实并没有盈利产生。只有额外的账户增值才能算作盈利。所以相比其他的业绩指标，交易员和资金提供商必须对回撤更加留心。一个粗略的经验法则是：10%的回撤会给基金营销带来麻烦，而30%的回撤可能就会影响基金的存活，当然这也取决于许多其他变量。然而，回撤是无法逃避的现实问题。这也是为什么在交易开展前，资金管理程序必须要先一步到位的原因。陷入困境当然不是一件好事，但如果此时能有一个预先设定的应对计划可能就会好一些。

在我们分析的过程中，到底应该包括哪些成本呢？这是一个值得思考的问题。整个分析的目的是什么？如果是为了向客户演示他们所投资的基金到底表现如何，那么所有的成本和费用都应该考虑进去。而如果是为了分析一个新的投资想法是否值得尝试，那么就不应该把办公成本考虑进去。此时，应该首先评估策略本身的业绩表现。如果新策略在这一层面成功了，那么我们便可以随后考虑它是不是和总体的业务计划相契合。除了上述极端情形，还要弄清楚，所需的其他费用是否应该包括进来。如果你取消了新闻订阅服务，那策略还能运作吗？如果不能，那你可能就得把这个成本考虑进去。你得牢记总体目标，并运用常识去做判断。

通常，每日收集业绩统计指标可以有极大的好处。但是由于每日的大部分交易都是 delta 对冲交易，因此交易级别的数据反而会带来麻烦。这些交易应当被视作整体交易的一部分。而不应该作为单独的交易来看。表 9-1 列出了一次 IBM 交易必要的统计指标汇总。图 9-1、图 9-2 和图 9-3 则展示了损益随着时间演变的情况。

表 9-1 交易统计指标

合约标的	IBM	合约标的	IBM
总损益	$7 852	平均亏损	($344)
每日平均损益	$356.90	可用保证金	$80 000
单日最大盈利	$1 063	平均保证金	$51 747
单日最大亏损	($896)	平均保证金收益率	0.007
盈利日数量	16	已用资金的夏普比率	9.45
亏损日数量	6	可用资金的夏普比率	10.13
平均盈利	$620		

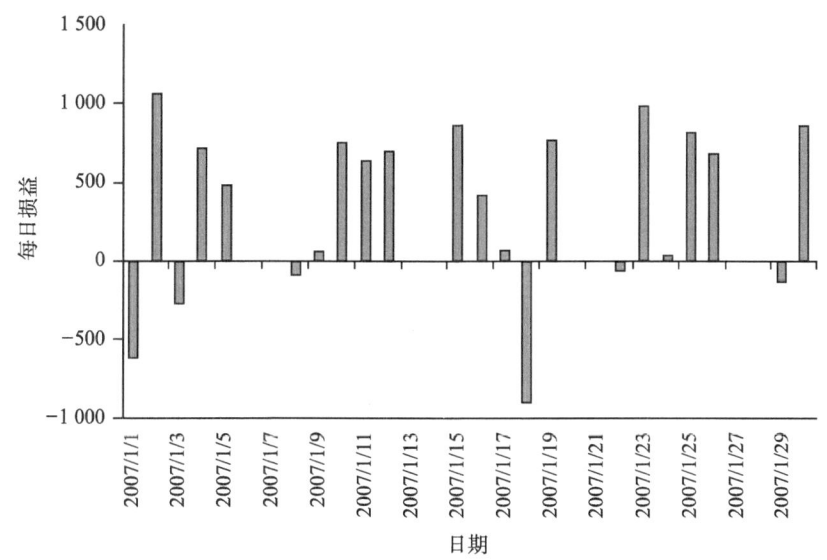

图 9-1 该 IBM 交易的每日损益

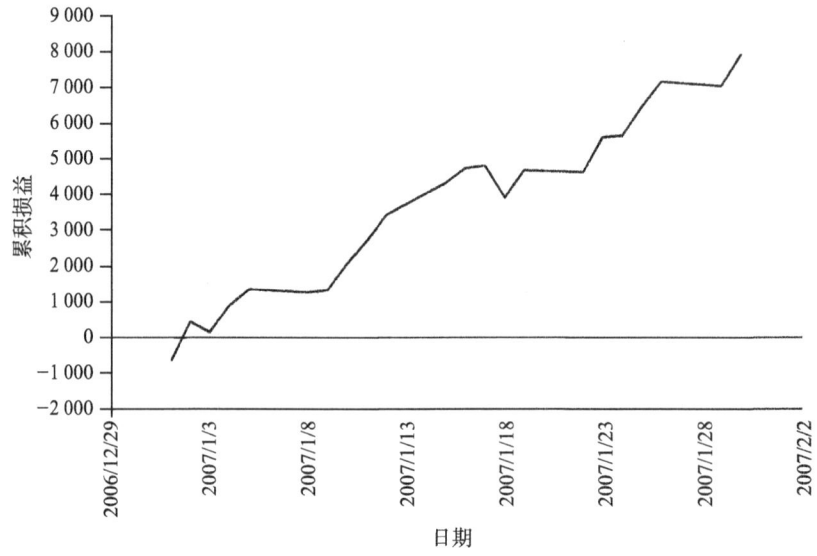

图 9-2 该 IBM 交易的累积损益

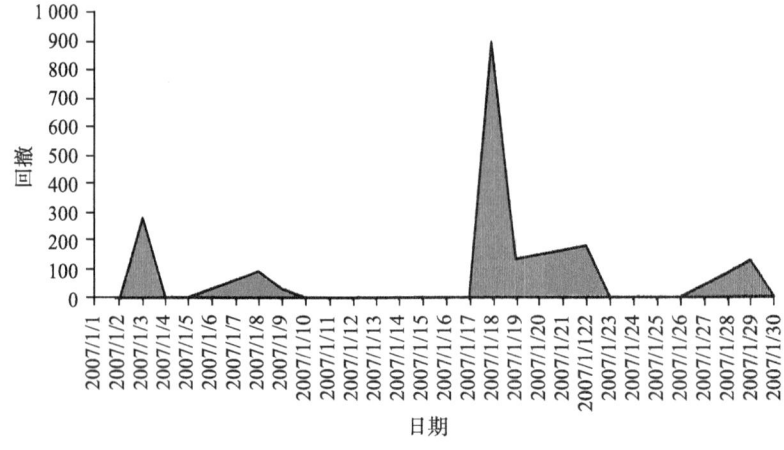

图 9-3 该 IBM 交易的回撤

仅仅明白这些指标的含义显然并不能帮助我们提升业绩表现,而且令人遗憾的是,只注意到所持有头寸在 55% 的交易日里会盈利是不够的,如果能把这个数据提高到 65%,我们便可以盈利更多。另外,许多统计量之间是互相关联的。比如,一个跨式价差空头头寸的盈利日数量会比亏损日数量多,但是它亏损的数额却可能要比盈利数额大。不过这些数据确实能够提供一些重要信息。观察它们是如何随时间变化的，这一点很重要。当策略发生退化时，它们能够在影响损益数字之前就提前反映出来。它们还可以在风格轮换的早期给出信号。最重要的是，对交易结果剖析得越仔细，好处也就越多。熟悉交易过程中产生的结果数据是很重要的。我们应该提防那些无法告知我们利润从何而来的交易员。

可靠数据还有助于我们识别尚未意识到的问题，从而在解决这些问题的过程中提高我们的交易水平。你可能很喜欢持有期权头寸至到期。你可能深信在到期日附近，你会获得显著的优势，但这也可能只是你忙于交易过程而产生的一些偏见。这些数据能够告诉你到底哪个观点是正确的。你可能最终发现，如果在到期日前平掉当月头寸，并专注于新的更长期的交易，反而会获利更多。

同时需要注意，并不是所有人都同样适合交易所有的产品。有些人靠做空波动率的常规收益来盈利，而另外一些则恰恰相反，他们在大部分交易时间内都是亏损的，凭着波动率多头的几次大额收益来获取利润。人们常说，优秀的交易员应该能够在多头交易和空头交易上同样熟练。这可能只是个理想情况，对任何交易员来说，这一点可能并不太现实。寻找好的空头机会和寻找好的多头机会需要的是不同的思考过程。另外，在一个特定的时间段内，市场趋势可能对某个方面更有利一点。在进行股票投资时，可能有段时间价值股投资会超过成长股投资。在波动率交易时也有同样的问题，可能在一段时间内，波动率多头的表现往往会胜过空头的表现。对于不同的策略，知道其存在是有好处的，但我们不应该过度反应，不能追逐市场热门策略。有时，我们需要做的仅仅是坚持自己的方法，等待市场回归到对我们有利的方向。只要你能够找到盈利点，任何交易策略都是可行的。但对于不同的个人投资者而言，同一个策略可能会有不同的结果。

许多交易员会在最终开始交易前，把基本面因素考虑进去。比如，在当前市场下，卖出抵押贷款公司的波动率可能是个糟糕的交易。一方面，一个有经验的市场参与者的判断可以带来帮助。但是另一方面，关于某个特定行业的动态，一个随机的期权交易员能知道多少新闻报道以外的信息呢？回顾这些判断的交易结果就可以解决这个争议。不能仅盲目地回顾过去的大额盈利或者大额亏损，也要观察所有曾经交易和未曾交易的头寸结果。是不是看上去工作量很大？的确会有很大的工作量，但算不上太大。这些工作量都是必不可少的。

另一个代价高昂的错误观念是：希望能在交易时以卖价（offer）卖出，以买价（bid）买入。如果该方法可行的话，那显然是一件好事，但是这到底有多么可行呢？有多少时候你可能无法以卖价卖出而不得不以更低的买价来平掉头寸？一个交易员没有理由说这些情况无法量化。既然可以做到，那就应该去做。

每次到期日过后，我们都应该做类似的分析。但是这里，我们把每笔交易都视为一个完整的独立事件。我们并不关注交易的暂时变化，而是应该关注其最终结果。此时，在分析交易时，都应该按波动率多头交易和空头交易区分开来。

每个行业的交易也应该区别对待。当分析历史数据来评估潜在的交易机会时，我们所使用的方法可能更适用于某些行业，而对其他行业并不合适。有时候这一点很容易被观察到。例如，对小型生物技术公司而言，显然过去趋势和未来趋势的相关性很低。但有时候，在分析模型中，我们也可能遗漏了一些不明显的因素。比如，我们从没有在零售行业的股票中取得多少盈利。虽然我并不知道遗漏了哪些因素，但首先必须承认，我在零售行业的交易结果和在其他行业的结果是显著不同的，而且这不可能单单是由于运气造成的。如果没有按行业来分解交易结果，那么我们可能永远都不会发现这个事实。

这些数字为我们设置目标提供了有用的信息。我们首先应该关注的数字是每日的盈利额,及其占我们必须放在清算公司以维持头寸的保证金的比例。如果日均盈利占保证金的比例为1%,那这起码是一个看上去很有吸引力的交易,但是交易的有效性也不能只从收益的角度来考察。风险也同样是一个考虑因素,低风险交易总可以通过提高杠杆率来增加收益。

除此之外还应注意,不要把要求的保证金额作为衡量风险的指标。它至多只能被视为一个单纯的资金需求。如果交易员只交易少量的产品或者只交易价格和波动率相似的产品,那他便可以把保证金和风险水平联系起来,但这种情况很少发生。比如,在股市中,期权空头头寸的保证金通常都基于15%的合约标的价格变动。这会显著高估IBM波动率空头的风险水平,因为IBM的隐含波动率为百分之十几。与此同时,这会低估生物科技公司的波动率空头的风险,因为生物科技公司的波动率通常会大于100%。如果你过去一直把保证金视作风险指标,那就立即停止这么做吧。我并不清楚对清算公司来说,这个计算方法是不是其经营业务的有效方法。但起码对期权交易员来说,这是个很糟糕的行为。

风险调整后的业绩评价指标

所有衡量风险水平的指标都存在缺陷。我们先来了解一些标准的衡量指标。通常期权交易员都以资金收益率作为业绩基准,所以这里我们不关注那些以其他基准为基础的指标。

夏普比率

$$SR = \frac{\mu - r}{\sigma} \tag{9-1}$$

它是年化收益率与无风险利率的差额除以波动率的比值（Sharpe，1966）。如果收益率服从正态分布，那么这个比值与收益率大于无风险利率的概率是相关的。当然在实践中，收益率从来都不服从正态分布。夏普比率有许多被充分证明的缺点。事实上，这些缺点广为人知，并且通常认为夏普比率的优点被高估了。但是，它的不完美并不影响它的实用性。

优点

- 它很简单，既易于计算又便于理解。
- 从直观上看，这个指标易于理解。它是收益与风险的比值，即便波动率不能捕捉所有的风险因素，但起码它还是可以涵盖一些的。
- 它和杠杆无关，因此我们可以在不同策略、不同区域的交易员之间进行比较。
- 它已经成为一种行业标准。它在风险管理领域的地位就像BSM在期权定价领域中的地位一样。交易从业人员都明白这个指标不够完美，但是它给出了一个衡量风险的框架。

缺点

- 无风险利率是多少呢？夏普比率的计算方法假设我们能够以这个利率进行投资和融资。通常我们使用从清算所得到的市场中间价来作为无风险利率。但在选择无风险利率时，我们需要清楚地了解计算这个比例的原因。如果融资利率为5%，那么通过杠杆效应，收益率为6%的策略还是可行的。但如果融资利率为6%，那这个策略就无利可图了。
- 夏普比率是基于历史数据得出的。这会引起一系列问题。首先是比索问题⊖（peso problem）。一个策略在过去没有产生大额亏损，并不意味着它没有风险。许多在表面上诱人的期权策略就是这样。高夏普比率（两位数）很容易就能够获得，只要卖出深度虚值期权就行。在大部分交易日，这个头寸可以获取小额盈利，但是最终还是会遭受大额损失。请注意，即使这个策略能够盈利，反对使用夏普比率的理由还是成立的。任何基于历史收益的风险指标都只能够说明过去发生了什么，而不是将来会发生什么。有了好看的统计数据并不意味着我们就可以不用仔细推敲收益产生的过程。这一点很重要。历史数据无法指示未来可能产生的绩效。事实上，对冲基金的历史收益对它们的未来收益几乎没有任何指示作用（Capocci，2007）。

- 在第 2 章我们曾经提到，估计历史收益只能得到带有噪声的结果。我们也花了许多时间来研究波动率估计中的抽样误差问题。我们有理由认为，夏普比率也存在着抽样误差问题。关于这点，Lo（2002）曾经研究过，他认为通过估计得到的夏普比率与真实夏普比率的差服从正态分布，其方差为：

$$V = \frac{1}{\sqrt{T}}\left(1 + \frac{1}{2}SR^2\right) \tag{9-2}$$

所以夏普比率的标准差与估计结果的数量级是一样的。举个例子，我们模拟一个 GBM 过程，其年化漂移率为 0.2，年化波动率为 0.3。我们通过 10 000 次模拟，估计 100 天内所实现收益的夏普比率。经过估

⊖ 20 世纪 80 年代，很多人在研究墨西哥的资本市场收益率时发现墨西哥的平均资产收益率持续高于美国的同类资产，他们把原因归结为人们对墨西哥比索在未来贬值的预期。因为在当时，人们普遍认为比索的币值被高估了，基于这样的判断，人们预期比索在未来的某一天必定要贬值。贬值意味着所持有的比索资产在未来只能换回更少的外国货币。所以，他们在当时只愿意支付较小价格来购买比索资产，故而比索资产的平均收益率较高。这一现象被一些学者称为"比索问题"。后来，"比索问题"被进一步发展为所谓的"灾害性事件预期"（catastrophe expectation）。——译者注

计得到的平均夏普比率为 0.5。这比 0.66 的理论值略小。这和我们的预期一致，因为夏普比率的确会在小样本上存在估计偏差，偏差量为 $S/2T$（Christie，2005）。但真正的问题在于其标准差为 1.61，这和 Lo 的研究结果是一致的。这使得夏普比率对不同交易员或者交易策略的区分能力并不高。

- 在计算收益和波动率时，我们应该采用怎样的账户规模呢？如果我们运作的是一个独立的基金，那答案是显而易见的，即所管理的资产价值，但大部分期权交易员不是按照这个架构来操作的。有观点认为应该使用所用保证金的收益率，这是一个受托收益率指标。或者也可以用最大保证金额度的收益率，这是一个交易分配资本的收益率指标。如果资金不是完全由一个交易员管理的，那这个指标便可以反映出策略的机会成本以及应用的局限程度。如果一个交易员有很高的受托资本收益率指标，但是在一年中只能找到一两次交易机会，那这并没有太大的意义。有些银行交易员甚至无法获取保证金，这时他们可以使用绝对收益金额而不是比例收益或者对数收益。如果交易员只有信用额度支持，而没有现金及其等价物，那也只能使用这个指标了。

夏普比率的替代指标

一般的想法是用一个好的东西，比如收益，去除以一个不好的东西，比如风险，以得到一个比率，但其实波动率并不完全是一个不好的东西。如果账户的波动率是由大的盈利引起的，那这个波动率就是好的，损失才是不好的。但是夏普把账户的向上波动和向下波动同等对待了。事实上，简单构建一些损益路径就足以说明夏普比率的这一缺点。我们可以很容易地找到两条损益路径，依据夏普比率，其中一条比另一条更优,然而我们可以通过定性分析判断出,夏普比率的结论是错误的。例如,我们在图 9-4 中展示了这样一个例子。其中上面那条曲线的夏普比率为 4.7,而下面那条为 7.4。很显然,从某种意义上说上面那条曲线更优。

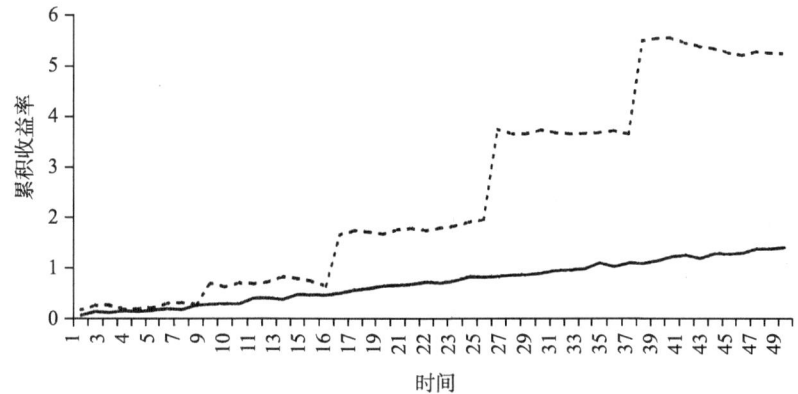

图 9-4 夏普比率产生误导作用的一个例子

另一个形象化这个问题的办法是假设图 9-5 中的收益分布拥有相同的均值和标准差,但是我们不能期望投资者都有相同的风险-收益偏好。

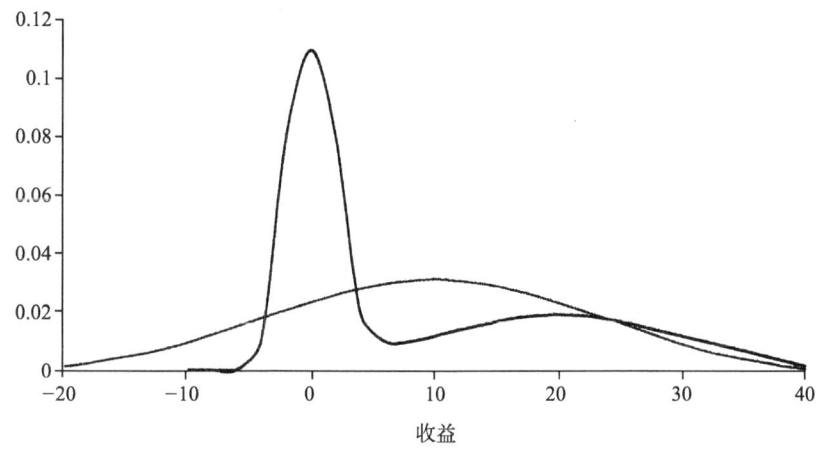

图 9-5 两条具有相同均值和方差的分布曲线

我们可以把分母换成其他风险指标。这样虽然改变了夏普比率的一些细节，但仍然可以保留其基本思想。这类常用的调整方法是把标准差替换为下半偏差（downside deviation）。这样就得到了 Sortino 比率（Sortino 和 Price，1994）：

$$Sortino = \frac{\mu - r}{\sigma_d} \qquad (9\text{-}3)$$

其中，$\sigma_d |l|$ 为下半偏差，也就是所有损失的标准差。

另一个有意思的风险指标是 Calmar 比率，它的定义是超额收益除以最大回撤。Calmar 比率能达到 1.0 就认为不错。通过这个比例，我们可以得到一个有用的经验法则：如果期望得到 $x\%$ 的收益，那就得准备承担 $x\%$ 的回撤。

$$Calmar = \frac{\mu - r}{\text{回撤}} \qquad (9\text{-}4)$$

Sterling 比率是一个与 Calmar 比率很有关联的收益 – 亏损指标。它的定义是超额收益除以过去三年中最大年度回撤与 10%（一个主观选取的量）的差值，有时候也可以使用前 5 大回撤的平均值。取过去最大回撤的平均值，使得 Sterling 比率比 Calmar 比率更不容易受异常值的影响。这类替代比率都会倾向于受到小样本和比索问题的影响而产生误差（因为我们使用的数据过少）。正如在上文中，我们得出结论认为应该使用多个波动率估计量，这里我们同样需要使用多个绩效估计量。没有一个"魔法"统计量能够完美地捕捉到绩效的质量。

这些风险指标都试图解决一个问题，即我们希望观察到由方差无法展现出的风险，但是这些指标都会增加抽样误差。另一个解决办法是让风险项（分母）取决于收益分布的更高阶矩，而不仅仅是二阶矩。我们可以考虑使用整个分布。前两阶矩并没有能够捕捉到我们感兴趣的所有信息，这也是 Omega 风险指标（Keating 和 Shadwick，2002）背后的假设。它的定义是：

$$\Omega(r) = \frac{\int_r^b [1 - F(x)] \mathrm{d}x}{\int_a^r F(x) \mathrm{d}x} \quad (9\text{-}5)$$

其中，(a, b) 为收益区间；F 是收益的累积分布；r 是收益水平的阈值。

因此这个指标衡量的是在阈值以上的收益平均值与阈值以下的收益平均值之间的比值。Omega 比率越高，对该投资策略的满意度就越高。

Kazemi 等人（2003）的研究结果表明，Omega 比率也可以由另一个表达式得出：

$$\Omega(r) = \frac{C(r)}{P(r)} \quad (9\text{-}6)$$

其中，C 为投资策略的看涨期权，而 P 为投资策略的看跌期权，每一个期权的行权价都是阈值水平，并且期权存续期为一个周期（这种形式可能更容易让期权交易员理解）。但请注意，公式中用到的看涨期权价格是真实收益分布下的价格，不是风险中性分布或者对数正态分布下的期权价格。因此，这个公式可能更适合用来作为概念上的理解，而不是用来计算。

Omega 比率从理论上说可能很不错，但是期权交易员都清楚，将极端事件外推到未来并不是特别明智，而且极端事件的发生或者缺失会显著影响 Omega 指标（我们研究过的风险指标都存在这个问题，但是在这里需要特别强调，即使 Omega 使用了整个分布，但这并不意味着这个指标是较为稳健的）。

夏普比率可以被奇怪的收益分布所愚弄，另外众所周知，方差和下半方差之间的差异也很难区分。可能不怎么为大家所了解的是，夏普比率对处理盈利和损失流在收益曲线上的不同顺序时也面临困难。

例如，考虑图9-6和图9-7所示的两个为期一年的收益曲线。每个曲线均为总年化收益为63%，年化波动率为11.93%。若利率为0，则两者的夏普比率均为5.28。另外，每条收益曲线都包括126个幅度为1%的盈利交易日和126个幅度为-0.5%的亏损交易日。简单看一下两个图就可知，结果是有很大差异的，大多数人都会更喜欢图9-6的结果。

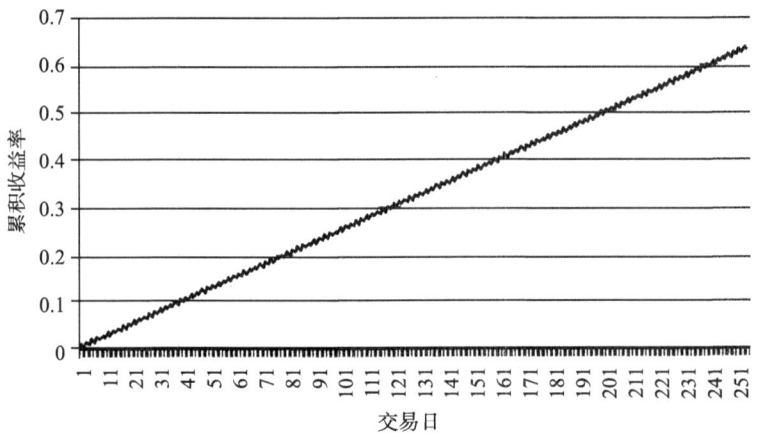

图9-6 一条"线性的"收益曲线

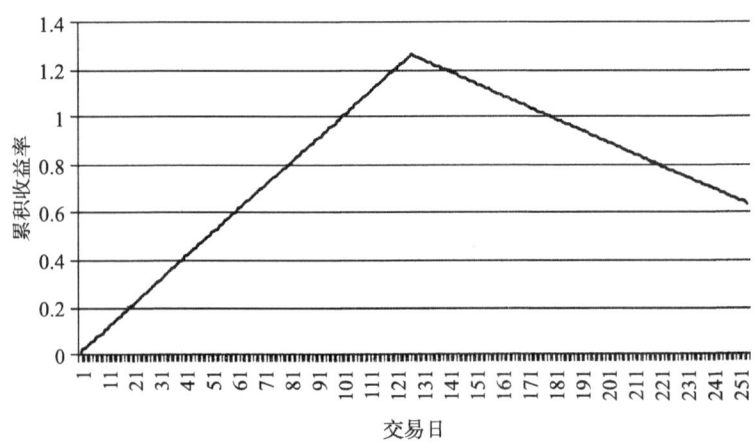

图9-7 一条"非线性的"资金曲线

K比率强调了上面的这个问题（与我们在第2章中使用主观设定的

时间间隔来计算波动率时所提及的抽样问题类似）。该比率的名字来自其发明者 Lars Kestner（1996）（需要注意的是，他后来对定义进行了细微改变，我在这里讨论的是其初始版本）。

与其他风险度量指标类似，K 比率同样为某个好东西与某个坏东西的比率。此处的好东西为拟合累计（对数）收益率的回归线的斜率，而坏东西为收益率偏离该回归线的量，即斜率的标准差。它同样为拒绝原假设——"真实斜率小于或等于零"的标准分（t-score），因此它同样可被理解为对假设（该交易者的真实累计收益率为正）的信心度。由于它是一个标准分，因此我们可以用它来直接对比，即使某个交易员的业绩跟踪记录比另一个更长（假设我们按照同样的频率抽样，比如每天）。

需要注意的是，所有这些替代指标均基于历史数据。这是不能避免的，但我们总是需要牢记这一事实。可怕的事件没有在过去发生，并不能保证在将来也不会发生。这些比率都量化了过去的风险/收益水平，但在得出它们同样能够合理描述未来的结论之前，我们需要做出人为的判断。

结论

- 本节在介绍夏普比率的优点时，只用了几句话。但在介绍缺点时，却使用了很长的篇幅。这并不表明这个比率的优点为缺点所掩盖，而是说其优点更显而易见。
- 如果你很了解交易过程，那夏普比率能够帮助你对交易结果进行量化。如果你对交易过程还不够了解，无法判断夏普比率的缺陷何时会占主导作用，那其他风险统计指标也同样帮不了你。
- 可扩展性可能要比夏普比率本身更加重要。一个夏普比率为 3 的策略已经很优秀了，但是如果这个策略只能容量 100 万美元的资金，那还是不能形成一个可行的业务模式。

- 交易员会对激励机制做出反应。如果高夏普比率能够为他们带来奖金，那么他们应该很快就能掌握如何去操作它，所以管理层和资金提供者都需要了解利用风险指标来欺骗的各种办法，这也是所有交易部门都应该配有独立的风险管理部门的原因。即使没有欺骗的初衷或者故意操纵的企图，交易员还是会逐渐试图操纵业绩指标。所以针对策略和风险有一个独立的监督还是至关重要的。

设定目标

现在我们已经有了所需的工具和统计量来估计合理的交易目标。这一过程可以用基于正态分布特性的公式来完成，但一些仿真测试的结果可能通常更有意义。在图 9-8 中，我们可以看到一个季度交易结果的仿真数据。其中的期望收益率为账户金额的 100%，夏普比率为 4。图中的一条路径实现了 2 500 000 美元的利润（账户金额为 1 000 000 美元），然而另一条路径却亏损了 100 000 美元。

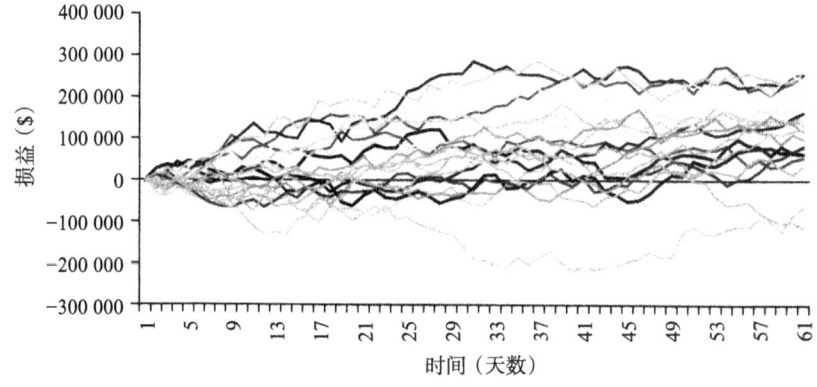

图 9-8 相同交易过程下的 20 个模拟结果

我们看到，即便是这些很出色的数据指标，也很有可能在短期内产生很差的业绩。如果一个优秀的交易员根据历史交易记录得到了资金，但在一个月以后，他的账户可能毫无进展甚至亏钱，即使管理层对统计学很了解，也可能会对这个交易员失去耐心。大部分人会问"出了什么问题"或者"这个策略行不通了吗"？可能确实出了一些问题。市场是在不断变化的。如果我们不努力改进策略，我们就会看到交易业绩正在衰退，但是也有可能只是交易员的运气不好，我们只是观察到了方差以及小样本误差的作用。

在这个例子中，只要年初设定了合理的目标，大部分焦虑都能得到解决。这时，交易员和他的上司以及资金提供者可能达成如下的方案：

- 一个季度以后，我们会对该业务进行再评估，确保没有实质性的可能负面影响交易的事情发生。例如，在期权交易中引入美分报价（penny quotes）可能会对做市业务产生显著影响。这一类的结构性变化是不能忽视的。
- 大于 400 000 美元的利润意味着一切正常，并且我们可以有理由相信，交易员与所预期的一样优秀。我们甚至可以考虑分配更多的资金给这项交易策略。
- 当利润在 0 ~ 200 000 美元时，我们应当持谨慎乐观的态度。我们应当维持分配资金在原有水平。
- 如果发生大于 250 000 美元的亏损，我们应当停止交易并对该业务进行再评估。

我们现在有了明确的业绩基准。虽然这些基准可以随时设定，但是在交易开始前就设定好基准还是很重要的。在交易前设定好基准，能够避免业绩受到交易员或者资金提供者过度管理的影响。

仅仅基于最新结果，就彻底调整交易头寸规模的做法并不是最优的。我们应当选好一个账户金额和头寸规模确定模式，并坚持使用。交易时不可避免会有人问，最新的交易结果是不是意味着市场发生了实质性的变化。除非能很明显地看出确实发生了实质性的变化，否则据此进行投机是件很危险的事。显然，每个交易结果都能归为这个或那个原因。我们可以对每个结果进行描述，但是我们的测试结果以及以前的交易结果应当视为比最新产生的交易结果更具有说服力。在以前的交易中，类似的情况发生了多少次？在回测的时候有没有出现过？最近我和一个能够在80%的交易日均赚钱的交易员聊天（他在做商品期货价差的短线交易，这是一种非常短的gamma交易）。在连续亏损了两个交易日后，上司问他是不是应当降低交易量。考虑到他有20%的交易日会亏损，连续两天亏损的情况其实并不算罕见。他的上司并不是单纯因为亏损导致账户金额减少而要求他降低头寸，尽管使用凯利头寸策略之后，会导致账户金额的减少。他的建议是根据主观判断应将交易规模减小50%。此时降低交易规模意味着他的上司对他的交易根本就不满意。这种情况是有可能发生的。当有新的令人信服的证据表明情况堪忧时，交易员可以改变他们的观点，并拒绝执行先前的交易。但根据主观判断就缩小交易规模，永远不会是个好主意。如果你依旧认可这个交易的基本前提，如果交易的结果与历史结果是一致的，如果市场没有明显的、戏剧性的变化，以及如果资金提供者的总体投资组合没有显著变化，那你就应当坚持先前的做法。否则，这个任意决定的交易头寸规模将会是（规模很可观）影响投资策略获利能力的决定因素。把一个经过仔细测试的，每年可以产生成千上万次交易的交易策略与三四个外部决策混在一起，会是一个好主意吗？

反对这种降低交易规模做法的另一个理由是：它在缩小交易结果规模的同时，也会相应地增加许多固定成本。这可能导致策略难以成功。记住，你只应当执行那些满意的交易。如果对基本理念信心不足，那就压根儿不要执行这个交易。

业绩的持续性

有没有一些辅助方法能够把业绩中的技术因素和运气因素区分开来？这里所说的技术因素是指能够重复试验并进行主动管理的因素，其中可重复试验这个指标很重要。高尔夫可以被认为是一项需要技巧的运动，但是在高尔夫球道上击发 100 次，却只有 1 次入洞，这并不能被视为是技术好的例子。好的结果需要在一定程度上具有一致性。事实上，在谈到交易时，一致性比单纯的收益要好得多。我们已经多次谈到了这一点。稳定的结果可以更安心地加上杠杆。如果累计利润足够平滑，我们可以通过杠杆获得任何想要的收益。虽然一段时间内的业绩指标（无论我们选取什么指标）能够对业绩提供静态的观点，但是业绩持续性能够揭示更多的真相。我们真正想要的是持续的良好业绩。很遗憾，除了在每次交易时尽量做到最好以外，没有其他的简单方法能够实现业绩的稳定。但至少，我们希望能够测量一致性。无论是在监控自己的交易还是选择其他交易员的时候（或者选择任何主动管理账户），这可能都会有所帮助。

简单地比较连续时间段内的业绩不可能产生任何统计上的显著结果。关于这一点，还需要强调的是，业绩的持续性具有两方面的特征。第一是相对持续性。它指的是获胜者和亏损者之间排名的持续性。第二是绝对持续性，它指的是一个交易员或者一个策略的持续性，而不考虑其他因素。这是两个完全独立的性质。

相对持续性

这是最容易量化的。在实践中，这个指标对个人交易员没有帮助，但可以帮助经理在一些交易员之间分配资金和风险。通过交叉积比率（CPR）测试可以简单地（并且是非参数地）估计这个指标。此时，我们把交易时段分为两个,并且在每个时段中分别观察各交易员的业绩。首先把那些业绩在中位数(无论我们可能选择什么指标)以上的交易员记为优秀,G。然后把那些在中位数以下的交易员记为差,B。所以,如果一个交易员在第一个时间段内表现优秀,但是在第二个时间段的表现不尽如人意,那就被标记为 GB。CPR 比率的定义如下:

$$CPR = \frac{GG \cdot BB}{GB \cdot BG} \quad (9\text{-}7)$$

如果不存在持续性,则每个标记都应占 25% 的交易员比例,比率值为 1。比率值大于 1 则意味着存在持续性。该比率的显著性可以通过计算 z 统计量来检验。

$$z = \frac{\ln(CPR)}{\sqrt{\frac{1}{GG} + \frac{1}{BB} + \frac{1}{GB} + \frac{1}{BG}}} \quad (9\text{-}8)$$

假设我们在 40 个备选机会(包括交易员、策略或者基金)中进行选择。我们把结果分为 4 类,得到表 9-2 中的结果。

表 9-2 两个时间段的交易员表现

	G	B
G	12	8
B	11	9

这个例子中,CPR 为 $(12 \times 9) / (11 \times 8) = 1.23$。虽然这个数值大于 1,但是由于样本量很小,很有可能真实总体比率为 1。从式(9-8)得到 z 分数(z score)为 0.32。为了使得显著性水平达到 5%,我们需要 z 分数大于 1.96。所以这个结果距离显著性还差得很远。还有一些其他的检验可以用来评价相对持续性(比如卡方检验、Spearman 相关性以及 Kolmogorov-Smirnov 检验),但是我们并不去关注这些指标,因为相对持续性并不是大部分交易员主要关心的。他们真正关心的是绝对持续性指标。

绝对持续性

我们可以通过计算 Hurst 指数来得到交易员收益的绝对持续性指标。Hurst 指数大于 0.5 就说明存在持续性，小于 0.5 则说明存在反持续性（antipersistence）或者均值回归性。Hurst 指数适用于在统计上存在自相似性（self-similar）的数据集。也就是说，不同数据集的统计特性是基本不变的（这是我们在进行大多数类似分析时的基本假设）。Hurst 指数与数据集的分形维数（fractal dimension）以及混沌理论密切相关，但是有关这部分的研究已经超出了本书的范围。感兴趣的交易员可以参阅 Peters 在 1996 年的研究成果以及该文的参考文献。

首先我们需要理解重标极差分析法（R/S 分析）。我们知道当投掷一枚均匀的硬币时，N 次投掷后，出现正反两面次数的差异数随着 $N^{1/2}$ 增长。这是布朗运动的特性。通常：

$$R \approx cN^h \tag{9-9}$$

其中，R 为极差；c 是一个常数；h 是重标指数，在掷硬币例子中，$h=0.5$。

Hurst（1951）在 $h=0.5$ 的特例基础上，对这个概念进行了推广。首先我们从时间序列 x_t 入手，构造一个偏差序列：

$$D_{t,N} = \sum_{k=1}^{t}(x_k - M_N) \tag{9-10}$$

其中，$D_{t,N}$ 为 N 个周期后的累计偏差；M_N 为 N 个周期中，x_t 的平均值。

在此基础上，极差的定义为式（9-10）的最大值与最小值的差：

$$R = \max(D_{t,N}) - \min(D_{t,N}) \tag{9-11}$$

然后我们把它除以原始观测的标准差，对极差进行标准化。这样得到的结果就叫作重标极差（rescaled range），R/S。Hurst 指数中的 h 定义为：

$$R/S=(aN)^h \quad (9\text{-}12)$$

对这个式子取对数后，我们得到可以简单通过线性回归进行估计的式子：

$$\ln(R/S)=h\ln(N)+\ln(a) \quad (9\text{-}13)$$

精确估计这个式子需要大量的数据。Hurst 还给出了一个简单的近似公式，可以通过一个值就得到 h 的估计：

$$h=\frac{\ln(R/S)}{\ln\left(\dfrac{N}{2}\right)} \quad (9\text{-}14)$$

这个式子假设式（9-14）中的常数 a 等于 0.5。当 a 大于 0.7 时，这个近似值会高估 h；而当 a 低于 0.4 时，会低估 h。但是，因为从较短的数据序列得到的回归结果并不可靠，所以这个近似公式得到的估计值可以认为是合理的。

当把重标极差分析法用于交易结果时，计算用的时间序列应当为对数收益序列。

更高级的评价

当你跟踪了一段时间的交易结果之后，你将会发现，哪些策略是有效的，而又有哪些是无效的。你不应该把时间浪费在你不擅长的领域。交易并不是一种运动。例如，如果你希望提高自己的高尔夫水平，你可能需要对自己的薄弱环节加紧练习。薄弱环节水平的提高，会增加你的高尔夫水平，并且这也是最容易进步的地方。不过，对于交易而言，你并不需要会做各种各样的交易。你只需要做你擅长的交易即可。

当交易员只擅长一两种交易策略时，他们可能会变得紧张，担心这些策略不再有用，从而决定多元化他们的策略。另一种可能是：他们会变得过分自负，认为既然自己可以在这个策略上获得成功，当然会在更多策略上成功。

考虑到任何交易策略都有其生命周期，不停地尝试新东西是很重要的。但更为重要的是，把握住现在有效的策略。交易的主要风险并不是当策略有效时赚尽可能多的钱。具有讽刺意味的是，对策略失效的恐惧才会导致风险。

毫无疑问，当长期盈利的交易开始出现业绩退化时，此时情况是最难评估和处理的。我们可以把这简单地归结为运气吗？这当然也是有可能的。但在把信号中的随机性分离出去时，我们需要特别小心，就像我们在评价成功的交易时那样。不仅交易会随着时间而改变，交易行为本身也会最终让盈利优势消失。这种情况不仅在个体交易员的层面上发生。随着人们发现某个交易策略能够盈利，那就会有越来越多的人参与进来，从而导致利润消失。世界上的任何保密措施都没法阻止这一情况发生。最终我们需要考虑以下一些可能性。

- 盈利优势的来源已经消失。有时候这是很明显的，比如当 QQQQ 期权的最小价格变动单位从 5 美分降为 1 美分时。无疑这个问题是做市商必须要适应的，但有时候业绩退化的原因更为微妙。我有个好朋友，他是个很成功的棒球赌家，他在 2003 年的收益率为 400%，夏普比率为 4。他的下注都是基于大量的棒球数据统计分析和计算机模拟。但到 2007 年，他的收益减少到了 0。他对棒球的了解更深入了，但是市场比他的学习速度更快（他现在开始做股票期权交易了）。

- 交易员执行交易的能力下降了。这可能是由于技术的变化（如果交易执行的技术是原先盈利的来源，那这种情况也可以归为前一类），或是因为年纪的增长或对盈利欲望的下降。

- 交易对手变了。与散户对手进行交易和与其他职业交易员进行交易是很不同的。

当你发现业绩变化的时候,你需要将现在所使用的方法与过去盈利时所使用的方法进行比较。哪些因素发生了变化?有时候你会发现,由于厌倦或者过于熟悉,自己正在走捷径。如果你找不到任何区别,不妨多听听他人的意见。

无论是我们自身的变化还是市场的变化,其发生可能很缓慢,以至于我们都无法意识到这些变化。有时候,我们值得花时间问一问自己:"如果从今天开始交易,我还会选择这个产品来交易吗?为什么呢?"(在选择交易产品时,灵活性是一个很大的优势。对机构交易员来说,他们并不能选择所要交易的产品。但是即便这只是一个假想的问题,它也可以有助于交易员识别出必须适应的可能变化。)一条需要记住的规则是:交易中最重要的是赚钱,而不是交易最复杂或者是最吸引人的产品。它和职业运动不同。在棒球小联盟中击球命中率达到 0.4 和在大联盟中达到 0.4 是不同的。但是在交易市场中,100 万就是 100 万。所有人都是职业交易员。交易市场里没有所谓的"小联盟"。

本章小结

改进交易业绩的最简单方法就是保留交易明细记录并回顾它们。它不仅是改进的必要条件,还几乎可以保证改进。它强迫我们成为自己成功和失败的主人,帮助我们了解什么应该做,而什么不应该做。就像足球教练 Bill Parcells 所说:"你的记录说你是什么,你就是什么。"

- 记录所有交易的每日结果。
- 所有交易都应该有可以预先设定的目标,所以一些诸如成功和失败的条款可以事先定义好。

- 当交易信号被否决时,无论是被交易员还是经理否决的,都应当记录在案,以便于我们评估这些交易信号的优劣。
- 所有的风险指标都存在弱点。在我们使用不同波动率估计量的时候,要学会使用各种估计量并熟悉它们提供的不同结论。
- 要明白即使一个优秀的策略也可能经历坏的周期。不要因为一段小样本上的坏业绩就放弃一个策略,除非市场的某些方面已经明确发生了变化。
- 业绩的持续性比业绩的实际水平更重要。
- 集中精力在有效的策略上,停止在无效的策略上浪费时间。

第10章
Volatility Trading

心 理 学

棒球作家、大师、反崇拜偶像者比尔·詹姆斯曾经说过:"20世纪,人们使用心理学就像他们的祖先运用巫术一样,任何你不能理解的事情都归为心理学范畴。"在交易的世界里,这句话也同样适用,心理学常常用来解释市场变动、交易员反应以及头寸管理中出现的问题。在交易业务的各方面,与"交易心理学"的益处相关的谬论要远远多于其他方面。许多交易员认为他们受到情感因素的困扰,但更可能的情况是,他们的焦虑和紧张是由糟糕的交易所引起的。亏钱总是令人不愉快的。这可能是产生心理压力的原因,而不是心理压力的征兆。

坦率地说,除非交易员拥有盈利优势,并且拥有一套资金管理系统来捕捉这一优势,否则,强大的心理控制能力无法起到任何作用。当然会有一些交易员是由于他们的心理问题而业绩不佳,但更多交易员业绩不佳的原因恐怕是缺乏盈利优势,或者是根本不知道如何去开发他们可能拥有的盈利优势。这里用一个棒球的例子来类比可能会比较恰当:如果Daryl Strawberry有了经验丰富的运动心理学家的帮助,他可能成为史上最出色的运动员。但是如果随机抽选出一个人,并给予心理学家的帮助,他很可能依然进不了业余联赛。脱离了专业知识和经验,心理学是没有任何作用的。

这一章所要讨论的并不是自我激励或者自我肯定。如果还有人坚信他们属于特例，认为心理问题的确是其限制因素，他们应当参阅 Brett Steenbarger（2002 和 2006）撰写的书籍，他们从来都不是意识流派的代表，在书中作者甚至会花费大量时间了解交易过程的细节，而不只是心理上的慰藉。相反，我们需要了解行为心理学是如何产生有利于我们的市场条件的，以及是如何让我们误入歧途的。这一点很重要，因为心理偏差可能是波动率交易员大部分交易机会背后的驱动力。

正如比尔·詹姆斯曾提到的，人们总是不由自主地把难以理解的市场现象都归因于心理学。但是在这么做之前，应当确保它确实和心理学有关。你需要明确知道所面对的心理学现象是什么。"在业绩公告前，买入隐含波动率的交易量增加，这是一个过度自信和代表性偏见的例子"，这句话的可测性与另一句话——"这完全是由恐惧和贪婪造成的"完全不同。

一个值得尊敬的同事暗示我说，这一章与其他章节不一样。他认为，虽然我有扎实的数学训练功底，但是在心理学方面还是一个初学者，没有受过专业训练。这可能像免责申明一样，是需要让读者注意的很重要的一点。可是我依然打算在这方面表达我的观点。虽然我不是一个心理学家，可我是一个交易员和一个实用主义者。我宁愿分享我认为有用的观点和意见，而不是因为没受过这方面的专业教育就约束自己的想法。毕竟，我们需要尽可能多地涉猎知识，并且我发现对行为金融学的研究对于寻找交易机会很有帮助。事实上，除了纯套利交易和极其高度相关的价差交易以外，行为金融的元素很有可能涉及几乎所有的交易机会。请注意，这个观点可以被视为像交易员思维和金融理论家思维之间的界限。一些金融理论家认为，"世界上根本就没有行为金融这个东西"。交易员则倾向于不对类似观点做出回应，他们只是专注于寻找交易机会。

但这种反对确实有一些说服力。行为金融学的信徒认为,激励研究者去对这些异常现象开展新的解释非常重要。但怀疑者认为,大量的"证据"表明,行为主义者可以在试验心理学文献中为几乎所有假设找到支持,因此行为金融学整个学科仅仅只是金融市场的普通故事集而已。此外,许多行为理论依赖于不同人之间显著不同的偏差,并且这些理论经常对投资者行为得出完全不同的结论。最后,这些偏差仅仅是人类奇异性的有趣案例,还是对所交易资产的价格有系统性的影响呢?一般而言,当双方对某个争议分歧非常大的时候,真理可能就在两者的折中。行为金融学可以帮助我们发现交易机会和提供交易想法,但我们需要记住,事物常需要从两方面来看。

迄今为止,人们已经发现了 50 种不同的行为偏差,或者说是判断的系统性误差(有一个非常出色的相关研究报告和论文的数据库,网址是 www.behabiouralfinance.net)。目前,学术界还没有一个公认的分类标准,因此这些偏差定义之间有着相当多的重叠。但有一个共识,这些偏差要么来自认知方面,要么来自情感方面。

这其中的差别很重要,认知偏差是在错误推理过程中形成的,所以一般可以通过教育或者获取更多信息来解决。我们可以在交易时设法缓和它们的影响。情感偏差来自直觉而不是意识思维。这些偏差更难以应对,虽然我们不可能在交易时完全根除它们,但只要我们能意识到它们对其他交易员的影响,我们就可以借此发现盈利机会。

要记住,有这些偏差并不代表笨。一份在 1990 年对超过 1000 名美国人做的民意测试表明,52% 的被调查者相信星相学,更令人吃惊的是,41% 的被调查者认为人类和恐龙生活在同一时代(Shermer, 1997)。这些人显然不大可能是衍生品市场中的活跃分子。如果他们是,我打赌这些愚蠢的认知会产生特殊的错误定价。

同样重要并值得记住的是，所有人都会拥有这些偏差。有个想法很诱人：这些问题只会影响其他人，只会发生在"他们"而不是"我们"身上。很显然，尽管有些人比起其他人更容易受到某些思维缺陷的影响，但其实我们都会受这些偏差影响。指出别人的缺陷比意识到自己的缺陷容易得多。

我强烈地认为，学习行为金融学的知识有助于交易员发现交易机会。如果知道别人会系统性地犯错，无疑会对我们有利。不过，了解这些知识是否可以帮助我们规避类似的错误，这是值得怀疑的，没有证据能够证明这一点。

显然，确实有一些人会比其他人更少犯错。同样很容易就能把这些人从那些更容易犯错的人中区分出来。Oechlesser、Roider 和 Schmitz（2008）发现，在认知反应测试（cognitive reflection test，CRT）中获得更高分数的人，更难出现包括保守和自负在内的偏差。不过，该研究还发现，虽然在有更高认知能力的人身上出现的偏差更少，但它们仍是显著的。

认知反应测试包括三个问题，每个问题都有一个"显然的"但不正确的答案，而当显然的错误被指出时，就非常容易理解正确答案。这些问题为：

1. 球棒和球的总费用为 110 美分。球棒的费用比球多 100 美分，那么球的费用是多少？

"显然的"答案：10 美分；正确答案：5 美分

2. 如果 5 台机器花 5 分钟时间可以制造 5 个小工具，那么 100 台机器制造 100 个小工具需要花费多长时间？

"显然的"答案：100 分钟；正确答案：5 分钟

3. 湖中有一片睡莲叶。每天，睡莲叶的面积会翻倍。如果睡莲覆盖整个湖面需要花费 48 天，那么它覆盖半个湖面需要花费多少天？

"显然的"答案：24 天；正确答案：47 天

人们是否会利用他们对这些偏差的知识来改变自己的行为，这是不明确的，甚至可能是错误的。这种现象被称为偏差盲点（bias blind spot，BBS），意思是我们可以发现别人的认知错误，却没办法发现自己的。在最近的一份研究（West、Meserve 和 Stanovich，2012）中，参与者被询问 7 个与认知偏差有关的问题，并用他们的学习能力倾向测试（SAT）分数、CRT 和一些其他方法来衡量他们的"认知智力"水平。

该研究发现了三个关键结论：所有参与者都表现出显著的偏差盲点；偏差盲点分数与智力衡量结果正相关；人们能够意识到他们的偏差盲点，但却没法克服它们。

这是找个搭档来一起交易的很好理由。如果你决定与一个搭档一起交易（这是我极力推荐的），搭档的选择是很关键的。一个好的交易搭档需要有以下特质。

- 交易能力。两个脑袋并不总是比一个脑袋好。在交易搭档能够提供帮助前，他首先必须是一个称职的交易员。
- 建设性的意见。交易总是逐步进化的，我们要与总是追求进步并且乐于帮助其他人进步的人在一起。满足现状的人并不能提供帮助。
- 值得信赖并且情绪相对稳定。
- 和蔼可亲。你会与这个人一起相处很长时间。你们并不需要成为亲密的朋友，但是双方之间需要有一定的忍耐度，并相互尊重。

心理学不是驱动这个市场的唯一因素，但是其中有一些作用会在市场中不断重现并且看上去具有持久性。回测可能会显示这些因素是能带来盈利的。但是除非我们能够从一定程度理解定价错误的原因（可能是存在一个套利机会或者是心理原因），我们都应该避免这样的交易。如果不能理解造成偏差的原因,我们怎么能够知道交易什么时候会失效呢?除了明白交易在实践中的表现外,我们还必须知道它在理论中的原理,这样才能利用我们的知识优势。

在本章的其余部分,我们会研究10个主要的思维偏差,描述它们产生的原因是认知的还是情绪的,列举出在交易中它们可能出现的例子,并且提供一些建议,从而帮助我们在交易中尽量避免这些偏差,并且挖掘出它们对其他交易员可能造成的影响。

自我归因偏差

第一个思维偏差是一种认知偏差,它会导致个人把他成功的原因归结于自己的技能或者勤奋,而把失败的原因归结为外部因素的影响或者是坏运气。事实上,在企业家的奋斗过程中,一定程度的自我归因偏差可能是成功的必要原因,但如果不了解正确交易出现的概率,它的副作用不会得到缓和,从而会形成灾难。我们都知道一些交易员可能会自吹自擂,并且自认为无所不知。而本书的读者属于思维缜密的一类人,会认真地自我学习,可能会认为自己通常不能自我意识到这个偏差,不能避免这个偏差的影响。这就是自我归因偏差的典型例子!事实上,研究结果表明,发现别人身上的自我归因偏差比起发现自身的要容易得多。

举个例子,许多研究(Bakshi 和 Kapadia,2003;Coval 和 Shumway,2001;Bondarenko,2003)以及一些优秀交易员的职业生涯都表明,通过卖出虚值指数看跌期权能够获得长期稳定的盈利。股票市场的隐含波动率溢价以及长期的向上漂移趋势(Dimson、Marsh 和 Staunton,2002)的总和作用是这个交易获利的两个原因。没有人怀疑以下这个观点:只要谨慎地开展交易,并且适当地选取交易规模,这就是一个很明智的主意。但是,这也可能成为一个十分危险的游戏。许多做市商都曾从这个角度操作，卖出行权价为 delta 在 20 ～ 30 的看跌期权，然后通过购买平值或者更上方的期权来对冲总敞口。在他们的故事中有很一致的地方：他们都仔细地并且很有技巧地选择卖出的行权价，然后通过他们的交易执行能力按卖出价卖出期权。他们可能还声称拥有强大的量化偏度评价模型。最后他们也提到了巧妙、精密的卓越对冲能力。当他们爆仓的时候（公平地说，并不是所有人都最终爆了仓），这些就演变成了一系列关于坏运气的故事：他们的清算所恐慌了，他们的技术平台失效了，或者说他们的经纪商犯了错。而实际上，他们玩的是只有少量期望利润但却有极端下侧风险的游戏，这些只是自我归因偏差的一个例子。

当在做市时，这个偏差还与一个可能的陷阱有关。做市交易，当在表现良好的时候，能从经纪商或直接从交易所赚到价差两边的钱。当买价被触及时，我们会根据一些规则来调低买价，这些规则包括：该笔交易的成交量及其对我们持仓的影响，该笔交易如何抵消我们正面临的其他风险，以及从另一方交易员的角度来思考，看是否能表现出一些有用的信息。基本上，调整报价是由持仓和信息来驱动的。持仓相对比较清楚，但理解交易所蕴含的信息就没那么简单了。不管怎么样，好的做市商总是能比普通人做得更好一些。他们的优势可能并不是非常大，但即使是很小的优势，在大量重复的情况下，也能产生很大的利润。当交易员一直顺风顺水的时候，自我归因偏差就会产生。他们非常有理由把他们的盈利归结于他们阅读交易中信息内容的能力，而这很可能仅仅是因为好运而已。这个偏差会让他们过度激进地交易，不适当地调整报价，对于所收到的信息过度回应，并且忽略对持仓的影响。交易员可以在交易顺利的时段内，通过检查他们是否有冒更大的风险（与账户规模相比较）来避免这个偏差。

自我归因偏差的危险性来自两个原因。首先，如果我们不认为一个错误是错误，我们就无法从中吸取教训。其次，把结果归因于坏运气而不是我们的能力，随后会导致过度自信。它可能会造成过度交易以及选取过于激进的头寸。一个例子是当我们研究一个公司的基本面时，我们很容易确信我们的持仓是正确的（参考本章后文对确认偏差的讨论）。这可能会让我们持有一个粗糙的、没有被充分分散的投资组合。

我们要记住，赢得交易通常是与大量因素相关的，在单个交易中最重要的组成部分就是运气。即使在考虑运气以后，依然会有许多其他因素从未被我们的交易前分析所考虑到。因此请尽可能地保持客观，并且请尽可能多地参与交易后分析。同样要记住，出色的交易并不完全等同于获利的交易。

让我们以下面的内容来结束本节：至少有一个交易模型（Gervais 和 Odean，2001）表明，自我归因偏差会随着经验的增加而下降。这表明，交易员可以通过学习来克服，而年长的交易员则知道，交易中的运气成分太大了。

过度自信

> 在做判断和决定时没有疑问，比过度自信更为常见，犯大错的潜在可能性也更大。
>
> ——Scott Plous

过度自信是一种认知偏差，它指的是对一个人的能力有不合理的信念。具有讽刺意味的是，许多初级交易员都会积极培养自己过度自信，他们认为缺乏自信阻碍其成长。Brett Steenbarger 博士（www.brettsteenbarger.com）把这个态度戏称为"情感方面的共产主义"。它指的是我们只是想变得自信，而不是通过培养自己的技能，然后对自己的技能培养出自信。许多人犯的错误是学习最有成就的人，听取他们如何对自己的获胜机会抱有极度自信，然后混淆了其中的因果关系。比如，当 Roger Federer 获得了一场网球赛胜利时，并不是因为他认为自己能够获胜而获胜的，而是因为他做了充分的准备，并且他确实是一个最优秀的网球选手。他的自信是完全建立在其能力上的。

缺乏自信并不是一个交易员最大的问题，相反许多交易员却面临过度自信的问题（不过，与自我归因偏差一样，过度自信对于交易新手的影响更为严重）。这有时候会被他们的风险管理流程出卖，我就曾经听到一个做市商这样说："十分肯定，如果 DAX 指数（德国综合指数）下跌 20%，我就会爆仓，但是我很确定这辈子它都不会发生。"

过度自信可能是一种正常的人类状态。对一个人与沮丧（例如，Alloy 和 Abramson，1988 以及该文的参考文献）和过度自信相关的心理状况进行精确评估结果，可以被视为那些成功策略的一种特征（Perilloux、Easton 和 Buss，2012）。人类整体可能能从个体的过度自信中获益。许多技术的和企业的突破都是人们战胜传统的例子。过度自信的人会尝试新东西，而完全理性的人则不会。他们有时会成功，那么我们全体都能受益，但交易不属于这些情形之一。在交易中过度自信，最有可能是导致失败，而没有什么益处。

许多研究（Cosmides 和 Tooby，1996；Elatein，1999）表明，人们靠直觉获得的统计数据十分不准确，并且人们并不完全具备预测概率的能力。与必然事件相差很远的事件被认为会以接近 100% 的概率发生。举个例子，2007 年 1 月，AtherGenics（AGIX）的交易价格在 $11 附近。该公司已经公告药物 AGI-1067 的第三阶段测试结果会在一季度结束后公告。这对该公司来说是一个二项事件。好消息会驱动股价上涨，一些分析师预测股价会涨至 $50。

在这个巨大的上涨空间下，$11 的股价可以说明，市场预期药物测试的失败概率还是很显著的（假设 $11 美元的股价为极高股价与极低股价的概率加权)。但是看涨的传闻十分普遍，以至于行权价为 $45 的看涨期权的价格是 $1.15。这是个很显然的过度自信的例子，一些交易员对他们预期的结果过于自信。他们认为这个公司是一个好赌注，似乎就忽略了判断错误的可能性。

当人们把很窄的概率区间赋予一个事件发生的可能性时，这类相关的现象便可以用来作为过度自信的预测判断。回过头来观察 AtherGenics 的例子，分析师对股价上涨的判断区间是 $19～$50。如果股价确实到了 $50，那行权价为 $45 的看涨期权购买者能够最大化他的收益(期权的弹性表明：如果所购买的期权在高出行权价，并且最接近行权价的位置到期，我们就能获得最好的资本收益。我们希望股价距离判断错误的价位越接近越好)，但这不仅仅需要交易员判断正确，而且他几乎要做到完全正确。购买行权价为 12.5 的看涨期权(当时的售价为 4.5)，会有大得多的盈利概率。

3 月 19 日，AtherGenics 宣布第三阶段的测试没有达到他们的主要预期目标。股价下跌了 60%。所有大量成交的看涨期权最终都一文不值地到期了。

(显然，在这个例子背后的实际情况要复杂得多，即使是这里的讨论也可能是非常粗糙的。出现问题的交易员不可能仅仅持有 4 月的 $45 的看涨期权头寸，有时候一笔单独看上去很蠢的交易在考虑整个投资组合情况以后可能是完全可以接受的。)

Will Rogers 曾说："那些我们不了解的事物并没有给我们带来麻烦，而那些我们认为不正确的事物却给我们带来了麻烦。"如果我们坚持认为正确的事情确实发生了，那么过度自信就不会成为一个麻烦。很遗憾，许多研究都已经表明，人们会持续地高估自己的能力，特别是那些完全在我们能力以外的事情上。如果我们对一个领域研究得足够久，似乎我们的知识会变得更细致入微，我们就会意识到，其实还有许多方面我们并不知道。而如果对某个领域只是有一个粗略的了解,我们就不会意识到这些。

交易和金融可能是十分难以形成专家的领域,因为有太多的(不断变化的)变量需要考量,但这同样是一个把自信视为优秀品质的领域。一项研究对专业金融分析师和投资经理进行了分析(Russo 和 Shoemaker,1992)。他们提了 10 个问题。每个人都被要求提供一个他们认为有 90% 的概率会真实发生的最佳估计和最高、最低估计。问题设计得使这些参与者难以知道真实的结果,比如"密歇根湖的总面积是多少平方英里"。平均看来,这些分析师所选择的置信区间包含正确答案的概率只有 64%。投资经理就更差了。他们确定的区间只能猜对 50%。

关于该偏差在波动率预测领域中的表现也有直接的研究。Glaser 等人(2007)的研究表明,人们会低估股指收益率的波动率,这表明他们在对收益率的预测中过度自信。有趣的是,过度自信的程度与是否被研究者要求回答对收益率的预测或是对价格水平的预测有关。当人们被问到对收益率的预测时,波动率的预测值会更小(因此会更过度自信)。

我们可以做更多关于过度自信所产生影响的讨论。有研究成果(Chuang 和 Lee,2006)对这些影响进行了细致的区分和检验。他们发现,过度自信会导致:

- 交易员会对私有信息过度反应,而对公开信息反应不足。与此相关的一个例子是,交易员会对他的个人预测结果赋予更多的权重,而对市场共识赋予更低的权重(在第 8 章中,这个偏差成为使用比例凯利头寸规模范例的理论基础)。
- 盈利会增加交易员的自信,导致他们接下来倾向于更为激进的交易。
- 过度自信交易员的过度交易会增加市场的波动率。后两种效应结合在一起，可能会促进价格泡沫的形成，而价格泡沫的特征就是很强的价格趋势和上升的波动率。

过度自信是交易员可能会产生的最差的偏差之一，因为它可能直接导致投资组合没有被充分分散（在理念和头寸两方面都如此）、过度交易以及没有充分考虑价格大幅变动带来的风险。出现这些问题的交易员，很显然在长期来看都会成为失败者。要记住，最关键的是不要出局。只要我们有盈利机会，如果我们能持久地参与，大数定律终将使我们变得富有。永远不要做会毁掉你未来交易生涯的事。

你还应当明白，越是缺乏技术的人越会变得过度自信。当你与其他人面谈时也要注意这一点。能够不断看到自己的不足，可能也是能力的一个方面。

> 人们会倾向于对自己的能力过于自信并且形成错误判断。我们认为，那些在某个领域的知识能力受到局限的人，会面临双重负担：不仅仅是他们可能会做出错误的结论并酿成令人惋惜的后果，而且知识的局限性还会让他们失去意识到这些问题的能力。
>
> ——David Denning 和 Justin Kruger

所以似乎不断地扩充我们在交易方面的知识能够帮助我们防止这个偏差的发生，这也是我们要不断提升自己教育水平的原因。

最后，过度自信仅仅是问题的一部分：交易员总会变得过度乐观。对自己的判断和能力心理膨胀已经够坏了，但持续的正向偏差甚至更糟。我们总是以为自己发现了更多和更好的交易机会，而实际上这些交易机会却并非如此。

这至少能够部分解释，为什么那些提供交易建议的投资咨询服务、新闻通信和电视节目会受到持久的欢迎。举个例子，吉姆·克雷默在 CNBC 的 Mad Money 节目提供选股建议。根据《巴伦周刊》的报道（Alpert，2007），他选出的股票在很长时间里都比市场差，在所分析的时间段内（2005～2007 年），他的盈利为 12%，而道琼斯指数上涨了 22%，标准普尔 500 指数上涨了 16%。CNBC 反对这些结果，并提供了一些理由。他们认为，一些股票来自"抢答环节"，应该被排除。他们还说，投资者应该只交易那些自己进行了深入研究的股票。他们最后还说，这个节目的主要目的是教育投资者，而不是提供选股建议。

不过即使表现很差，他还是一直在提供选股建议，而听众也继续听从他的建议。这似乎表明，Cramer 和他的听众都过度乐观了，当他解释某个公司是一个好的投资对象时，他的听众会买入，即使他的建议在实践中并没有什么用。

可获得性偏差

当一个简化的规则能够让我们快速地做出一个复杂的决定，而不管该决定是否超出了我们的知识范围时，就出现了偏差。可获得性偏差（the availability heuristic）是指我们倾向于根据意识中出现的第一条证据来做出判断。可第一条出现的证据可能只是一个巧合事件，并不具有代表性。然而人们的意识总是自然而然地通过回想一个事件的难易程度，来判断事件发生的概率。这是一个认知缺陷。

举个例子，成功的交易员周围通常都是其他的成功交易员，这可能是在交易大厅、办公室或者只是在社交场合。这会导致交易员极大地高估成为一个成功交易员的容易程度。毕竟，他们所了解的大部分交易员都是成功的。这可能会发展成为由于自己缺乏成功记录而产生的挫败感，这确实是由可获得性偏差带来的错误观念。他们简单地忽视了那些大量的破产交易员，或者是勉强维持最终退出的交易员。

交易会涉及许多层次的战略思维，而做出决策的正确办法往往并不明确。但是，在实践中，我们常常认为正确的思路是显而易见的。在这种情况下，我们通常会做出完全错误的判断。如果一个交易员没有理性的决策过程，他可能就会面临可获得性偏差（经验法则）。

他们很容易把带有可获得性偏差的结论作为第一个解决方案。这样的交易员会基于想象中的事件（比如收购或者破产）发生的难易程度来判断其出现的概率。对于那些了解正确的经验法则并且熟知历史趋势的交易员而言，正确计算概率是一件容易的事，而那些不知道这个有效捷径的交易员则通常会使用错误的结论。

一般而言，用可获得性偏差来作为解释工具的问题在于，当在估计其事件未来发生概率时，许多会强化某事件的心理可获得性的东西，其实是无关的。特别地，我们倾向于记住那些最近发生的戏剧性事件，尽管它们并不是典型事件。

一个实践中的波动率交易的例子是，在盈利公告或者大型经济数据发布前是否要卖出跨式价差。我们的意识会倾向于更多地回忆起具有代表性的大幅波动事件。在 Google 公司发布 2007 年的第一次盈利公告时，Google 的 2 月和 3 月的跨式价差隐含着股价将会跳跃上涨约 16%。当时 Google 公司股票被认为在盈利公告时会产生大幅的波动。但观察它在之前 9 次盈利公告时的波动（盈利公告前一日的收盘价比公告后的收盘价），具体可参见表 10-1 中的统计数据。

表 10-1 Google 股票在盈余公告后的收益率

日期	收益率（%）	日期	收益率（%）
2004/10/21	15.40	2006/1/31	−7.10
2005/2/1	7.40	2006/4/20	6.50
2005/4/21	5.70	2006/7/20	−2.20
2005/7/21	−3.70	2006/10/19	9.60
2005/10/20	12.10		

价格波动的平均值为 7.7%，最大值为 15.4%。最近一次波动为 9.6%，为第三大的波动，当时跨式价差价格也出现了很大的偏差。更糟糕的是，这次的波动预期比之前的波动更剧烈。事实上，这次的波动估计将是历史上从未出现过的最大波动。基于与盈余公告相关的价格波动的整个历史，此时卖出跨式价差会是笔好生意。当盈利公告真正公布时，真实的股价波动为 1.4%，所以持有波动率空头的交易员成了赢家（但即便交易失败了，这笔波动率空头交易本身依然是笔好交易，因为它是建立在合理的思维过程基础上的。千万不要把好交易与成功交易混为一谈。无论结果怎样，只要一笔交易有合理的依据，它就是一笔好交易）。

短视思维

短视思维（short-term thinking）是对短期盈利不合理的偏好，从而忽略长期业绩的行为，这是一种认知偏差，并且在期权交易中有着显著的影响，因为期权的时间价值衰减会给我们带来麻烦。Nassim Taleb（2004）曾经写道，这是大部分偏好 gamma 空头的交易员的交易基础：他们更偏好（可能是个错觉）稳定的利润，而不是 gamma 多头能够带来的更大盈利预期，因为在获得可观盈利之前，他们会缓慢地亏钱。

交易员可能会对这个观点持有异议，毕竟我们永远不能合理地评估波动率空头交易的价值。但是我们必须承认，这个心理偏差是很有威胁的。当持有的波动率多头头寸每天亏钱时,这是段很难熬的日子,即使这笔交易最终实现了盈利。

但交易员在考虑对冲时,必须对这种偏差有充分的认识。每当我们对冲时,我们都会因为手续费和买卖价差而付出费用。这些费用看上去都很小。单笔费用很小,在一笔交易的整个时间段内,单次对冲的费用都可以忽略不计,但它们加总起来就会变得很显著。考虑到这点,最小费用对冲策略可能是实现期权波动率交易成功最重要的部分。

与之相类似的争论是关于最小化清算费用和融资费用的重要性。在短期内,它们的影响很小,但在长期中,它们就变得非常重要。

厌恶损失

厌恶损失(loss aversion)是一种情感上的偏差,其中交易员的极端竞争性对他们自身极为不利。为了能长期持续地盈利,我们要学会接受损失,即使它们还没有做生意的成本高。

Kahnemam 和 Tversky(1991)首次将厌恶损失归为一种系统性偏差。他们发现,人们不喜欢损失更胜过偏爱收益。这会导致"拒绝承认失败":这一状态指交易员希望自己的亏损会逐渐减小从而全身而退,因此忍受着头寸在不断亏损的状况。一旦促使我们进行交易的最初原因不再存在,那么就根本不用维持已有的头寸。然而,即使理性的制定决策过程发现我们正处于交易中错误的一面,我们依然会不理性地期望(违反概率论法则),头寸会朝我们希望的方向发展,直至我们可以在一个较好的水平上安然退出。

就风险管理而言,这一对策看起来缺乏远见。我们经常会问:"目前我喜欢这一头寸吗?"考虑到所有你知道的情况,你愿意在目前的水平上进行交易吗?在之前的交易中获得或者损失了多少与这一评估没有任何关系。事实上，你的大部分头寸很可能正在开始亏损。你建立头寸是因为当前的价格已经偏离了其公允价值，而且通常会持续偏离。一旦出现错误定价，没有理由认为这一错误不会加剧。正如我们在第 8 章中所讨论的，当一笔交易开始亏损时，你实际上会想交易更多。

我刚才说的那些，并不是介绍由厌恶损失所导致的问题的经典角度。前贝尔斯登的董事长 Ace Greenberg 这样认为："好交易员的定义是这个家伙能够承受损失。"这是交易传说中的一个经典段子。我们在这里表达的观点并不矛盾，尽管表面上看可能是这样。差异主要表现在目前所交易金融工具的动态过程的不同。如果资产价格出现趋势，或者至少交易员在趋势中根据其理念在执行策略，那么当我们错误时进行止损就是有意义的。在趋势行情中，这种损失会逐渐累积。这不同于在均值回复行情中的情况，此时当我们出现少量亏损时，交易原则会变得越来越重要。但是不论发生哪种情况，交易员必须要专注于当前水平上对交易有利的条件，而不是基于当前已实现的收益或者损失。

这种偏差其实也与认知失调（cognitive dissonance）有关，而认知失调会在很多方面影响我们的判断。心里在同一时刻出现两种冲突的想法，会让人产生紧张不安的感觉（Festinger，1957）。在交易中，这和厌恶损失有关。我们有时会不顾一切地避免产生损失，从而会为坏交易找借口，认为这是一笔划算的交易，即使所有已知的证据都指向了相反的一面。在极端情况下，"这次是不同的"这句话现在可能还会听到。

不过厌恶损失并不完全是坏事。投资者对损失的厌恶是存在期权交易的原因之一：期权提供了无限的盈利潜力，但只有有限的损失。这种损益结构从直觉上看是很有吸引力的。正因为它是如此有吸引力，因此我们需要特别小心，不要单纯因为心理的原因而买入期权。厌恶损失可能是导致隐含波动率溢价持续存在（我们在第 5 章中注意到这一点）的主要心理原因，我们会在第 11 章中对其进一步讨论。Low（2004）对这个观点提供了支持证据。

最后，我们需要注意，厌恶损失并不仅仅影响那些差的或新的交易员。美国橄榄球联盟（NFL）的教练（Romer 2006）和美国职业高尔夫球协会（PGA）的运动员，包括 Tiger Woods（Pope 和 Schweitzer，2011）也都会存在厌恶损失。

保守主义及代表性偏差

> 当面临在改变某人的思想和证明没有必要这样做之间进行选择时，几乎每个人都会踌躇犯难。
>
> ——J. K. Galbraith

当市场处于过度反应或者反应不足的状态时，一旦识别出市场的状态，许多波动率交易机会就会涌现出来。所谓保守主义（conservatism）是一种认知偏差，是指人们对于新信息的反应太慢，不能及时更正他们的信念。人们往往倾向于坚守自己初始的观点或预测。大多数人会觉得一开始的立场很难改变。即便立场有改变，改变的过程也往往很缓慢。这就导致了证券价格对于新消息反应不足。而过慢的信息更新速度就形成了收益上的动量效应。

典型的金融市场中的例子是业绩公告后的漂移现象（Bernard，1993）以及在新的基本面数据公布之后分析师不能及时更新对股票的判断的现象（Amir 和 Ganzach，1998；Helbok 和 Walker，2004）。在行业中也存在着收益持续性，这一现象的背后可能也是由于同样的效应（Chan 等人，1996）。

代表性偏差（representativeness bias）是一种认知偏差，是指人们墨守成规、因循守旧地做出判断。当面对一个新处境时，即便有时新遇到的情景与我们过去的经验确实不同,我们还是倾向于根据先前的知识和分类模式来得出判断。当需要立刻做出决定时,这种启发式的推断方法通常是很有帮助的,它可能也是一个有用的进化机制。但是当我们把某一情景选择出来代表某一类常见的情景时,它是不是真的具有代表性是至关重要的!很遗憾,无论恰当与否,我们的大脑还是会试图给它打上"代表性"的标签。

此外,我们还倾向于牢记从个人经验中得到的概率分布。这本身没有问题,但同时我们还会倾向于从中得到错误的统计结论。比如,在投入更多的资本前,我们有必要先进行小规模交易,以检验策略的可行性。如果我们不能完全了解盈利和亏损天数的期望分布,这种做法可能就很危险。我们假设一个交易策略在回测和真实交易中能够带来55%的盈利天数。现在再假设我们连续盈利了8天。我们是不是应该兴奋起来然后增加交易资金呢?其实不然。出现连续8天盈利的情况在这个损益天数分布下是很常见的(参见下文)。但是代表性偏差可能很容易让我们认为形势发生了变化,交易策略变得更为出色了。对交易员来说,让他的上司明白这个道理也特别重要,以免由于可预计的随机因素引起的业绩波动而导致交易资金被重新分配。

独立事件的连续成功次数

如果我们进行 N 次试验,每次失败的概率为 q,成功的概率为 $p=1-q$,那连续 k 次成功的概率是多少呢?

具体的求解过程会很烦琐,但是可以得出 N 次试验中没有连续成功 j 次的概率大致为:

$$q(N) = \frac{1-px}{(j+1-jx)q} + \frac{1}{x^{N+1}} \quad (10\text{-}1)$$

其中:

$$x = +q \cdot p^j + (j+1)(q \cdot p^j)^2 + \cdots \tag{10-2}$$

在本章讨论代表性偏差的例子中，$p=0.55$，$j=8$。假设交易天数为100，即 $N=100$，因此：

$$x \approx 1 + 0.45 \times 0.55^5 + 9 \times (0.45 \times 0.55^5) = 1.003\,896 \tag{10-3}$$

从中可以计算得到：

$$q(n) = 0.6936$$

所以在约31%的交易时间里，我们会预期看到连续8次盈利。

我们需要提防两类代表性偏差。第一类是基率忽视。它是指我们通常会把一个情景带入熟悉的类别中进行评估。如果我们看到一只股价为10美元的生物科技公司股票会想："我们开始买吧。这个股票看上去就和XYZ公司一样。"然而在现实中，每一个情景都是十分特殊的，会使得这样的做法行不通。所有的交易都应该严格按具体情况进行具体分析。但是请注意，这个做法也有可能被用过头。一些交易员在实践中走向另一个极端，他们对每一个交易进行调整，而从不研究各种交易策略的历史数据或者统计分析。没有两个交易是完全相似的，但是也不存在全新的交易。

第二类偏差是忽视样本大小。在第2章中我们曾经研究了样本大小导致的偏差效应，可能已经从概念上对此有所了解。尽管如此，一些数学功底较好的人有时也会从荒谬的小样本中得出错误结论。对于能够从小样本中得出有关总体结论的观点，Kahneman 和 Tversky（1971）把它戏称为"小数定理"，并且由于在交易期权时，我们通常面对的是病态的分布，因此我们需要相当大的样本才能够得出合理的结论（有时候甚至需要无限的样本）。

这两类偏差都有可能引起过度反应。遇到一个新的情景时，我们通常更多的是直接从表面上去解读，而不采取用新信息去调整我们的理解。这与保守型偏差看上去自相矛盾。人们有可能呈现出这两类偏差效应：反应不足和反应过度（Poteshman，2001）。这些效应之间的相互作用是许多交易法则的核心（同样也是许多交易谬论的核心）。反应过度会引起价格反转，而反应不足会形成价格趋势。

一个有意思的研究（Wu 和 Massey，2004）表明，这两类效应可能只是同一个误差的极端情况。人们并不是系统性地倾向于反应不足或者反应过度。他们只是会有错误反应的倾向。如果新数据与某个基础模型一致，那么人们会过于重视这个数据，因此产生反应过度。其实，他们是认为自己了解了所发生的一切。如果新数据并不能与现有的模型一致，那这个数据就不会被重视，因而就产生了反应不足。

确认偏差

如果我们面对一个情景已经形成了一个观点，那么我们对支持性的证据和反驳性的证据会有不同的反应。确切地说，我们会更强调支持性证据而对反驳性证据轻描淡写。我们会系统地说服自己，我们要相信的观点是正确的，并且有证据支持。毫无疑问，大部分事情都有一些支持性的证据，而这些证据将会是我们的关注点。

在许多情况下，这样做是有道理的。对支持先前持有的观点的证据赋予更多权重是一种理性行为。如果我们不这样做，我们的信念就会瓦解。但同样需要确保的是，我们现在的观念是通过一个理性的分析过程来实现的。对未确定的证据持怀疑态度，是科学中的一种正常反应。当一群研究者声称他们发现中微子的速度比光速还快时，其他科学家就会对此表示怀疑。因为这个结果违背了爱因斯坦的狭义相对论，而狭义相对论已经有超过100年的支持证据了。当该结果后来被证实为电缆错误时，那些持怀疑态度的人就是正确的。当最初的信念不是基于坚实的证据，并且人们对自己的信念来源了解不多时，这种直觉就会变成一个问题。

当证据被混合在一起，正确答案并不明显的时候，确认偏差（confirmation bias）通常就会产生。比如，由于隐含波动率的数据不够充分，不能够推翻交易员中广为接受但错误的认知，这就可能导致波动率的一些可预测的模式持续存在。

Camerer 和 Loewenstein（2003）提供了一个关于确认偏差是如何在交易领域被视为一个问题的有趣例子。他们发现，某个投资银行为了缓解交易员留恋自己头寸的行为 [常被称为"与自己的账户交流"（talking their book）]，就周期性地强制交易员互换头寸。

确认偏差表现的精确方式与新证据的本质有关。如果它是模糊的或有些不确定，那该证据会被简单地视为支持性证据。当该证据是混杂的，在不同角度都说得通时，情况就会变得更加复杂，而交易中常常就是这样的。例如，公司的盈余公告包括了许多方面的信息：每股收益、销售额、未来的投资计划和其他东西。这些信息会描绘出不同的业务发展图，而交易员通常会从中找到符合自己先前观点的证据。在这种情况下，我们的大脑不能单纯地忽略那些不符合的证据。相反，我们需要用更高的验证标准来检验这些证据。对于支持性证据，只须将信将疑。而对于反对性证据，则须有充分的说服力。举个例子，神灵论者对于进化论就持有苛刻的标准。他们要求进化论是一种完美的、完善的理论，而与此同时，他们对毫无证据支持的创世论深信不疑。此外，对反驳性证据进行严厉的检查和挑错，会有强化建立初始头寸时的观点的效果。也就是说，反驳性证据事实上会强化初始的观点！如果你曾试图说服某个人在经济上、政治上或宗教上的信念的荒谬性时，你就会对这种效应深有体会。

在评价我们的交易结果时，确认偏差也有直接的应用。在考察盈利和亏损交易时，很容易就会用不同的证据标准。我们总是会把盈利归为自己的技术，而把损失推给糟糕的运气（自我归因偏差）。

在 2004 年美国总统竞选中，有学者（Westen 等人，2006）曾经进行了一次很有意思的试验。这项研究中邀请了 30 个人参与，其中一半人自称是共和党派，另一半自称是民主党派。在一次核磁共振扫描中，参与试验的人被要求对乔治·布什（George W. Bush）和约翰·克里（John Kerry）做出负面评价。扫描的结果表明，在评价的过程中，大脑中与推理相关的部分，也就是背外侧前额叶皮质，并没有参与。相反，大脑最活跃的区域是与处理感情、解决冲突和做道德判断有关的区域。这项研究明显说明，为什么人们在面对相同信息时，却得出了不同甚至相反的结论以及这是如何发生的。Westen 博士对此有一段完美的总结：

> 与意识推理相关的神经回路并没有参与到评价过程中。从本质上说，这些党派支持者就像在不停旋转的万花筒，直到转出他们想要的结果。然后通过去除负面的情感状态，激活正面的情感状态，他们的信念得到大大增强……每一个人，无论是企业高管、法官、科学家还是政客，只要能通过改变对"事实"的注解获得既得利益，他们就有可能会做出带有情感偏差的决断[⊖]。

在多种不同的认知偏差中，高智商的人实际上更可能会产生确认偏差。高智商的人期望自己做的决断是正确的。他们通常也的确是正确的。他们总是期望得到确认自己判断的证据。因此从这一角度讲，任何证据都是可以看到的。这其实意味着，在某一确定点后，我们无法再从新的证据中获得任何有价值的信息。

已经有一些科学的方法来部分战胜确认偏差。在开始试验（或对某

⊖ "Emory Study Lights Up the Political Brain," *ScienceDaily*, January 31, 2006, www.sciencedaily.com/releases/2006/01/060131092225.htm.

个交易想法进行回测）之前，我们必须对如何评价结果事先定好标准。此外，我们必须主动地去寻找相反的证据，那些违反我们假说的东西。如果某个想法能够在被充分怀疑的情况下还保留，那我们对它的有效性就会更有信心，而不是简单的不停地找那些支持性证据。

交易员在寻找交易想法和策略时需要灵活和无偏见，但在验证它们的时候，则需要严格地遵守规则。

事后聪明偏差

当一件事情发生以后，我们会倾向于认为这件事情是可以预知的。这就是事后聪明偏差（hindsight bias）。最终实际发生的那个结果比起其他那些没有发生的可能结果，更容易让我们理解。当我们把这些结果回溯拟合数据时，会高估预测结果的精确性。这也被称为是"我早就知道会这样"效应。一些学者在不同的背景下研究了这个效应，包括政治（Blank 等人，2003）、医药（Arkes，1981）、刑事审判（Bryant 和 Brockway，1997）以及竞赛（Louie 等人，2000）。

该偏差容易导致任意交易，因为它总是在交易机会的选择和持有期上缺乏明确定义的规则。会这样做的交易员其实是处在一个复杂环境中，有许多模棱两可的信息碎片需要去处理。例如，单个价格图可以被解释为多种价格模式。当最终结果出来时，好像一切都很显然，但在结果出来之前并不是这样。

这种偏差甚至会影响职业历史学家，虽然他们应该对此有更多了解。现在（2013 年）我们知道，因入侵伊拉克而随后导致的混乱不可避免，但在战前，并不是所有人都这样认为。看来历史学家也不能幸免。

糟糕的是，事后聪明偏差很难避免，即便我们已经对它已经非常重视。这种心理倾向是根深蒂固的。

我们容易产生事后聪明偏差，是因为我们对记忆进行归类的方式。我们储存知识的方式是把它与类似的事件联系起来（例如，盈利的交易会被放在一起），而不是按照事件发生的顺序（例如，10月23日发生的交易）。因此当我们知道某笔交易的结果时，它会与类似的交易存放在一起，从而就很难想回忆起这笔交易发生的时间。

我们可能必须接受这个不足之处，并通过适当的程序来减轻这种效应。保留好交易记录可以提供帮助，然后我们就可以冷静对待每个时间段发生了什么。传统的写交易日志的方式（每个人口头上都答应去做，但实际上只有很少的人能够坚持）同样有效。

另一个值得培养的好习惯是记录下所有预测并对失败进行准确定义，这可以让我们的预测得到检验。例如，"如果波动率价差并没有在下个月回归均值，我就退出这笔交易"就是一个被准确定义的，可被检验的预测，而"波动率会回归"就不那么好了。在交易过程中的每个水平都应该这样做，这是很重要的。不管我们是在准备一笔新的交易，还是雇用一个新的交易员，我们都需要设置好被准确定义的时间线和目标。

在交易中，事后聪明偏差的最大危险可能是使我们的交易量变得很大。当看到交易结果的时候，我们很容易就认为"我们早就知道会是这个结果"，然后就决定下一次交易时放大交易量，它也会使我们在事后成为过度指责下属的上司。回顾在市场中所发生的事情，我们会认为市场的每一个发展都很明显（管理交易员的经理需要特别留意这个倾向，因为看起来似乎你指出了这些明显发展。这么做的话，很难不被认为是事后诸葛亮）。

锚定与调整偏差

这是个认知偏差，会使得我们选择已知的锚（anchors）或者说熟悉的头寸，随后根据在这个起始点上做一些后续的调整来做出估计和决策（Kahneman 和 Tversky，1973）。我们更擅长相对思考而不是绝对思考。

如果有人问我们原油价格是高于还是低于 60 美元一桶，可能我们给出的任一答案的可能性是相同的。如果继续被问到实际石油价格应该是多少，我们可能会猜是 60 美元左右一桶。我们被前一个问题"锚定"了。

有学者研究了这种偏差在股票交易中的情况（George 和 Hwang，2004）。这些研究表明，52 周的最高价在预测收益中有显著的作用。这与交易员锚定（在最高价），然后在此基础上进行调整的想法是一致的。

在波动率交易中，这会是一个特别的问题，因为我们需要对隐含波动率和未来已实现波动率做出判断。如果有人问我们，"你会以 40% 的价格卖出 AAPL 的隐含波动率吗"？我们的大脑就会锚定在这个水平上。这个问题和"你会以什么价格卖出 AAPL 波动率"是完全不同的。要避免这种偏差，你需要试着在观察市场隐含波动率前设定好买入和卖出的波动率水平。如果不这样做的话，这样的行为比偷看答案还要严重，甚至会影响到你的答案。

Driessen 等人（Driessen、Lin 和 Van Hemert，2011）对于波动率预测有关的出版物进行了直接研究。他们发现，当股票价格接近 52 周最高价或最低价时，隐含波动率会下降。当在接近最高价时，波动率平均会下降 0.9 个波动率点（t 统计量为 12.9），而当接近最低价时，波动率会平均下降 0.4 个波动率点（t 统计量为 3.8）。如果价格波动的年度区域被击穿，当价格超过最高价时，波动率会上升 1.12 点；而当跌破最低价时，波动率会上升 1.16 点。这些结果同样是显著的，t 统计量分别为 5.6 和 3.9。这个效应与锚定偏差一致。因为当价格接近极值时，人们会不愿意通过在最高价买入或在最低价卖出的方式，把价格继续朝会让波动率增加的方向推动。

叙事谬误

古生物学家斯蒂芬·杰·古尔德（Stephen Jay Gould）把人类定义为"会讲故事的灵长类动物"。人们热爱好的故事。当可以用一个貌似合理的故事来描述某件事时，我们就会讨厌把它归结为为运气、机遇或者随机性。

考虑有一场势均力敌的垒球比赛。每个队伍在赛前都有相同的机会获胜，因此比赛结果看上去基本不可预测。这场比赛就像抛硬币一样。不过当比赛结束时，总会有某个队伍获胜。然后那些体育记者和专家就会告诉我们，为什么会是这个结果。可能某个明星投手开局不利，或者说某个游击手漏接了一个双杀球，还可能是某个倒霉的球迷掉到了底线，影响了一个犯规球。所有这些都可以被解释为关键事件，这一事件以及其他事件一起导致了最后的比赛结果。当主队输掉比赛时，可能至少有 54 次出局，但只有很少数量的出局被视为有显著影响的。对一个教练或者一个球员来说，单独一次出局就是有显著影响的。但归根到底，这个结果只与运气有关而已。毕竟，总会发生点什么事，然后我们认为有必要把结果归结于某一特定原因。即使 Steve Bartman 在 2003 年没有出现在瑞哥利球场，俱乐部仍可能会以其他方式输球。

但人们坚持 Bartman 的"解释"。就像大多数骗人的解释故事一样，它是有趣的、容易理解的和生动的，它同样是在把事件拟人化。这是那些能吸引我们注意力的故事的典型特征。比外，相比较而言，真相总是乏味的。Margaret Thatcher 意识到了这一点，她说道："当然这是一个相同的老故事。真相总是那个相同的老故事。"

我们渴望获得知识，但更渴望知识是以一个有趣故事的形式来表现。政治家总是知道这一点，他们常利用我们只记得故事而不是真相的事实。有位名人曾说过："谎言重复一千遍就成了真理。"

记者经常也意识到这种情况。他们,以及他们的编辑,总是在说出真相和讲一个有趣的故事之间痛苦抉择。修饰故事的诱惑是如此强烈,以至于好的机构会有一个复杂的事实复核员和编辑层级,以及一个非常严格的文化验证。芝加哥的城市新闻局有句名言:"如果你母亲说她爱你,请给出证明。"

许多买入深度虚值期权的买家都陷入了某些叙事谬误之中。许多研究(Bakshi 和 Kapadia,2003;Coval 和 Shumway,2001;Bondarenko,2003;Hodges、Tompkins 和 Ziemba,2003)都表明,这些期权的买家一般会亏钱。但在某些特定的情况下,买家会找到一个有吸引力的故事来支持他们的决定。这些情况可能是 1987 年的股灾、金融学中的黑天鹅理论,或是某些与"兴登堡凶兆"[⊖]一样蠢的东西,你总是可以找到某个故事来胜过统计分析。

预期理论

丹尼尔·卡尼曼(Daniel Kahneman)和阿莫斯·特沃斯基(Amos Tversky)是行为金融学中两位最早和最有影响力的研究者。他们研究工作所隐含的统一概念是效用理论不足以描述人们在做财务决策时的方式。他们的替代方法被称为预期理论(prospect theory)。

在考察他们的理论之前,让我们分析一个简单的、效用函数无效的例子。这就是他们在 1979 年所做的试验。他们向他们的学生询问了许多问题,这些问题是如何在与潜在的收益和损失有关的情形时做决策。下面就是其中 1 对问题。

问题 1:

你有 1000 美元,必须从下列的选项中选择一个:

⊖ 一个滑稽的、过度拟合的技术指标综合体,用来预测股灾。它在 1995 年被开发出来,但由于某些原因而在 2010 年 8 月成为一个简化的网络流行语。

A：你有50%的概率赚1000美元，50%的概率什么都得不到。

B：你有100%的概率赚500美元。

问题2：

你有2000美元，必须从下列的选项中选择一个：

A：你有50%的概率损失1000美元，50%的概率什么都不损失。

B：你有100%的概率损失500美元。

如果这些答题人是理性的，他们会在两个问题中均选择A或B，而有更大风险偏好的人会都选择B。不过，84%的人在问题1中选择了B，69%的人在问题2中选择了A。这意味着，大多数人喜欢小额收益，而会接受大额损失。

这一行为是与"止住亏损，让盈利奔跑"的交易哲学（虽然简单，但却普遍有效）完全违背的。相反的行为才是我们的自然举动。

这一试验表明，与严格凸的效用函数不同，人们的价值函数是对盈利凸，而对亏损凹的，如图10-1所示。

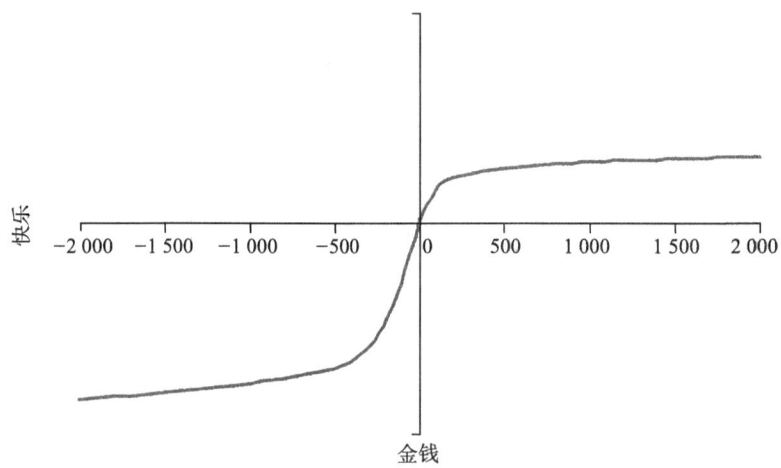

图10-1 与卡尼曼和特沃斯基的试验结果一致的价值函数的形状

对那些正常的效应函数，虽然每个人的效应函数曲线的精确形式会有所不同，但其普遍形状是统一的。其中最重要的特征是，由一定数额盈利所带来的快乐，比不上同样数额亏损所带来的悲痛。

这个"预期函数"解决了试验结果中的不一致性。当给某人提供许多提议时，他会对每个提议单独进行评价，然后得到总的评价。因此，如果我们发现了1000美元，但接下来就损失掉，我们会经历净的不高兴（例如，我们可能先获得了100效用点，接着就损失了150）。经典的效用理论并不会区分这种情形，也就不会首先发现钱。

作为设计来解释特定试验结果的理论，预期理论相当成功（至少从社会科学的标准来看是这样的）。例如，它解释了为什么有些人会在资本利得税上升时投资更少，即使他们承认该项投资是他们分配资金的最好去处。类似地，一些人拒绝过量工作，以避免支付更多的税。在这两个例子中，纳税所产生的痛苦都比总收益高。

预期理论是一种对行为进行描述的理论，而不是给出了最优的解决方案。当我把卡尼曼和特沃斯基的试验结果拿给一位经验丰富的交易员看时，他的回答是："人们是愚蠢的，我早就知道了这一点。"不过，正如我们在本章的开头部分所强调的，我们同样需要认识到，我们也可能会陷入这些陷阱中。虽然好的交易员一般能够克服避免这种诱惑来控制损失（让盈利奔跑看上去是更难实现的目标），但因对收益和损失的不对称评价，他们仍会在资金管理中做出一些次优的决定。

为了解这一点，让我们看看，如果我们修改凯利准则来最大化预期函数，并与对数效用函数相对照，会发生什么结果。了解会发生什么结果的最简单方法是认识到，预期理论认为我们对损失看得更重，而如果我们是完全理性的，就不会那么重。这等价于用某个因子来扩大损失。这与我们使用比例凯利准则所得到的结果一致。

本章小结

行为金融是一个诱人的话题，虽然它迄今为止还无法有力地替代标准的金融理论，但是对交易员却很有帮助。它能提供给我们一个提防陷阱的清单，并帮助我们探寻新的交易理念。

- 不要太频繁地交易。
- 交易头寸不要太大。
- 如果你需要完全判断正确才能盈利，那就不要执行这样的交易。
- 要知道，波动率多头头寸即使在最后是盈利的，它在绝大部分交易日中还是有可能会亏损。
- 如果你错了，必须要承认。
- 与一个能提供额外观点的伙伴一起认真讨论一项交易的优点。
- 要完全明白你的盈利优势的真正来源。
- 在客观背景和样本大小的基础上，小心恰当地评价新信息。
- 积极地寻找能够反驳你所持观点或头寸的证据。
- 根据每个交易的持续业绩对其仔细评估。
- 在观察隐含波动率之前，就试着拟定买入和卖出波动率的水平。
- 仔细考虑你所使用的新闻数据源是真的能够帮助你，还是仅仅能让你和其他市场参与者一样思考。
- 持续学习交易的所有方面。

第11章
Volatility Trading

通过波动率交易来获利

正式地说，alpha 被定义为某个证券的超额收益，是超过资本资产定价模型所预测值的部分。beta 用于衡量该证券收益相对于市场收益的敏感性。不过现在这两个术语在交易中已经被泛用了。在本书中，alpha 是指主动投资或管理所产生的收益，它是交易的结果。alpha 并不是在市场中找到的，它是通过与市场的交互而创造出来的。beta 是指通过承担风险所获得的收益，它是水涨船高中的水涨。

例如，投资普通股会让我们因 beta 而获得收益，因为普通股都是同步上涨的（Dimson 等，2002）。但挑选特定股票，或者选择时机进入就是 alpha 的可能来源了。

对于那些投资给交易员的人来说，区分清楚 alpha 和 beta 非常重要。beta 并没有 alpha 那么有价值。没有人会向 beta 支付与 alpha 一样的钱，所有交易员都声称他们是 alpha 生产者。买家要留心。

在本章中，我们将考察波动率交易中最大的 beta 来源：方差溢价。

方差溢价

正如我们在第 4 章中简要提到的，隐含波动率一般比已实现波动率高。我们把图 4-4 又在这里显示一遍,以强调这一点(见图 11-1)。我们还说过,这并不意味着做空波动率总是一个好主意。不过,这里我们将会讨论一种我们总是想去做空的情况:指数波动率。

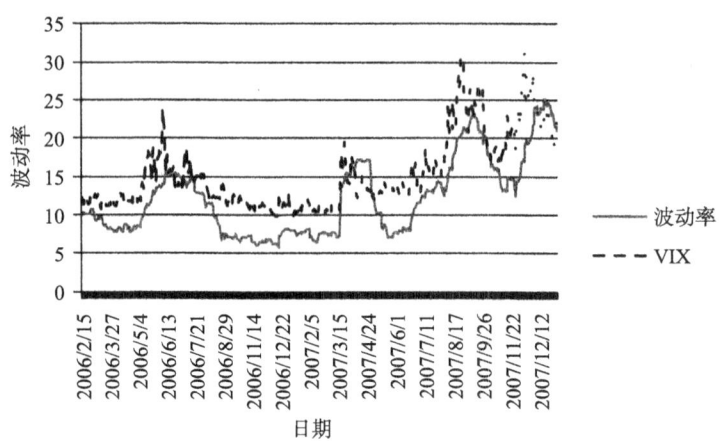

图 11-1 波动率指数(VIX)和标准普尔 500 指数的 30 天已实现波动率

Coval 和 Shumway(2001)的一份研究表明,卖出股指跨式价差能得到 3% 的周度收益率,夏普比率为 1.2。Hodges 等(2003)的研究表明,1985~2002 年,买入标准普尔 500 指数和富时 100 指数(FTSE100)的看涨期权并不能获利。Broadie 等人(2009)更近的研究表明,即使包含 1987 年股灾的数据,买入看跌期权的策略也很难获利。

关于交易策略的精确选择,这个普遍的想法是相当稳健的。图 11-2~图 11-5 显示了在 2000 年 1 月~2010 年 4 月通过卖出纳斯达克 100 指数基金(QQQ)的各种跨式和宽跨式价差的交易收益。我们选择的是次月期权,对期权进行 delta 对冲,并每周对组合进行再平衡。不过我们发现,不管我们是否进行 delta 对冲,各种行权价选择都能产生基本类似的结果。我们假设收取策略保证金(这比大多数职业交易员所能获得的组合保证金标准要更保守一些),初始资金为 10 万美元。

第 11 章 通过波动率交易来获利 243

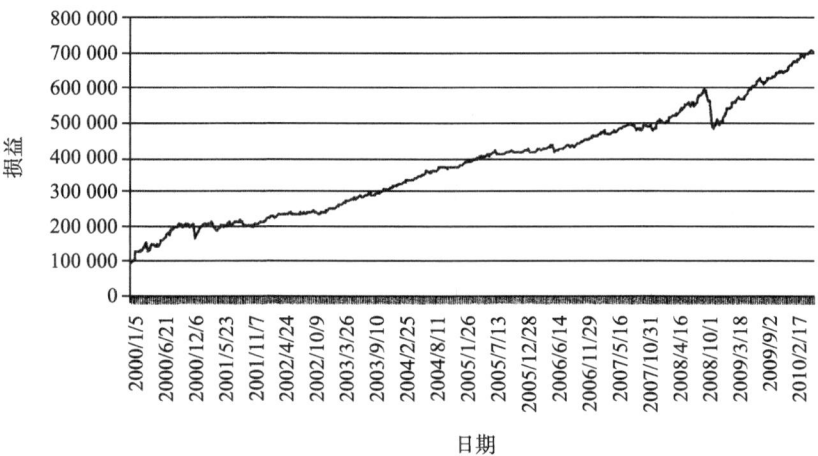

每周平均收益率（年化）：19.9%
总收益率（年化）：41.6%
夏普比率：1.32
最大回撤比例：20.6%

图 11-2 卖出 QQQ 期权的次月 10-delta 宽跨式价差时的收益

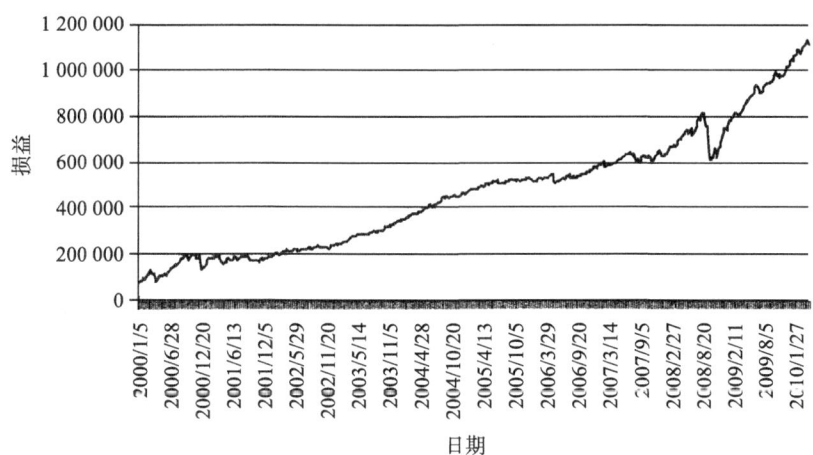

每周平均收益率（年化）：26.7%
总收益率（年化）：93.3%
夏普比率：1.21
最大回撤比例：34.2%

图 11-3 卖出 QQQ 期权次月 20-delta 宽跨式价差时的收益

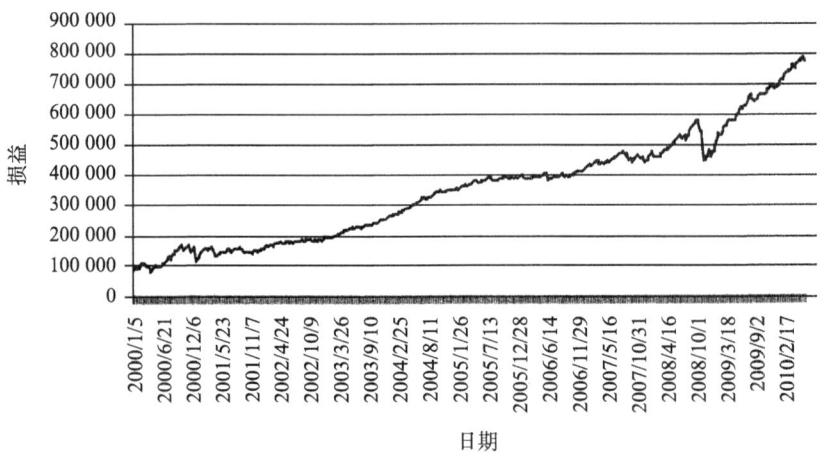

每周平均收益率（年化）：22.5%
总收益率（年化）：64.1%
夏普比率：1.14
最大回撤比例：32.9%

图 11-4　卖出 QQQ 期权次月 30-delta 宽跨式价差时的收益

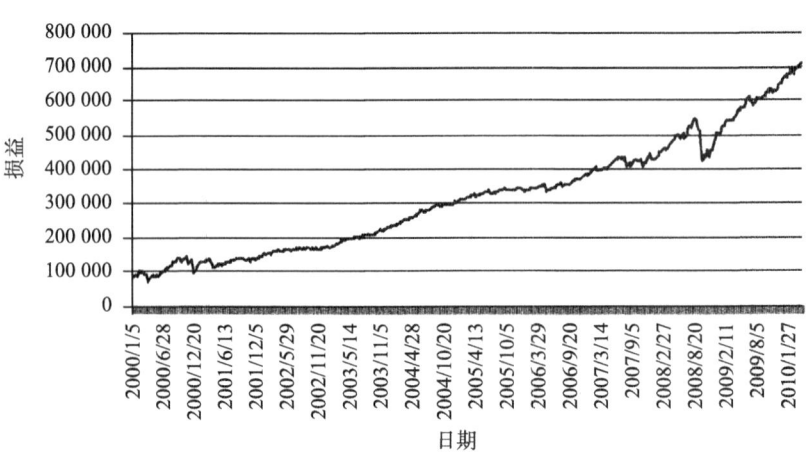

每周平均收益率（年化）：21.7%
总收益率（年化）：58.6%
夏普比率：1.14
最大回撤比例：32.7%

图 11-5　卖出 QQQ 期权次月平值跨式价差时的收益

我们在单纯卖出方差策略中所经历的回撤意味着，它可能不会成为交易公司（由于他们经常使用更大的杠杆）或对冲基金（这么大的回撤会导致赎回和诉讼）的好交易方法。不过，对策略进行简单修改就可以让我们在获得相当好收益的同时降低波动率。

例如，我们通过利用波动率溢价会在隐含波动率低的时候成比例增加这一事实（见第 4 章），来对交易结果进行适当平滑。图 11-6 显示了当仅在 VIX 低于 35 时才卖出 20-delta 的宽跨式价差的交易结果。关于所选择的实际 VIX 水平和用 VIX 来作为度量隐含波动率的工具，该结果是相当稳健的。

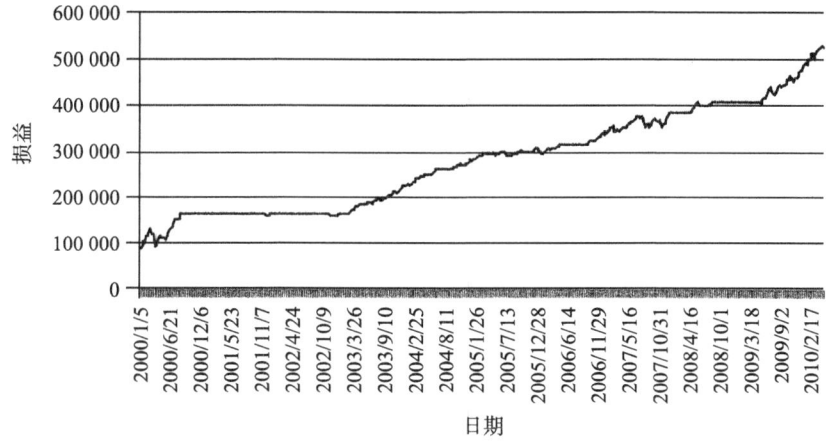

每周平均收益率（年化）：17.8%
总收益率（年化）：41.7%
夏普比率：1.30
最大回撤比例：31.4%

图 11-6　当 VIX 小于 35 时卖出 QQQ 期权次月 20-delta 宽跨式价差时的收益

原始统计结果并没有显示出太大的改善，不过损益流要更平滑了，并且我们躲开了 2008 年的危险波动率。

另一方面的改善是利用了卖出波动率会在 VIX 平稳或下降的环境中表现更好的事实。如果我们只在 VIX 低于其均值（这里我们用指数加权移动平均模型，衰减因子为 0.95）时才卖出期权，我们会得到更好的结果，如图 11-7 所示。

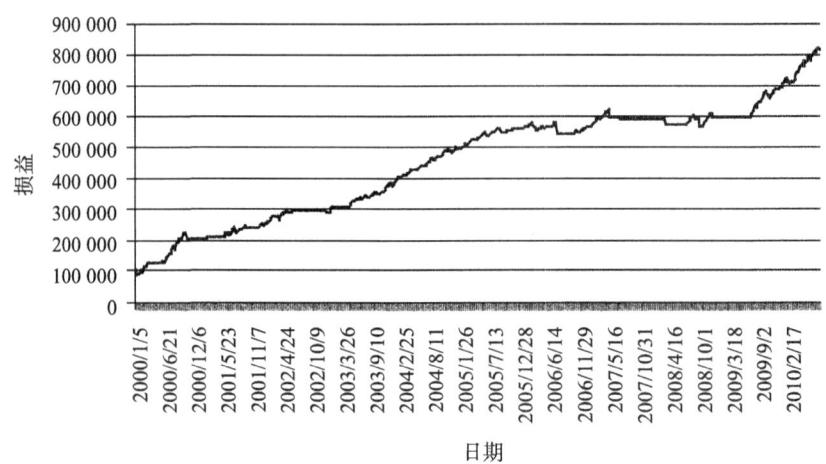

每周平均收益率（年化）：21.8%
总收益率（年化）：69.8%
夏普比率：1.68
最大回撤比例：10.3%

图 11-7 当 VIX 小于其均值时卖出 QQQ 期权次月 20-delta 宽跨式价差时的收益

虽然这个图看上去很吸引人，但我们需要记住，这个结果没有单纯用 VIX 的某个水平来做过滤器时那么稳健。虽然它也相对简单地避免了 2008 年的灾难（几乎用任何均线都可以），但当 VIX 在区间内震荡时（比如 2000～2003 年）就没有那么好了。该曲线的拟合程度是很显著的。有趣的是，均线过滤器的表现之所以能超过水平过滤器，是因为 2004 年之前的交易结果。在此之后，两个策略的资金水平都翻了一倍。这是由于特别的均线选择能在 VIX 震荡时表现很好。我们不能认为这个结果总能维持。

卖出个股期权的结果并没有那么明确。在这种情况下，方差溢价并没有表现出相同的持续性。表 11-1 显示了在 2002～2010 年卖出道琼斯工业平均指数的（大多数）成分股的 30-delta 宽跨式价差的结果。通过考虑那些对未来波动率有影响的基本面因子（见第 4 章），对股票进行区分有值得的，不过这些道琼斯成分股之间的区分度没有那么大，并没有显著的效果。

表 11-1 卖出道琼斯成分股的波动率时的结果

股票代码	周频收益率（%）	总收益率（%）	夏普比率	最大回撤（%）
AA	−10	−11.2	−0.22	92.3
AXP	10	1.7	0.26	80.2
BA	4.9	2.4	0.22	60.1
BAC	19.2	14.7	0.44	80.8
CAT	15.3	4.3	0.31	73.5
CSCO	21.1	36.8	0.77	36.4
CVX	18.6	27.1	0.64	63.4
DD	9.8	9.1	0.41	47.1
DIS	1.6	−2.3	0.06	50.3
GE	−5.3	−6.3	−0.22	73.8
HD	16.4	13.0	0.39	68.8
HPQ	14.9	20.4	0.62	41.6
IBM	19.6	4.7	0.36	81.1
INTC	8.4	3.1	0.29	52.4
JNJ	23.1	54.6	1.12	37.2
JPM	−9.1	−9.5	−0.23	91.0
KFT	12.6	17.2	0.72	34.1
KO	8.1	7.5	0.44	38.4
MCD	7.1	6.5	0.39	38.9
MMM	31.4	44.7	0.72	55.6
MRK	−5.1	−6.2	−0.19	67.2
MSFT	12.4	15.2	0.53	61.5
PFE	6.9	8.4	0.53	20.1
PG	17.6	32.8	1.09	30.0
T	12.1	17.8	0.85	28.3
UTX	29.0	92.9	1.26	35.6
VZ	15.0	25.3	0.87	30.5
WMT	25.8	67.8	1.12	42.1

方差溢价看上去主要是一种指数效应。这给我们提供了一些可能导致溢价的线索。

相关性溢价

通过卖出指数波动率和买入成分股波动率，我们可以有效地获得相关性空头头寸（这个策略也被称为分散交易）。许多研究表明，这是一个可以盈利的策略，夏普比率与先前的卖出宽跨式价差策略相当（可参考 Driessen 等人，2009）。当相关性上升时，市场会处于混乱状态，此时分散交易会遭受损失。这时卖出指数方差同样会遭受损失。

偏度溢价

指数的隐含波动率偏度一般比个股更陡，部分是由于相关性效应的影响。许多方差溢价来自卖出波动率比平值高得多的虚值看跌期权。我们可以通过卖出 30-delta 风险逆转（卖出看跌期权，买入看涨期权，并进行 delta 对冲）来发现这一点。图 11-8 显示了在 QQQ 上应用这一策略的交易结果。

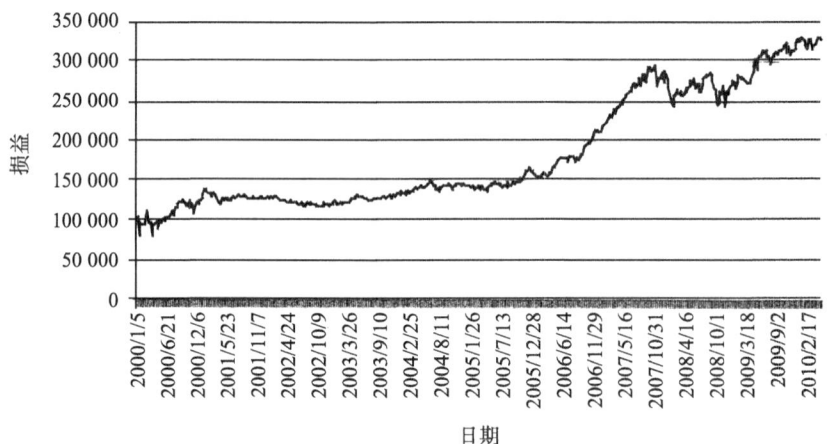

每周平均收益率（年化）：13.5%
总收益率（年化）：22.2%
夏普比率：0.69
最大回撤比例：26.9%

图 11-8　卖出 QQQ 期权 30delta 风险逆转时的收益

Kozhan 等人（2011）分析了卖出偏度互换的盈利能力。偏度互换是一种模拟的无偏度合约，它的损益等于已实现偏度与隐含偏度之间的差异。与方差互换类似，这种合约可以用一个普通期权的组合来复制得到。研究者用这种合约来考察隐含偏度中隐含的风险溢价，而不用担心某一特定期权定价模型的错误设置。他们的研究显示，标准普尔500期权（在1996～2009年）的卖出虚值看跌期权中约一半超额收益都来源于收益率与波动率之间的相关性，即已实现偏度。

产生方差溢价的原因

在我们尝试证明方差溢价之前，让我们假装自己并不知道上面的结果。买入或者卖出期权是否会成为一个更盈利的策略，这在理论上并不是很明显。让我们来看一下每种情况。

卖出期权

- 期权卖家是在提供保险，因此他们需要为此获得补偿。
- 卖出期权会得到具有显著负的偏度和超额峰度的收益率。均值 – 方差理论的扩展理论（Malevergne 和 Scrnette，2005；Shefrin 和 Statman，2000）表明，投资者对这两者都不喜欢，因此需要得到补偿。
- 当做空波动率会导致亏损时，股票市场也会产生亏损，这同样要求为做空波动率的交易员提供补偿。

买入期权

- 股票持有者能通过卖出看涨期权来获得收入，而他们对卖出价格并不敏感。这会降低这些期权的价格。
- 由于代理人效应（Taleb，2004），投资者可能会形成一种对负偏度的喜爱。这个论据说明，基金管理人和对冲基金交易员对常规利润（以及常规奖金）的渴望，可能导致他们保留对正常的偏度多头的喜爱。

上面这些论据,没有一项是关于买入或卖出的,本质上都是愚蠢的,不过这些证据自然地表明,指数期权的卖方有盈利优势。当考察为什么会有这样的更细致的理由时,可能需要考虑三种不同的情形:平值期权的方差溢价、虚值看跌期权的方差溢价和虚值看涨期权的方差溢价。

平值期权的方差溢价

- 此时会存在一种对系统性风险的补偿。这个论断是由 Carr 和 Wu (2009)所提出的。他们发现,具有更高方差 beta 值的股票,会有更高的方差溢价。这个效应并没有从 beta 与合约标的运动的角度来进行解释,因此方差被认为是一种单独的风险因子(虽然我们之前曾说过,这可能实际上是相关性溢价)。
- 我们所考察的样本并不具有代表性(这是比索问题的一个例子:认为未来收益率会因样本中没有发生的不常见的灾难事件影响而变差),我们获得现在的结果纯属运气。这个解释其实在真正意义上并不算是一个解释。它只是期权买家证实他们的策略的一种方式,而并没有解释什么。

虚值看跌期权的方差溢价

- 波动率卖方提供了下侧保护,因此从收取的保险费中获利。
- 投机者可能会高估灾难发生的概率。
- 又是一个比索问题。

虚值看涨期权的方差溢价

- 人们把买入看涨期权的收益视为一种彩票。Ni(2009)和 Hodges 等人(2003)都发现,随着买入的看涨期权的虚值程度越深，收益率越差。与 Taleb 的论断不同，买入这些期权的投资者，看上去是在主动寻找偏度，这抬高了这些期权的价格。

本章小结

在本书的大部分内容中，我们都在暗暗地试图仅以特定合约标的的历史数据为基础去预测和交易波动率产品。不过，此处又有一个更高水平的效应：宽基股票指数的隐含波动率一般会非常高。这并不必然意味着我们总是能成功地做空指数期权，但这确实是一种需要我们去注意的真实效应。做个类比，交易个股的波动率就和选股差不多，但指数的方差溢价就像股票指数会随时间而不停上涨一样。

- 指数隐含波动率一般会比已实现波动率高。
- 可以通过卖出跨式或宽跨式价差来捕捉这个溢价。
- 当整体波动率较低时，该策略会更有效。
- 可能是偏度和相关性溢价共同导致了方差溢价的产生。
- 个股中并没有表现出这种溢价。
- 对这种效应有一些行为学上的解释，但它也可能是比索问题的一个实例。

第12章
Volatility Trading

VIX

在推导布莱克－斯科尔斯－默顿模型时，我们对合约标的的行为做了一些特殊的假设。我们也可以在给定这些期权的条件下，不用这些假设就计算出波动率。这被称为无模型隐含波动率，以此形成对方差互换进行定价的基础，以及计算出 VIX 指数。

方差互换是基于 Carr 和 Madan（1998）所提出的一个想法。他们使用了全部的期权（而不仅仅是那些给定到期日的平值期权）来构建了一个组合，该组合对方差的暴露是与合约标的的价格无关的。这个基础想法后来被 Britten-Jones 和 Neuberger（2000）公式化了，Jiang 和 Tian（2005）将它进一步扩展至合约标的的支付股息和无风险利率非零的情况。他们发现，资产收益率在两个时间点（T_1 和 T_2）之间的方差（在风险中性的世界中）为：

$$E\left[V_{T_1,T_2}\right] = \frac{2}{T}\int_0^\infty \frac{C[T_2, X\exp(rT_2)] - C[T_1, X\exp(rT_1)]}{X^2} dX \quad (12\text{-}1)$$

如果我们把当前时点视为起始时间点，我们就可以用远期价格 F_t 和虚值期权来表现：

$$E\left[V_{0_1,T}\right] = \frac{2}{T}\exp(rT)\left[\int_0^F \frac{P(T,X)}{X^2}dX + \int_F^\infty \frac{C(T,X)}{X^2}dX\right] \quad (12\text{-}2)$$

式（12-1）和式（12-2）实际上给出了无模型隐含方差。当我们对其取平方根以求波动率时，我们会用到 Jenson 不等式来向上偏斜。

VIX 指数

波动率指数（VIX）是芝加哥期权交易所（CBOE）在 1993 年引入的，它被设计来作为权益市场波动率的基准指数。2003 年，其计算方法被改变为提供一种与模型无关的与远期相像的波动率指数：未来 30 天标准普尔 500 期权市场波动率的预期值。它的计算方法是式（12-2）的离散版本，其中积分被求和所近似替代。据我所知，最早研究这个离散情形的人是 Demeterfi 等人（1999），他们考察了用有限数量的行权价来计算时的某些细节效果。

Carr 和 Wu（2006）对构造 VIX 的两种方法进行了比较。VIX 与合理值之间的偏差可以很容易得到（例如，参见 www.cboe.com），指数值被追溯计算回 1990 年 1 月 2 日。

VIX 是用以下公式对一个加权带（strip）的期权进行计算来得到的：

$$\sigma_{VIX}^2 = \frac{2}{T}\sum_{i=1}^N \frac{\Delta X_i}{X_i^2}\exp(rT)V(X_i) - \frac{1}{T}\left(\frac{F}{X_0}-1\right)^2 \quad (12\text{-}3)$$

$$F = X_0 + \exp(rT)(C_0 - p_0) \quad (12\text{-}4)$$

$$\Delta X_i = \frac{X_{i+1}+X_{i-1}}{2} \quad (12\text{-}5)$$

其中，r 为无风险利率；T 为存续期（CBOE 是用分钟来计算）；F 为指数的远期价格；X_0 为刚好低于远期价格的行权价；X_i 为第 i 个虚值期权的行权价；V 为对应期权的中间价。

在式（12-3）～式（12-5）中代入两个期权存续期 T_1 和 T_2，然后用插值法来得到不变的 30 天波动率：

$$VIX = 100\sqrt{\left[T_1\sigma_{VIX1}^2\left(\frac{N_{T2}-N_{30}}{N_{T2}-N_{T1}}\right) + T_2\sigma_{VIX2}^2\left(\frac{N_{30}-N_{T1}}{N_{T2}-N_{T1}}\right)\right]\frac{N_{365}}{N_{30}}} \quad (12\text{-}6)$$

其中，N_T 为相应合约的剩余分钟数。

VIX 指数（也被称为现货 VIX）并不是一个可交易的资产。虽然可以瞬时复制该指数，但需要不停地进行再平衡，这不仅是因为需要维持 30 天的存续期，还因为取平方根所导致的凹度。不过，VIX 期货是可以交易的，它们提供了许多对隐含波动率进行投机的有趣方法。

VIX 期货

VIX 期货是在 2004 年 3 月首次上市的（VIX 期权随后在 2006 年上市），它们的基准为 VIX 的现货价值。由于 VIX 指数并不能被静态地复制，因此通常以现货为基础的期货定价关系并不成立，也就无法进行套利。相反，VIX 期货需要用一个关于隐含波动率未来变化过程的模型来定价。VIX 期货合理价值的计算是与模型相关的。

人们提出了许多这样的模型，但尚未达成共识。此外，即使我们有一个很好的模型，它可能对大多数交易员而言都不是很有用。期货的市场价格看上去并没有在模型的预测值周围波动。我们可以参与交易，并持有至到期。一些对冲基金可能会这样操作，但期权交易公司不会这样做。交易公司（以及大多数期权交易员）都会对这种由模型驱动的交易表示怀疑。

不过，有许多交易机会是与模型无关的，下面就让我们来看一看。

把 VIX 基点作为期货的预测指标

Simon 和 Campasano（2012）表明，可以通过观察 VIX 基点来预测期货。也就是说，如果期货价格高于现货 VIX，那么期货将会下跌；如果期货价格低于现货 VIX，那它们将会上涨。这与理性预期假说不符。理性预期假说认为，期货价格是现货 VIX 的未来值的无偏估计。如果这是对的，那 VIX 基点就不应该有预测能力。

该研究考察了 2006～2011 年的 VIX 数据。在该期间，VIX 的平均值为 23.7，而期货头两个月合约的平均值分别为 23.8 和 24.4。VIX 的最大值为 81.1，最低值为 9.9。由于波动率会均值回复，因此期货的波动范围就要小一些：当月合约的波动范围为 10.3～69.0，当月合约平均比现货基点高 0.66，差距的最小十分位数为 -1.40，最大十分位数为 2.01。

一般而言，当 VIX 很高时，期货曲线将会向下斜；当 VIX 很低时，该曲线会向上斜，但这个现象并不具有普遍性。例如，当 VIX 低于 20 时，期货曲线在 22% 的时间里会向下斜。而当 VIX 为 40～50 时，该曲线在 46% 的时间里会向上斜。这些看上去异常的行为可能产生一些不错的交易机会。

基本的基点交易为：

- 如果当月合约高于现货，且预期每日的收敛度会大于 0.1 个 VIX 点，那我们就做空期货。
- 如果当月合约低于现货，且预期每日的收敛度会大于 0.1 个 VIX 点，我们就做多期货。
- 持有交易头寸 5 天时间。

交易结果如表 12-1 所示。

表 12-1　VIX 基点交易策略的结果

	做空	做多
损益均值	$656	$1 040
盈利数 / 亏损数	53/29	22/20

大多数利润都来自价差的预期收敛。也就是说，期货价格以我们预期的速度向现货指数收敛。

正如我们在第 3 章中所讨论的，波动率的变化与标准普尔 500 收益率之间存在非常强的负相关关系。因此当我们希望获得收敛溢价时，如果 VIX 发生变动，我们会有很大的潜在风险。Simon 和 Campasano（2012）在做多 VIX 期货时，会买入标准普尔 500 期货来对冲这个风险；在做空 VIX 期货时卖出标准普尔 500 期货。他们用 VIX 收益率和指数收益率进行回归来估计对冲比率，其中指数收益率是用剩余存续期来衡量的。这种对冲交易的结果如表 12-2 所示。

表 12-2　对冲的 VIX 基点交易策略的结果

	做空	做多
损益均值	$539	$908
盈利数 / 亏损数	55/27	27/15

如我们所预期的，对冲略微降低了每笔交易的盈利能力，但通过增加盈利交易的比例而平滑了结果（特别是对多头交易而言）。

波动率 ETN

这种期限结构效应可以用波动率交易所交易票据（ETN）来进行交易，特别是 iPath 短期和中期 VIX 期货 ETN：VXX⊖ 和 VXZ⊖。由于 VIX 不能被复制，因此就没有现货 VIX ETN。当然也没有直接跟踪

⊖ 巴克莱银行发行的名为 iPath 标准普尔 500 VIX 短期期货 ETN 的代码简称。——译者注
⊖ 巴克莱银行发行的名为 iPath 标准普尔 500 VIX 中期期货 ETN 的代码简称。——译者注

VIX 期货的 ETN，这是因为很难用 ETN 去模拟一个会到期的产品。

最早成功以 VIX 为基础的 ETN 是 iPath VXX，它于 2009 年 1 月上市交易。VXX 复制了由标准普尔 500 构造的短期 VIX 期货指数。该指数是由一个不断展期的 30 天 VIX 期货所组成。每天我们会对其中 1/30 的当月合约进行展期，并买入次月期货。在 2009 年 2 月引入了 VXZ。VXZ 是一个类似的产品，它是基于中期 VIX 期货（第四个和第七个期货合约）。

这些 ETN 不仅仅依赖于 VIX 的水平，还与期货的期限结构有关。例如，如果次月期货比当月期货更贵，那么 VXX 就会在展期中亏损。VIX 期货在 2011 年 6 月 1 日的期限结构如图 12-1 所示。

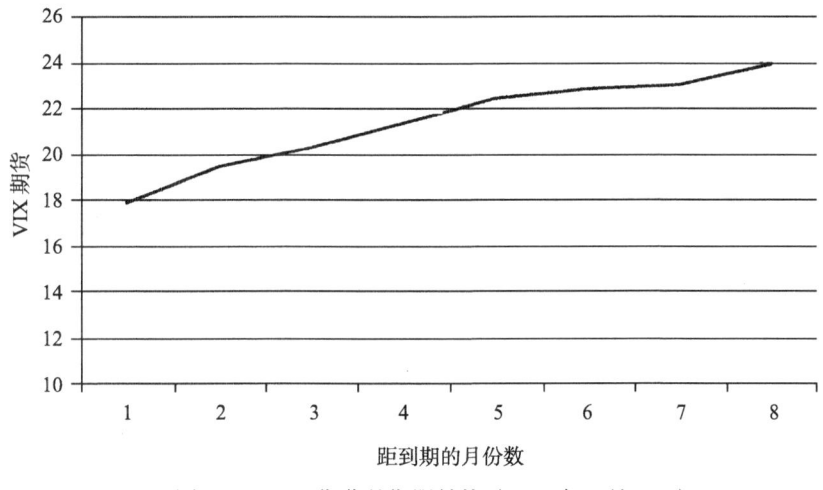

图 12-1　VIX 期货的期限结构（2011 年 6 月 1 日）

这里，当月期货的价格为 17.9，次月为 19.5。因此我们每天会损失（1/30）×（19.5−17.9）=0.05。因此，升水（向上倾斜的期限结构）会导致 VXX 的减值。

非常泛泛地说，VXX 是一个细微衰减和减值的 VIX 序列：其与 VIX 的相关性一般高达 90%，但是 VIX 的波动率一般比 VXX 大

1.5~2 倍。VXZ 是一个会更快衰减的序列，VIX 的波动率会比它大 3~4 倍。

CBOE 还上市了一种 3 月期的隐含波动率指数——VXV。除相关期权的存续期不同外，它的计算方法与 VIX 完全一样。我们可以用这两个指数来定义一个无模型的隐含波动率期限结构（IVTS）：

$$IVTS = \frac{VIX}{VXV} \quad (12\text{-}7)$$

如果 IVTS 大于 1，意味着期限结构是向下倾斜的（即期货在贴水状态）。根据第二节的结果，这会让我们认为期货价格会回升。Donninger（2011）采用了日历效应来构造了一个能从 VXX 和 VXZ 中盈利的动态策略。

该策略包括一个由 VXX 和 VXZ 组成的组合，各自的权重由 IVTS 水平来确定。这些权重如表 12-3 所示。

表 12-3 ETN 策略的权重

IVTS 水平	VXX 权重	VXZ 权重
$IVTS \leq 0.91$	−0.60	0.40
$0.91 < IVTS \leq 0.97$	−0.32	0.68
$0.97 < IVTS \leq 1.05$	−0.25	0.75
$IVTS > 1.05$	−0.10	0.90

VXX 的权重常常是负数，但这并不意味着我们常常是看空的。虽然 VXZ 作为 VXX 收益率的函数时的 beta 在 0.45 附近（当 IVTS 在 0.91 和 0.97 之间时，VXX 与 VXZ 的比率处于"中性表现"之中），它仍与整体的 VIX 水平有关。在最低的两个组（IVTS>0.97），我们实际上会预期 VIX 上涨。这个预期反映在我们的 VXZ 头寸中，而 VXX 空头仅仅是在对大幅下跌进行对冲。

在每天收盘时调整我们的组合，就能得到图 12-2 所示的资金曲线。假设我们初始资金为 \$100，并用盈利再投资。总的年化收益率为 99%，最大回撤为12%，夏普比率为2.62。该组合的表现超过了作为比较基准的简单做空VXX。这个策略在VXX从95.12下跌至11.51时的表现也还行，只是夏普比率变为1.5。并且我们会在VXX回升时（从2011年7月7日的20.11，上涨至2011年10月3日的56.84）遭遇大的回撤。

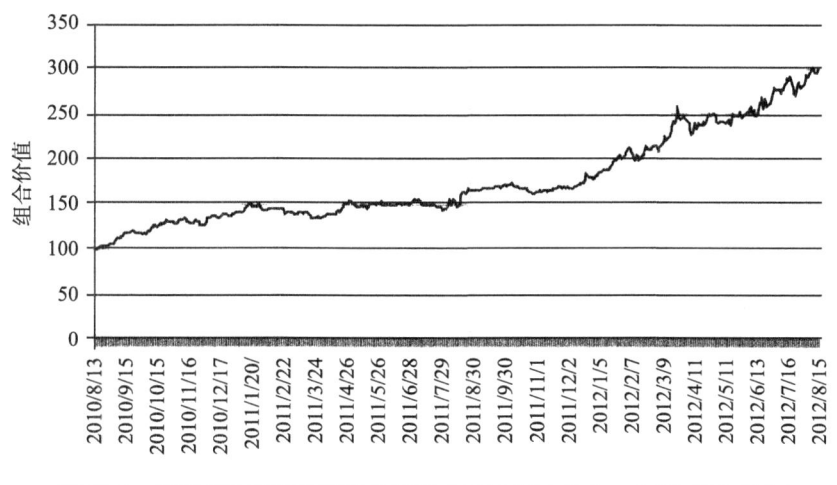

图12-2　动态VXX/VXZ策略的表现（2010年8月中～2012年8月中）

其他VIX交易

另一种使用VIX期限结构的方法是交易日历看跌期权价差。当期货处于升水时，我们会买入当月平值VIX看跌期权，并卖出相同金额次月同一行权价的看跌期权。随着期货价格朝现货价格靠拢，由于当月看跌期权的gamma更大，因此我们的看跌期权多头所增加的价值，会大于看跌期权空头所减少的价值。当以平值到期时，两个看跌期权的价值都将为0。2009～2011年，这个策略的平均年化收益率为15.2%，夏普比率为1.2，最大回撤为18%。

VIX的方差溢价是一个单独的盈利来源。VIX的隐含波动率总会高于随后的已实现波动率。Barnea和Hogan（2012）使用合成的方差互换，发现在 2006 年 10 月至 2010 年 11 月，这个溢价的平均值为 3.26%。我们可以直接利用这个事实，做空 VIX 跨式或宽跨式价差。这能提供与我们在第 11 章所讨论的做空股票指数方差时类似的风险／收益特征。此外，我们还可以把这一事实与基点效应结合起来，通过持有 vega 空头的期权头寸，来得到期货空头头寸。一种方法就是买入 1∶2 的看跌期权价差。这能让我们持有直接做空方差，除非 VIX 值暴跌，而这种情形是很难总出现的，特别是当期货价格很低并处于升水时。

本章小结

VIX 是一种无模型的隐含波动率指数。它不能被直接交易，但市场上存在大量的以该指数为基础的金融工具。可以用它们来交易我们在之前章节中发现的隐含波动率的特征。

- VIX 基点可以用来预测期货的变化。
- 这种效应同样可以用 ETN 或期权来交易。
- VIX 期权的隐含波动率一般比后续的已实现波动率更大。

第13章
Volatility Trading

杠杆 ETF

最近有许多杠杆 ETF 上市交易。这些金融工具的目标是放大某个特定参照产品的日收益率。例如，SSO 的收益率是标准普尔 500 日收益率的两倍。招募说明书中会特别标注杠杆比率，这是事先定好的。杠杆比率有 3、2、-1、-2 和 -3 倍等几种选择。需要特别注意的是，大多数同类产品的参照收益率都是日收益率（少部分 ETF 能提供带杠杆的月度收益率）。这会导致一个困惑，许多人都对收益率的复利计算方法有误解。

这个困惑就产生了一个神话：杠杆 ETF 会减值到零。

我们在网络上能发现大量持这种说法的文章，来自 elitetrade.com 的下列说法表明了它们的典型误解，即使它们比其他说法更有引用价值。

"从数学上被设计来向零靠拢"和"这些玩具/伎俩都针对那些想很快把钱输光的人"。

在本章中，我们将证明，这个神话是错误的。这些工具实际上是永续的已实现波动率产品，理解了它们，就可以进行许多与波动率相关的交易。

可以用一个简单的例子来说明波动率效应。假设有一个交易工具，它在第一天上涨了 5%，而在第二天下跌了 5%。如果它的初始交易价格为 $100，那它的价格序列会是 $100、$105 和 $99.75。即使价格有两个相反方向、比例相等的变化，多头头寸仍会亏钱。用公式来表示就是：

$$(1+x)(1-x) = 1-x^2 < 1 \qquad (13\text{-}1)$$

其中 x 为日收益率。这被称为波动率拖累（volatility drag），在所有金融工具中都会出现。但随着我们加杠杆后的收益变得越大，这种效应也会变得更大。因此对于一个有参照产品来进行比较的杠杆 ETF，这种效应也就越发明显。

例如，考虑 FXI 和 FXP，这是 iShares 公司发行的两个 ETF。FXI 被设计来跟踪新华富时中国 25 指数，而 FXP 被设计为该指数收益率的 −2 倍。表 13-1 显示了 FXI 和 FXP 在 2008 年 10 月和 11 月时的收益率。

表 13-1 FXI 和 FXP 的日收益率

日期	FXI	FXI 收益率（%）	FXP	FXP 收益率（%）
2008/10/27	19.29		183.01	
2008/10/28	23.15	20.01	118.70	−35.14
2008/10/29	22.34	−3.50	115.48	−2.71
2008/10/30	25.48	14.06	87.03	−24.63
2008/10/31	24.99	−1.92	89.00	2.26
2008/11/3	25.28	1.16	86.00	−3.37
2008/11/4	27.02	6.88	75.20	−12.56
2008/11/5	24.48	−9.40	87.00	15.69
2008/11/6	22.54	−7.92	101.99	17.23
2008/11/7	25.43	12.82	76.32	−25.17
2008/11/10	26.43	3.93	69.50	−8.94
2008/11/11	24.88	−5.86	76.66	10.30
2008/11/12	23.92	−3.86	82.58	7.72
2008/11/13	27.47	14.84	60.40	−26.86
2008/11/14	24.98	−9.06	69.68	15.36
2008/11/17	24.93	−0.20	69.96	0.40
2008/11/18	24.11	−3.29	74.61	6.65
2008/11/19	22.13	−8.21	86.23	15.57
2008/11/20	21.02	−5.02	93.00	7.85

从表 13-1 可以看出，FXP 在每天复制负的两倍收益率方面表现还不错。不过，在整个时间段里，FXI 的总收益率为 9.0%，而 FXP 的收益率为 -49.2%。这是由于波动率拖累。

"将变为零"的神话来自对波动率拖累的影响的误解。该说法认为，波动率拖累是在把 ETF 的价格朝零拖动。但当杠杆为 1 倍时，为什么这不会成为一个问题呢？如果杠杆为 1 倍，是否还可以指责杠杆呢？为了解开这个困惑，我们需要对复利的计算方法了解得更深入一些。本文此处的分析主要基于 Zhang（2010）的研究。

不考虑基金和交易的费用时，我们的杠杆 ETF 的收益率 L，是参照产品 S 的收益率的 λ 倍（杠杆比率），也就是说：

$$\mathrm{d}L = L\lambda \frac{\mathrm{d}S_t}{S} \tag{13-2}$$

严格地说，这是一种连续再平衡的策略，但可以用每日再平衡来合理近似。现在假设参照 ETF 服从几何布朗运动（GBM），因此：

$$\mathrm{d}S = \mu S \mathrm{d}t + \sigma S \mathrm{d}z \tag{13-3}$$

其中，与往常一样，μ 为漂移项，σ 为波动率，z 为布朗运动。

该再平衡策略的原始思想是获得如下形式的支付：

$$\left(\frac{S}{S_0}\right)^{\lambda} \tag{13-4}$$

我们用该式去猜测杠杆 ETF 的值的变化形式为：

$$L = L_0 \left(\frac{S}{S_0}\right)^{\lambda} \tag{13-5}$$

根据伊藤引理，该拟设方程会变为：

$$\begin{aligned}
\mathrm{d}L &= \frac{\partial L}{\partial t}\mathrm{d}t + \frac{\partial L}{\partial S}\mathrm{d}S + \frac{1}{2}\frac{\partial^2 L}{\partial S^2}\sigma^2 S^2 \mathrm{d}t \\
&= L\left[\lambda \frac{\mathrm{d}S}{S} + \frac{1}{2}\lambda(\lambda-1)\sigma^2 \mathrm{d}t\right]
\end{aligned} \tag{13-6}$$

显然，式（13-4）不是我们想要的答案。因此我们需要通过增加一个方差项来修正我们的猜测：

$$L = L_0 \left(\frac{S}{S_0}\right)^\lambda \exp\left[-\frac{1}{2}\lambda(\lambda-1)\sigma^2 t\right] \qquad (13\text{-}7)$$

直接应用伊藤引理就会发现，该基金的变化复制了式（13-2）所要求的交易策略。注意该式有两个部分：单纯的杠杆收益和由已实现波动率所导致的拖累。这就是为什么说那个神话是一种过度简化。第一项非常有可能会主导第二项，从而导致杠杆 ETF 的表现更好。再考虑 TLT 和 UBT 的情形，这两个 ETF 是设计来复制巴克莱资本的美国 20+ 年国债指数（the Barclays Capital U.S. 20+ Year Treasury Index）每日收益率的一倍和两倍。在 2011 年 6 月 1 日至 2012 年 6 月 1 日，TLT 获得了 37.9% 的收益，而 UBT 获得了 82.1%，超额收益为 6.3%。

把杠杆 ETF 视为一个交易规模问题

另一个认识杠杆 ETF 的方法是从交易规模的角度来看。基金发行人提供了一种能对合约标的进行带杠杆赌博的方式。正如我们在第 8 章中所见到的，这些赌局可以变得很大：当收益率为负时，加大赌注。表 13-1 中显示了在 2008 年，FXI 的收益率为 9%，年化已实现波动率为 146%。假设利率为 0，根据式（8-14）所计算出的杠杆数量（根据凯利准则）为 0.04。显然此时使用两倍杠杆当然会产生问题。

一个多头－空头交易策略

如果杠杆 ETF 仅仅是选择不适当杠杆来交易的另一个例子，那它们就没那么有趣。不过，由于它们是可以被直接交易的产品，我们可以在参照基金中加入杠杆 ETF，以此来构造一个只与已实现波动率有关的永续头寸。

现在让我们买入 1 美元的 L，并卖空 λ 美元的 S（如果 $\lambda<0$，即代表我们在买入 $S^{\ominus}$）。因此，在任一给定的时刻，我们的账户资金为：

$$E = \frac{L}{L_0} - \lambda \frac{S}{S_0} - (1-\lambda) \quad (13\text{-}8)$$

其中最后一项为构建该头寸时的现金收入或支出。

根据式（13-7），式（13-8）可表示为：

$$E = \left(\frac{S}{S_0}\right)^\lambda \exp\left[-\frac{1}{2}\lambda(\lambda-1)\sigma^2 t\right] - \lambda \frac{S}{S_0} - (1-\lambda) \quad (13\text{-}9)$$

为了具体和简化起见，我们现在让 $\lambda=2$。在这种情况下：

$$E = \left(\frac{S}{S_0}\right)^2 \exp(-\sigma^2 t) - 2\frac{S}{S_0} + 1 \quad (13\text{-}10)$$

这是关于参照基金价值的一个抛物线方程。

该组合的特性就像一个跨式价差多头：价格大幅变化能让我们挣钱，但同时也会遭受因时减值。不过我们也可以做空已实现波动率。为了实现盈利，我们需要稳定的、持续的价格变化。盈亏平衡点为：

$$\frac{S}{S_0} = \exp(\sigma^2 t)\left[1 \pm \sqrt{1-\exp(-\sigma^2 t)}\right] \quad (13\text{-}11)$$

杠杆 ETF 的期权

由于我们在式（13-7）中把 L 表示为 S 的一个函数，因此我们可以把对 L 的期权的定价表示为 S 的复合期权。Carr 和 Madan(1998) 证明，

⊖ 原文为 L，疑有误。——译者注

任何支付函数 $g(S)$ 都可以表示为：

$$g(S) = g(c) + g'(c)(S-c) + \int_{-\infty}^{c} g''(X)(X-S)^+ dX + \int_{c}^{\infty} g''(X)(S-X)^+ dX$$

（13-12）

并且对于任何标量 c，期权 $O(g)$ 的价值可表示为：

$$O(g) = g(c) + g'(c)(C-P) + \int_{0}^{c} g''(X)P(X)dX + \int_{c}^{\infty} g''(X)C(X)dX \quad （13\text{-}13）$$

现在我们考虑 S 的期权将为 L[即 $g(S)=L$]，并且让 $c=0$，就得到：

$$O(g) = 2\frac{L_0}{S_0}\exp(-\sigma^2 t)\int_{c}^{\infty} C(X)dX \quad （13\text{-}14）$$

因此，如果我们想用 S 的期权来复制 L，我们需要用一篮子平均权重的看涨期权。换句话说，L 是 S 的一个幂期权，减值因子为 $\exp(-\sigma^2 t)$。

类似的方法可以用来对 L 的欧式期权进行定价。首先让 $\lambda>0$，如果行权价（用 L 来表示）为 k，则支付函数为：

$$g(S) = \left[L_0\left(\frac{S}{S_0}\right)^{\lambda}\exp\left(\frac{\lambda-\lambda^2}{2}\sigma^2 t\right) - k\right]^+ \quad （13\text{-}15）$$

对式（13-15）进行求导，并代入式（13-12）中，我们最终将得到 L 的看涨期权的价值 C_L（用 S 的期权 C_S 来表示）为：

$$C_L = \frac{L_0}{S_0}\lambda\exp\left(\frac{\lambda-\lambda^2}{2}\sigma^2 t\right)\left[(k^*)^{\lambda-1}C_S(S_0 k^*, t) + (\lambda-1)\int_{k^*}^{\infty} X^{\lambda-2}C_S(S_0 X\ t)dX\right]$$

（13-16）

其中：

$$k^* = \left[\frac{k}{L_0}\exp\left(\frac{\lambda-\lambda^2}{2}\sigma^2 t\right)\right]^{\frac{1}{\lambda}} \quad （13\text{-}17）$$

类似地，当 $\lambda<0$ 时：

$$C_L = \frac{L_0}{S_0}|\lambda|\exp\left(\frac{\lambda-\lambda^2}{2}\sigma^2 t\right)\left[(k^*)^{\lambda-1}P_S(S_0 k^*, t)+(1-\lambda)\int_0^{k^*}X^{\lambda-2}P_S(S_0 X, t)\mathrm{d}X\right]$$
（13-18）

而当 $\lambda>0$ 时的看跌期权为：

$$P_L = \frac{L_0}{S_0}\lambda\exp\left(\frac{\lambda-\lambda^2}{2}\sigma^2 t\right)\left[(k^*)^{\lambda-1}P_S(S_0 k^*, t)+(\lambda-1)\int_0^{k^*}X^{\lambda-2}P_S(S_0 X, t)\mathrm{d}X\right]$$
（13-19）

当 $\lambda<0$ 时：

$$P_L = \frac{L_0}{S_0}|\lambda|\exp\left(\frac{\lambda-\lambda^2}{2}\sigma^2 t\right)\left[(k^*)^{\lambda-1}C_S(S_0 k^*, t)+(1-\lambda)\int_{k^*}^0 X^{\lambda-2}C_S(S_0 X, t)\mathrm{d}X\right]$$
（13-20）

此处最重要的量为 k^*，$S_0 k^*$ 为"最可能的行权价"。根据式（13-7），如果 $L=L_0$，那么

$$S = S_0\left[\exp\left(\frac{\lambda^2-\lambda}{2}\sigma^2 t\right)\right]^{\frac{1}{\lambda}}$$
（13-21）

将是 S 最可能的值。这给了我们比较杠杆 ETF 期权及其参照产品的期权的波动率的答案。杠杆 ETF——L 的期权的波动率，应该是参照产品 S 的期权（行权价为 $S_0 k^*$）的波动率的 λ 倍。期权市场的值一般会与该值非常接近。图 13-1 显示了 SSO 的当月隐含波动率（自 2012 年 7 月 23 日起），以及由本模型得到的理论值。

本章小结

初看上去，杠杆 ETF 可能是比较简单和无趣的，不过实际上它们是相当复杂的。它们不仅有已实现波动率的暴露，还是不会到期的产

品。理解了这点，不仅能让我们更成功地交易杠杆 ETF，还能构造大量的与波动率有关的价差。

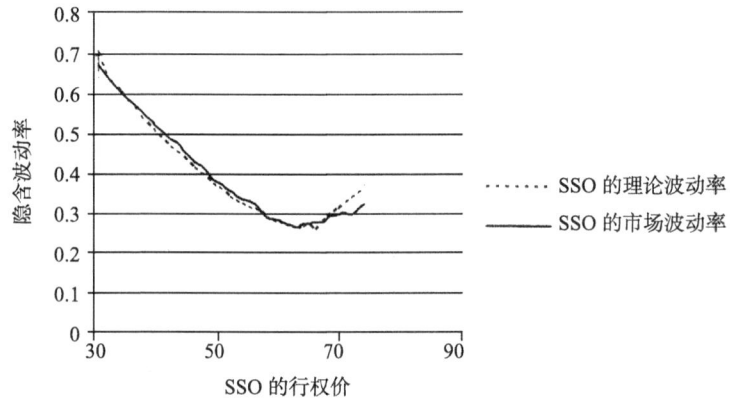

图 13-1　SSO 的市场隐含波动率和理论隐含波动率

- 复利计算方法对所有金融工具都会产生波动率拖累。
- 这种效应会随杠杆而加剧。
- 杠杆 ETF 的表现与永续的幂期权类似。
- 为了比较 ETF 的期权与其参照产品的期权，我们需要计算出 ETF 最大可能的期末价格。

第14章
Volatility Trading

一笔交易的生命周期

本章我们将对一笔单独的交易进行具体研究。我们从交易前寻找有盈利潜力的交易机会开始，随后估计和预测波动率，然后执行期权交易并进行对冲。大多数的真实交易过程还包括依据事先设定的计划进行再对冲，以及定期对头寸进行再评估，以确保敞口与我们当前的观点一致。最终，我们退出交易并进行交易后分析。

交易前分析

对任何交易而言，交易前的计划和分析都是最重要的步骤。波动率交易更是如此。由于我们的盈利优势只能在噪声中慢慢累积，如果事先没有一个好的计划，我们就很容易在交易中不停怀疑自己。

2007年6月25日

苹果电脑（AAPL）是市场的宠儿。志在影响时尚界和科技行业的这家公司看上去很完美，它的股价已经上涨至每股125美元。在过去的5年中，它除权调整后的股价从8.57美元上涨了1358%，而同期标准普尔指数仅上涨了54%。iPod已经成为一种文化现象，而Mac与PC对抗的商业广告也得到了普遍的追捧。iPhone计划在6月29日发售，市场普遍预计它将会成为新一轮的热点⊖。许多人认为Apple是会上涨并且会大幅上涨的股票。相反，这类股票也是一些预计股价即将暴跌的逆向投资者所热衷的标的。这类情况很容易引起期权价格的高估，因为方向交易员都押注股价的大幅波动，抬高了看跌期权和看涨期权的价格。

7月的隐含波动率已经稳步上涨了几周，从25%左右一直涨到30%的高位。图14-1～图14-5显示了多种波动率的度量值。

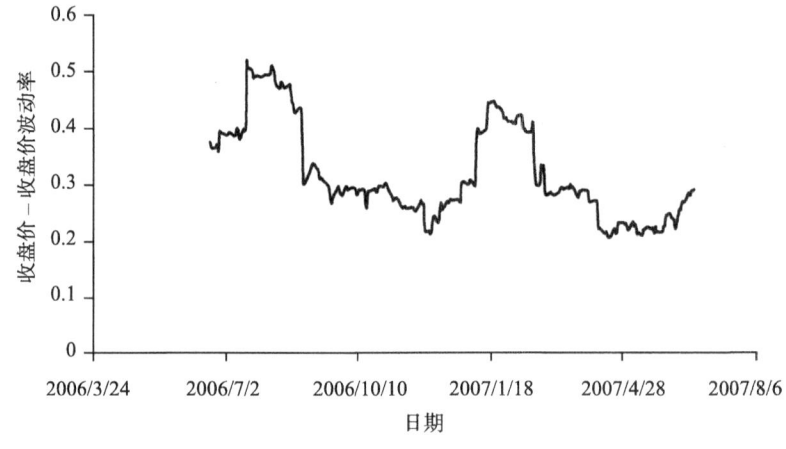

图14-1　30天收盘价－收盘价波动率

表14-1显示了所有这些波动率估计值的数值，而图14-6则是把当前情况放置在历史背景中进行考察的波动率锥。

在经过讨论和观察数据后，我们一致预测未来三周（7月期权合约的剩余存续期）的已实现波动率将为29，而7月隐含波动率的市场

⊖ 2007年7月2日，佛瑞斯特研究中心的查尔斯·高尔文（Charles Golvin）在美国全国广播公司财经频道的《早间新闻》（Morning Call）中提到，第一批iPhone买家对该手机的评价非常高。他提到，苹果除了把iPhone卖给这些"梦幻主义"和"要实现所有梦想"的骨灰级粉丝群体之外，还需要卖给其他人。这个评论既反映了某一群体的看涨心态，也反映了那些对苹果不看好的人的评价。

价为41,这意味着我们有41%的盈利优势。通常AAPL的这两个波动率的价差大约在20%～25%。把这个结果放在整体市场情境下观察,VIX的交易价格为16.5,而我们的预测波动率为12.6%,盈利优势约为31%。这个波动率价差比往常略高,但并不是高得离谱。

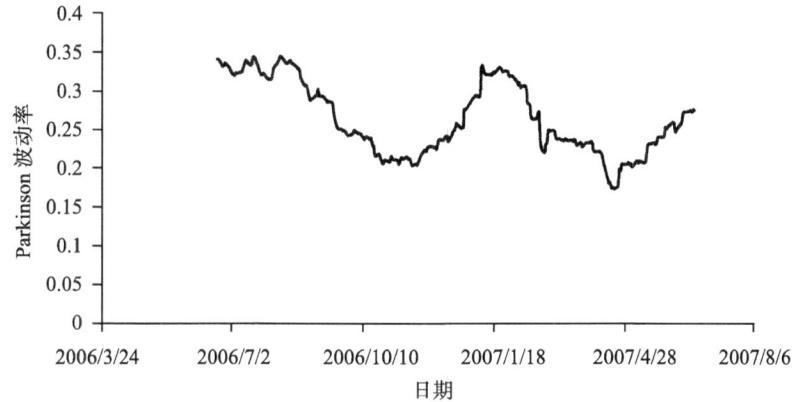

图14-2　30天Parkinson波动率

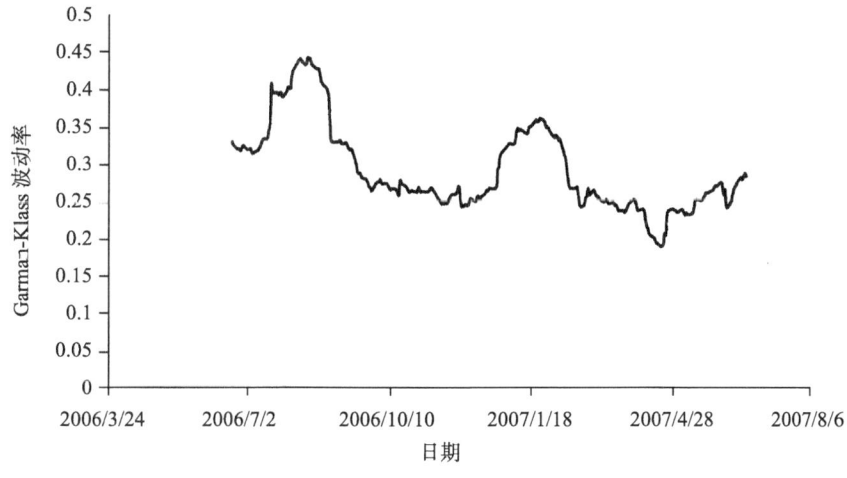

图14-3　30天Garman-Klass波动率

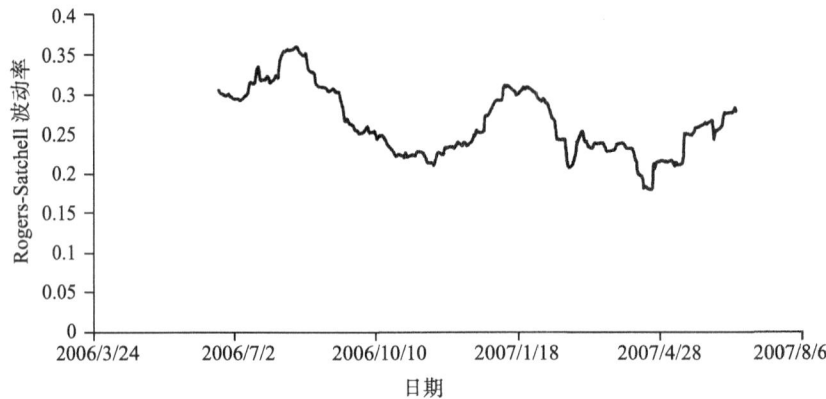

图 14-4　30 天 Rogers-Satchell 波动率

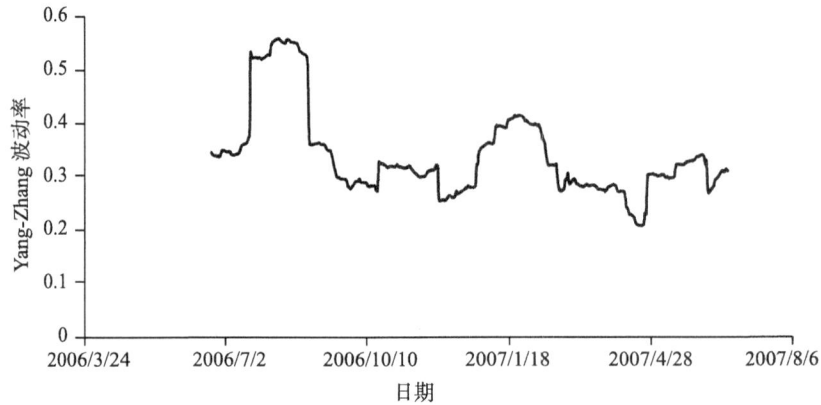

图 14-5　30 天 Yang-Zhang 波动率

表 14-1　波动率估计值

Yang-Zhang	31.1	Rogers-Satchell	27.4
收盘价－收盘价	28.3	GARCH	36.1
Parkinson	27.2	高频	21.0
Garman-Klass	29.9		

此时，我们有理由相信，在隐含波动率和已实现波动率的绝对价差和相对价差上，我们都有盈利优势。我们同样对造成这么大价差的原因有清楚的了解，我们认为这是被大众媒体夸大所引起的。因此我们决定做空 AAPL 的隐含波动率。

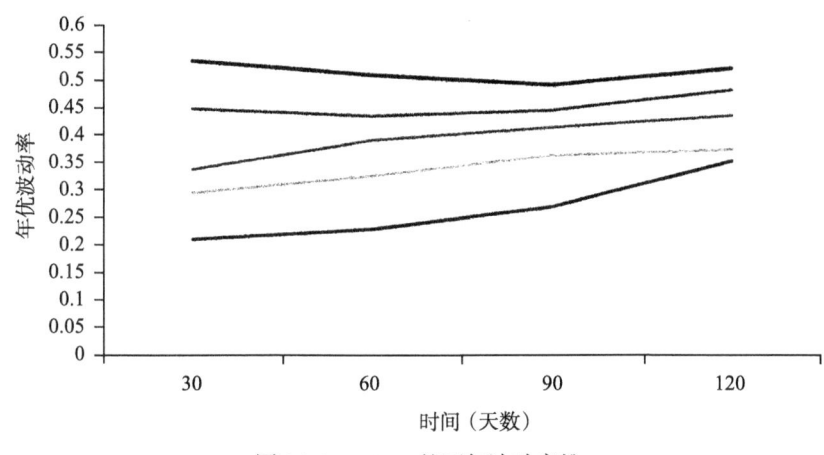

图 14-6　AAPL 的两年波动率锥

交易　在 6 月 25 日下午，我们开始卖出波动率。我们以 5.1 的价格卖出 7 月行权价为 125 的看涨期权，并以 124.08 的价格买入 500 股股票（对应的隐含波动率为 41.2）。之后，当市场下跌的时候，我们又以 10.7 的价格卖出 50 份行权价为 125 的跨式价差，并以 122.27 的价格卖出 300 股股票（对应的隐含波动率为 40.85）。在该交易日收盘时，我们持有 $1450 的 vega 空头头寸，获得大约 $16 000 的期望收益。我们的对冲带策略，采用了 Zakamouline 模式，期初宽度为 BSM 的 delta 上下 800 股（所以只要头寸的 delta 在 800 股以内，我们就没必要进行对冲）。

合约标的	每日头寸			
	delta	gamma	theta	vega
122.34	106	−346	1 135	−1 451
	保证金		$51 015	
	日损益		$（121）	
	总损益		$（121）	

2007 年 6 月 26 日

AAPL 开盘小幅上涨至 123.97，与总体市场的温和上行趋势一致。随后在上午，该股票开始下跌。我们继续卖出 50 份行权价为 125 的看涨期权（对应的隐含波动率为42），并且对头寸进行了不足额对冲（underhedge），以保持总delta在对冲带内。我们的总期望损益现在是$20 000，delta对冲带变宽至1000股。在该日的剩余时间里，该股票进一步下跌。

合约标的	每日头寸			
	delta	gamma	theta	vega
119.65	180	−470	1 666	−1 191
	保证金		$68 893	
	日损益		$（4 832）	
	总损益		$（4 953）	

2007年6月27日

今天是平静的一天。我们不需要进行对冲交易。

合约标的	每日头寸			
	delta	gamma	theta	vega
121.99	−562	−519	1 716	−1 995
	保证金		$89 645	
	日损益		$5 338	
	总损益		$385	

2007年6月28日

今天又是平静的一天。我们不需要进行对冲交易。

合约标的	每日头寸			
	delta	gamma	theta	vega
120.56	−56	−552	1 569	−1 869
	保证金		$80 582	
	日损益		$7 044	
	总损益		$7 429	

2007 年 6 月 29 日

随着与 iPhone 有关的话题逐渐开始起作用，这只股票小幅上涨，并且总体上有一些波动。我们不得不在上涨过程中买入 400 股股票。

合约标的	每日头寸			
	delta	gamma	theta	vega
122.04	−298	−566	1 707	−1 911
	保证金		$84 623	
	日损益		$（823）	
	总损益		$6 606	

2007 年 7 月 2 日

今天 AAPL 的股价几乎没有发生变动。波动率大幅降低至 34，我们尝试着以买价买回一些波动率。但是我们的报单没有成交。

合约标的	每日头寸			
	delta	gamma	theta	vega
121.26	714	−654	1 446	−1 683
	保证金		$86 127	
	日损益		$7 044	
	总损益		$7 429	

2007 年 7 月 3 日

早上，我们决定如果可能的话就清空所有头寸。隐含波动率已经下跌了，我们已经实现了预期损益的很大比例，只剩一些其他头寸在账户中。这给我们带来了投资不够分散的问题，而随着 7 月 4 日假期的临近，我们不得不更保守一些。另外，我们预计波动率在节前会继续下跌，这会使我们的头寸清空工作更容易，即便我们可能不得不提高报价。

我们以 29% 的平均隐含波动率买回了空头头寸。

日损益	$11 783.75
总损益	$18 389.75

交易后分析

在 7 天内，我们用 $76 805 的平均保证金赚了 $18 390，也就是说保证金收益率为 23.9%（在这个例子中，我们可以忽略利息的作用，因为才 $100）。我们在三个交易日里产生了亏损，第一个亏损日亏损的原因是我们在期权的买卖价处主动对价交易而产生的成本。在第二个亏损日，随着波动率小幅上涨，我们还是很高兴地继续卖出了一些波动率。由于缺乏足够的数据点，我们不能对这次交易再继续分解下去了。

这次交易成功得不可思议。我们在 7 天内，几乎实现了与预期完全一致的收益，并且不用像计划的那样将头寸持有至到期。这笔交易令人十分满意，去寻找一个带有催化剂、能准确地推动波动率朝预计方向变动的交易是一个令人信服的理由。将交易持有至到期显然会让我们面临更多的风险敞口。

我们决定退出的时间也很完美，因为在美国东部时间上午 9:00 的时候，这只股票开始了一次大幅上涨，并最终收在 127。这对我们来说不是一件好事。隐含波动率上涨到了 43，而且我们会在对冲 gamma 空头时产生损失。无论我们采用什么对冲方法，这个损失都是无法回避的，因为在日内产生这样的波动幅度可能意味着波动率大约在 110%。如果是在 30 的点位做空波动率，我们的交易就会变得亏损。

但是，只要我们将头寸持有至到期日，我们依然可以赚到钱。如果我们在纸上模拟执行这笔交易，并且按我们原先采用的策略进行对冲，损益结果如表 14-2 和图 14-7 所示。

表 14-2 持有至到期的模拟交易的损益

日期	损益（$）	总损益（$）	日期	损益（$）	总损益（$）
2007/6/25	(121)	(121)	2007/7/10	2 618	(649)
2007/6/26	(4 832)	(4 953)	2007/7/11	3 414	2 765
2007/6/27	5 338	385	2007/7/12	2 989	5 753
2007/6/28	7 044	7 429	2007/7/13	(476)	5 277
2007/6/29	(823)	6 606	2007/7/16	(9)	5 268
2007/7/2	7 044	13 650	2007/7/17	3 045	8 313
2007/7/3	321	13 971	2007/7/18	(1 305)	7 008
2007/7/5	(21 766)	(7 795)	2007/7/19	1 160	8 168
2007/7/6	5 112	(2 683)	2007/7/20	(1 450)	6 718
2007/7/9	584	(3 267)			

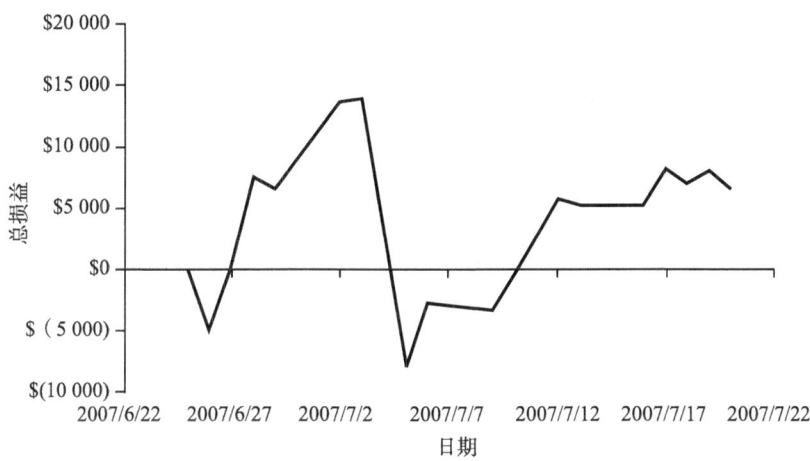

图 14-7 AAPL 交易的理论损益

这笔交易并没有像我们提前退出时那么完美，但还是可靠地盈利了。正如我们在交易前分析中所预示的，我们有足够的误差容许量，这使得 7 月 5 日的大波动还不足以使交易变得亏损。

我们开展交易的前提是在期权存续期内的隐含波动率是不正确的。隐含波动率是平均波动率，这点很重要。我们可以承担一些交易日的亏损。其实的收盘价 – 收盘价已实现波动率为 30.1%。我们以 41.6% 的平均价位卖空波动率，初始 vega 大约为 $1900。所以我们的期望利润是

$1900×（41.6-30.1）=$21 850。我们实际上运气并不好，不是因为我们没有预测正确波动率——我们的预测几乎是完全正确的。我们之所以运气不好，是因为有一个大幅波动将股价带离了我们做空的行权价。这个波动发生在我们持有 gamma 空头时，并且它悄无声息地发生了，我们当时并没有太多的波动率敞口。

如果在 7 月 3 日没有退出交易，那我们应该怎么样做呢？我们会在 5 日碰到令人不快的市场打击。那时我们会重新评估在新的预测波动率下是否有盈利机会，新的隐含波动率是多少，以及我们还剩多少 vega 敞口。对所有的交易，我们都要持续地进行这样的分析。如果我们仍旧喜欢这个交易，就应该坚持下去，甚至考虑增加一些头寸。

我们永远不能仅仅因为亏了钱就退出一笔交易。如果不再喜欢这些交易，我们退出是因为我们不再喜欢它，亏钱虽然是一件令人不快的事，但它并不是退出的唯一判断标准。初级交易员的一个陈腐思想就是永远都要设一个止损点，但是这过分简单了，因为它没有考虑交易的动态变化。如果我们预计高波动率的出现是短暂的，那在每次波动率突然变高时退出交易，就并不是一个好主意。与单纯根据损益来决定是否退出相比，我们需要的是一个根据优势评估以及初始头寸所制订的计划。如果头寸控制得足够小，交易亏损并不会造成太多的痛苦。

本章小结

分享一句古老的交易格言："为交易制订计划，然后按计划交易。"

- 找到隐含波动率与预期值大幅偏离的情况，这必须同时考虑特定的个股和整个市场环境下的情景。
- 评估这个偏离值出现的根本原因。

- 选择合适的头寸规模执行交易，并将头寸对冲至预先设定的对冲带内。
- 持有头寸直到你预计的盈利已经实现，或者波动率预测显著地改变了，或者头寸到期。
- 在考虑你整个投资组合的背景下，不断地评估风险。

第15章
Volatility Trading

结　　论

本书的中心主题：成功交易的核心是构建一套统一的流程。首先，你必须有一个目标，然后找到能够有盈利优势的交易机会，捕捉这个优势，最后根据目标来确定交易规模。你所做的其他一切事情都必须在这个框架内进行。

交易员的目标要定义得清楚明白、简单易懂。它只能包含一个内容，即"我要赚尽可能多的钱，同时风险必须很小，并且有稳定的利润"。其实这并不是一个目标，而是三个目标。你必须侧重于一件事情，至少在交易的初期是这样。当你能够明确实现一个目标的时候，才可以添加新的目标。但是如果你不能明确设定一个目标，那就什么都实现不了。如果你不能用一句话来解释目标，那你可能还不完全清楚自己的目标是什么。在设定好目标以后，就可以着手开发交易策略的其他部分了，在此过程中，必须时刻考虑如何将它们融入整个目标所设定的总体框架内。

这种聚焦于细节、流程和分析的方法可能听上去像要做许多相当无聊的事。它确实是需要做很多事，但除非我们把交易视为一种严肃的生意，否则就不可能持续地通过交易期权来赚钱（其他事也是如此）。即使这并不是你的生意，它也是许多交易员的。交易之所以会这么难，其中一个原因就是不存在可供学习的小职业球队联盟。我们在学习中必须以自己为主角。如果我们不能掌握所有的细节，就不要指望能与那些职业选手竞争。交易中存在太多我们无法掌控的东西，因此我们应该对能够掌控的东西掌控得越多越好。

为了能交易波动率，我们需要去理解它，特别是波动率聚集与均值回复之间的互相影响。大多数能预测的波动率机会都是来自这两个特征中的某一个。

我们还需要理解期权定价，因为期权是我们用来交易波动率的工具。一个可能有些残忍的类比是：波动率是猎物，而期权是枪。交易员实际上并不需要知道随机微积分，或者能严格地推导出期权定价公式。不过，理解这些模型背后的所有假设和如何在真实市场中应用它们却是非常重要的。

为了实现盈利，我们需要盈利优势。任何成功的交易方法都需要有明确的统计上的盈利优势。如果你并不明确知道你的优势是什么，你就不应该开始交易。在波动率交易中发现优势的最直接的方法是对已实现波动率进行度量和预测。当预测波动率与期权市场的隐含波动率有显著差异时，我们才开始交易。这个差异存在的任何时候，你都必须理解为什么期权市场是这样定价的，以及为什么此时市场会错误定价。有时候波动率数据会处于史无前例的水平，但由于该合约标的当前的基本面情况也同样处于史无前例的水平，所以波动率确实应当在这个水平上。除了对潜在的交易进行数值分析外，你还需要能够识别并评估出隐含波动率处于当前水平的原因。这是比时事新闻、行业趋势以及行为心理学更重要的一点。

这个想法的进一步拓展，就是波动率的相对价值交易：买入便宜的期权，卖出贵的期权。这可能是通过交易不同行权价的期权来实现的，但更可能是交易不同存续期或合约标的来实现的。

只有高效的对冲策略才能够捕捉到错误定价的波动率，它能够将期权价格从方向性下注转化为波动率交易。从表面上看，对冲和交易合约标的差不多，但是目标则完全不同。我们的目的不是通过方向性交易盈利，而是试图用成本最低的方法来管理波动率头寸。对冲使得波动率交易具有价格依赖的特性：很有可能正确预测了波动率，但还是在亏钱。预测的正确性与盈利之间的不一致性使得波动率交易注定成为一个统计学意义上的生意。

我们必须精准地确定交易规模，而这意味着要在交易目标的框架下，对每一笔交易的预计收益和风险进行评估。不同的交易员会对相同的交易分配不同的交易量，这取决于他们的目标是要最大化利润还是每年实现一定的利润。我们并不知道每一笔交易的结果会怎样，但是以往的经验会让我们对交易成功可能性的统计结果越来越有信心。一个经过深思熟虑的头寸规模确定模式能够将一系列高度不确定的事件（比如个别的期权交易）变成持续盈利的生意。

但是，为了能够实现这一点，交易员不仅要保留完整的、精确的交易记录，而且要了解所有交易的损益情况。事实上，如果不这么做，交易员就没有其他能够提升业绩的方法了。如果你连自己做得如何都不清楚，那还谈何提高呢？无可否认，保留记录并不是件有趣的事，但是赚钱则相当有趣，而保留交易记录恰恰是赚钱的关键。

上述的这套流程是必须要进行的，但遗憾的是，完成所有这些事还不够。当所有的其他因素都相同时，拥有更多知识的交易员会做得更好，但是所有的因素都完全相同是不可能的。还有一些因素也同样关键，虽然我无法量化它们的重要程度，但它们很可能比知识还重要。它们是什么呢？

执行能力

在许多种交易中,执行能力都是最重要的一个技能。许多交易员都对定价有大致相同的判断,但最好的交易员是那些挣到钱了的人。与执行能力有关的优势可能来自技术平台的速度,与重要客户的关系,与经纪商保持良好的关系,或是对解读订单流的方法相对不那么依赖。有一些知识不太渊博的交易员却对交易执行特别擅长,这弥补了他们在其他方面的不足。

专注

专注本身并不足以让一个不勤奋的交易员成为赢家,但它可以解释为什么一些知识面不如你的人可以做得比你好。事实上,知识越渊博的交易员似乎越不容易专注于交易。有位知名导演说过:"80%的成功都来自不停地露面。"他错了,成功除了需要每天露面,还要努力地工作。

产品选择

交易产品的选择可能是个人交易员成功与否的最重要因素。你有没有因为新加坡的交易更忙碌而打算搬去新加坡呢?没有吧?好吧,有些人有这个打算,而且他们会因为这个举动而得到更多的收入。你愿意成为某个复杂产品的知名专家,还是某个在默默无闻地交易玉米期权的人呢?你更愿意交易复杂的相对价值统计套利,还是做转换套利和盒式套利的短线交易呢?我们常常会看到,自我意识成为聪明、渊博的交易员的阻碍。就算在一个最散漫的地方做一个交易员,也比在一个高度竞争的行业里被消磨掉强得多。

本章小结

理解定价模型、波动率、对冲、头寸规模管理以及简单的心理学是非常重要的。技术知识需要以简单的形式进行学习，因为它是可以被掌握的。但是它并不能确保成功，因为还有其他方面的因素也是成功所必需的。要时刻记住模型并不是策略，而策略也并不是生意。另外，交易员要明白，他大部分的成功都来自选择正确的交易产品。当某个产品没有什么人在交易时，即便是最优秀的交易员也很有可能会遇到困难，而在交易活跃的产品中，许多平庸的交易员都可以赚到钱。记住，交易的目标是赚钱，而不是展现你究竟是多好的交易员。

我们要留意那些看上去平常的东西，比如出色的交易执行软件、可靠的硬件、舒服的办公环境、积极向上的心态、规律的生活以及充足的睡眠。但是，知识当然也是盈利优势的一个来源。所以，当其他条件都相同时，知识越渊博的交易员越会取得成功。市场总是在不停地变化，我们需要时刻准备学习新东西。

祝你好运。

资　　源

交易时常需要在没有多少信息的情况下快速做决定。这会让交易员总是把目光停留在当下，这让在下个到期日之前提前对业务进行规划变得很难。市场、产品和技术都在改变，我们需要不停地学习。下面列出的一些书和网站，有些是必读书，有些则会有启发价值。

能直接应用的书

◆ 《期权、期货及其他衍生品》，约翰·赫尔[⊖]

　　Options, Futures, and Other Derivatives by John C. Hull（Prentice Hall，2005）

　　这是衍生品的标准入门书。所有的衍生品销售人员、交易员和量化分析师都应该读一读。它的涵盖面很广，并且不需要太多的入门知识。书中的绝大部分知识都是交易必备的。

◆ 《期权定价公式完全指南》，埃斯彭·戈德尔·豪格

　　The Complete Guide to Option Pricing Formulas by Espen Gaarder

---

[⊖] 《期货、期权及其他衍生品》（第8版），机械工业出版社，2011年12月。——译者注

Haug（McGraw-Hill，1997）

它是同类书中最重要的一本。它囊括了多达 80 余种普通和奇异期权的定价公式，以及它们的希腊值。它同时提供了大量的近似解和数值方法，其配套的 CD 中包括了大量的与这些公式相关的 Excel 表和 VBA 代码。这本书是必不可少的参考资料。

◆ 《期权市场做市》，艾伦·杰伊·贝尔德

Option Market Making by Allen Jay Baird（John Wiley & Sons，1992）

这是一本关于如何成为一名场内交易员的好书。它包括交易执行和风险管理。它并不全是量化的内容，随着场内交易的日渐式微，它的应用价值受到了很大的限制。不过即便如此，它仍是所有期权交易员的必读书。虽然它不是唯一一本关于期权做市的书，但它可能是其中最好的一本。小规模的期权做市商能从该书中学到非常稳健、无模型的风险管理技术。而该书作者用通俗易懂的语言，让所有金融行业的人都可以获益。如果哪个期权交易员没有读过这本书，我想他很难被称为期权交易员。

◆ 《资金管理中的数学：交易员的风险分析技术》，拉尔夫·文斯

The Mathematics of Money Management: Risk Analysis Techniques for Traders by Ralph vince（John Wiley & Sons，1992）

该书向交易员介绍了使用凯利准则所需的想法和计算过程。该书作者有点狂躁，认为凯利准则只对那些有二项结果的交易有用，并且书中的一些符号有点奇怪。不过大多数交易员都可以通过阅读该书，及练习其中的一些例子来获益。凯利准则确实有些问题，但这不是不去充分理解它的借口。

◆ 《预测金融市场波动率的实践指南》，希尔·黄·潘

A Practical Guide to Forecasting Financial Market Volatility by Ser-Huang Poon（John Wiley & Sons，2005）

这是一本对大量学术文献进行全面综述的书。它对预测方法的评估、历史波动率模型、GARCH族、长记忆模型和随机波动率等进行了很好的总结。它的读者对象是"金融学博士研究生和业内人士"（该书前言中这样写道），并不太适合完全的新手。这主要是由于该书囊括了大量的信息，并且表达得很简洁。该书还提供了丰富的参考书目，并对93份波动率研究的成果进行了总结。

◆ 《动态对冲》，纳齐姆·塔利布

Dynamic Hedging by Nassim Taleb（John Wiley & Sons，1996）

这是另一本针对职业期权交易员的书。该书介绍了大量与风险管理相关的经验规则。它并没有提供这些规则的理论基础，也没有提供关于这些规则的效率或有效性的实证结果。该书几乎完全聚焦于期权的风险管理，对波动率预测和有正期望收益的交易机会都没有提及。尽管它的标题是动态对冲，但关于如何对冲这一基本问题，它都没有非常明确的解释。尽管有上面这些缺点，它仍是了解期权交易员们实际在干什么的一本好书。当它第一次出版时，实际上是这些方法第一次为世人所知。

◆ 《交易的心理学：了解市场心理的工具和技术》，布雷特·史丁巴格⊖

The Psychology of Trading: Tools and Techniques for Minding the Markets by Brett Steenbarger（John Wiley & Sons，2004）

在第10章中，我对市面上那些关于交易心理的书提出过一些批评。我之所以提出批评，是因为这些书的作者既不是心理学家，也不是交易

⊖ 《投资交易心理分析》，机械工业出版社，2012年11月。——译者注

员。这本书是个例外。它是由一位在职的临床医学家写的，他用临床心理学的技术来培训交易员，并得到了可度量的结果。他强调，盈利优势最为重要，但也提供了一些方法，让我们可以训练自己成为更好的交易员。

- 《波动率曲面：实践者的指南》，吉姆·加特拉尔

  The Volatility Surface: A Practitioner's Guide by Jim Gatheral（John Wiley & Sons，2006）

  该书对随机波动率模型进行了简洁的介绍。该书编排得当，并没有对议题过度简化。该书是从实践者的角度，而非学者的角度来看待问题。书中的证明一般并不太正式，以此来强调金融上的洞察力，而非僵硬的数学推导。交易员可能发现其中一些数学有点难，但如果坚持阅读，就能从中获得金融上的洞察力。该书还对渐近解、波动率衍生品和基本的信用衍生品进行了介绍。

- 《数理金融学的概念和实践》，马克·乔希；《再论数理金融学》，马克·乔希

  The Concepts and Practice of Mathematical Finance by Mark Joshi（Cambridge University Press，2008）and *More Mathematical Finance* by Mark Joshi（Cambridge University Press，2011）

  这是两本关于数理金融学的好书。它们囊括了实际工作所需的那些议题：实际定价、建模和实施等。有许多关于期权定价理论的书，但在了解到一定程度之后，实施要比理论有用得多。这两本书覆盖了从基本的 BSM，到对 LIBOR 市场模型的具体阐述，并且对每个定价问题都使用了多种方法来解决。

- 《血染的风险：华尔街的秘密历史》，亚伦·布朗

  Red-Blooded Risk: The Secret History of Wall Street by Aaron Brown（John Wiley & Sons，2012）

亚伦·布朗是第一代宽客中的一员。该书对风险管理的历史、哲学和经济学进行了提炼。如果所有风险都可以规避，那风险管理就会很简单，但最好的想法是把风险作为一个在整个交易操作中可调的参数。该书没有提供具体的数值结果或者伪代码。这是一本关于如何正视、拥抱和真正管理风险的书。

- 《金融怪杰》，杰克·施瓦格[一]；《新金融怪杰》，杰克·施瓦格[二]；《股市怪杰》，杰克·施瓦格[三]；《对冲基金奇才》，杰克·施瓦格[四]
  Market Wizards: Interviews with Top Traders by Jack Schwager（John Wiley & Sons，1988）；*The New Market Wizards: Conversations with America's Top Traders* by Jack Schwager（John Wiley & Sons，1992）；*Stock Market Wizards: Interviews with America's Top Traders* by Jack Schwager（John Wiley & Sons，2001）；*Hedge Fund Market Wizards* by Jack Schwager（John Wiley & Sons，2012）

当我刚进入金融行业时，就有人让我去读该系列的第一本书。该系列是由许多对交易员的采访所组成的。虽然这种形式现在已经被广泛采用，但想做好其实并不容易。施瓦格是这一类型中最好的。有些交易员说出了一些可直接使用的想法，但更重要的是，我们须认识到，市场中存在很多种交易方式。你不仅需要找到一种能赚钱的方式，还需要能够坚持，并且与你的知识结构相匹配。

有启发价值的书

- 《你最糟的牌友》，艾伦·斯库梅克

[一] 《金融怪杰：华尔街的顶级交易员》，机械工业出版社，2015年4月。——译者注
[二] 《新金融怪杰》，寰宇出版股份有限公司（台湾），1994年。——译者注
[三] 《股市怪杰：美国顶级股票交易者访谈录》，山西人民出版社，2014年4月。——译者注
[四] 《对冲基金奇才》，机械工业出版社，2013年4月。——译者注

Your Worst Poker Enemy by Alan Schoonmaker（Lyle Stuart，2007）

如果你的心胸足够宽广，能用"扑克"来代替"交易"，这本书就会非常有帮助。该书在如何应对打牌这种短期导向、结果驱动的职业所带来的压力时，有大量的操作建议。

◆ 《21点中的黑带：像练武术一样玩21点》，阿诺德·斯奈德
Blackbelt in Blackjack: Playing 21 as a Martial Art by Arnold Snyder（Cardoza，2005）

该书作者是某知名的21点会所的一位会员，该书让玩家能以职业水平来赌博。与在交易中一样，21点玩家也需要找到某种盈利优势，管理他们的资金，以及执行他们的策略。如果你不能在两者间找到一点相关之处，我很怀疑你能在长期的交易中盈利。

◆ 《点球成金》，迈克尔·刘易斯⊖
Moneyball: The Art of Winning an Unfair Game by Michael Lewis（Norton，2003）

这是一本很有意思的书，是关于奥克兰运动家队如何发现被低估的球员，并与那些成绩远好于他们的球队进行比赛的故事。如果运动家队试图打造一支像扬基队那样的全明星队，他们就会输。这迫使他们做其他的尝试。如果每个人都在做同一件事，我们需要做得更好才能赢。在某一时刻，尝试一些与主流不同的东西，结果可能会更好。

◆ 《军队不适当行为的心理分析》，诺曼·狄克逊
On the Psychology of Military Incompetence by Norman Dixon（Basic Books，1976；Random House，1994）

这是一本对偏见和缺陷进行历史研究的好书，而这些情况在交易中也经常发生。

⊖ 《点球成金》，法律出版社，2012年5月。——译者注

有用的网站

- www.nuclearphynance.com

  这是个量化金融论坛。许多资深参与者的热心参与，让论坛的信号/噪声比非常高。论坛中大部分人会相互尊重，并且一般只在自己真正了解的话题中提供想法和建议。新来者应该首先使用搜索功能，然后再提出有意义的问题，否则不会受到欢迎。

- www.financialwebring.org/gummy-stuff/gummy_stuf.htm

  Gummy Stuff 是皮特·庞佐开发的一个网站，皮特是加拿大的一名退休数学教授，把解释数理金融学视为一种爱好。在访问网站时，我们应留意不被网页中有些古怪的解释方式所干扰。如果你想知道如何定义协整，或是偏度的图形表现，这个网站应该是你的首选。该网站现在成为一个档案馆，不过可惜的是，它很久没有更新了。

- ww.ssrn.com

  这是社会科学研究网（Social Science Research Network）的网站，里面有许多学术论文（工作论文或已发表论文）。如果你想找某个新课题的相关信息，应该首先使用该网站的搜索功能。你很容易在此处找到在同行评审期刊上发表之前的工作论文。你需要注意的是，这些论文在未来可能会被修订，甚至完全收回。获得研究成果的及时性，让冒这样的风险是值得的。

- www.nber.org

  这是美国国家经济研究局（National Bureau of Economic Research）的网站。在这里同样可以获得大量的论文，其中的主题主要是关于宏观经济学的。在该网站还可以获得许多基础数据。

- www.behaviouralfinance.net

  这可能是寻找行为金融学论文的最好去处了。这些论文被分类保存。该网站还是一个对新的交易想法进行头脑风暴的好去处。

- www.unifr.ch/econophysics

  这是个收集经济物理学论文的网站,这些论文主要讨论如何将统计物理学的技术应用到金融学中。该网站还有一些书评和数据,不过这两部分内容只有零星的更新。物理学家在经济物理学中做过的最差的事,就是总想着在金融学中使用他们精通的那些技术(如果你唯一的技术就是一个锤子,那所有问题在你眼里都变成了钉子)。而好的经济物理学则会向波动率研究中提供新的洞察力,比如在数据中应用标度律,或者借用浓缩物质研究中的方法来分析订单簿的特征。这个网站不用每天看,隔一段时间看看新的论文就可以了。

- http://citeseer.ist.psu.edu

  这个网站提供了关于论文引用的有用资源。例如,你可以看到,究竟有哪些论文引用了最初的布莱克-斯科尔斯的论文。

- www.ivolatiligy.com

  这个网站提供了美国、欧洲和加拿大的股票期权,以及许多期货期权的历史数据,包括不同行权价的原始期权价格和波动率,以及波动率指数(类似VIX)等。该网站还有大量的策略文章和学习资源。

- www.earnings.com

  该网站提供了盈余公告的历史数据。它还会对财报会议和年度会议进行网络直播。如果你想分析某个股票的价格对其盈余公告的反应,这个网站是个好去处。

- http://finance.yahoo.com

  我把这个网站设为我电脑的主页。这是开始寻找任何金融数据的最好去处。它提供历史数据、媒体报道、内部交易、分析师观点、最新消息和基本面信息等。

- www.moneyscience.com

  该网站收集量化金融的文章。它还有一份通过 E-mail 发送的每周摘要,摘要中有与量化金融所有方面有关的文章、博客和论文链接。

译者后记

服务资本市场、完善市场风险管理体系是期权产品创新的一贯宗旨。全球市场发展经验显示,期权市场的健康发展和功能发挥离不开成熟理性的投资者群体和合理均衡的投资者结构。为此,中国金融期货交易所一直致力于引导投资者建立科学理性的投资观念和有效管理期权交易风险。"工欲善其事,必先利其器",翻译并出版经典期权专著,为投资者提供专业期权教材成为期权产品开发的重要工作。

波动率是期权的灵魂,认识和理解波动率对于期权投资至关重要。美国著名期权专家尤安·辛克莱所著的《波动率交易》(*Volatility Trading*)一书用生动的语言讲述了波动率交易的核心理念,书中内容不乏作者 15 年交易实践的第一手资料,是一本不可多得的面向期权专业投资者的参考教材。希望本书能够为期权市场投资者提供好的视角和思考方法,为投资者定价期权和管理交易风险提供有益的参考。

翻译并出版本书是一件具有挑战性但富有意义的工作。在此,衷心感谢中国金融期货交易所董事长张慎峰及所领导胡政、陈士轰、鲁东升、戎志平、陈晗、惠湄、张晓刚、贺军的高度重视和不断鼓励。中信期货的张彬承担了大量翻译整理工作,协助我完成了翻译的第一稿,我的同事马雪滢对翻译初稿进行了校对和修改,非常感谢张彬和马雪滢的辛勤付出！感谢研发部负责人郑凌云与何鹏对本书出版的支持。

王琦

2017 年 3 月

参考文献

Abura, S., and N. Wagner. 2010. "Extreme Asymmetric Volatility, Leverage, Feedback and Asset Prices." Universite de Paris Dauphine working paper.

Ahmad, R., and P. Wilmott. 2005. "Which Free Lunch Would You Like Today, Sir?" *Wilmott Magazine*, November, 64–79.

Ahoniemi, K. 2006. "Modeling and Forecasting Implied Volatility: An Econometric Analysis of the VIX Index." Discussion Paper 129, Helsinki Center of Economic Research.

Ait-Sahalia, Y., P. Mykland, and L. Zhang. 2005. "How Often to Sample a Continuous-Time Process in the Presence of Market Microstructure Noise." *Review of Financial Studies* 18:351–416.

Akgiray, V. 1989. "Conditional Heteroskedastisticity in Time Series of Stock Returns: Evidence and Forecasts." *Journal of Business* 62:55–80.

Alexander, C. 2001a. *Market Models: A Guide to Financial Data Analysis*. London: John Wiley & Sons.

Alexander, C. 2001b. "Taming the Skew." *Futures and Options World* 367:60–65.

Alloy, L., and L. Abramson. 1988. "Depressive Realism: Four Theoretical Perspectives." In *Cognitive Processes in Depression*, edited by L. Alloy, 223–265. New York: Guilford Press.

Alpert, B. 2007. "Shorting Cramer." *Barron's*, August 20.

Amir, E., and Y. Ganzach. 1998. "Overreaction and Underreaction in Analysts' Forecasts." *Journal of Economic Behavior and Organization* 37:333–347.

Andersen, E. D., and A. Damgaard. 1999. "Utility Based Option Pricing with Proportional Transaction Costs and Diversification Problems: An Interior-Point Optimization Approach." *Applied Numerical Mathematics* 29:395–422.

Andersen, T. 1996. "Return Volatility and Trading Volume: An Information Flow Interpretation of Stochastic Volatility." *Journal of Finance* 51:169–204.

Andersen, T., T. Bollerslev, F. Diebold, and H. Ebbens. 2001. "The Distribution of Stock Return Volatility." *Journal of Financial Economics* 61:43–76.

Arkes, H. R. 1981. "Hindsight Bias Among Physicians Weighing the Likelihood of Diagnoses." *Journal of Applied Psychology* 66:252–254.

Arnold, T., G. Erwin, L. Nail, and T. Bos. 2000. "Speculation or Insider Trading in Option Markets Preceding Tender Offer Announcements." University of Alabama at Birmingham working paper. Available at http://ssrn.com/abstract=234797.

Baird, A. J. 1992. *Option Market Making: Trading and Risk Analysis for the Financial and Commodity Option Markets*. New York: John Wiley & Sons.

Bakshi, G., and N. Kapadia. 2003. "Delta-Hedged Gains and the Negative Market Volatility Premium." *Review of Financial Studies* 16:527–566.

Bakshi, G., and D. Madan. 2006. "A Theory of Volatility Spreads." *Management Science* 52:1945–1956.

Barberis, N., M. Huang, and T. Santos. 2001. "Prospect Theory and Asset Prices." *Quarterly Journal of Economics* 116:1–53.

Barnea, A., and R. Hogan. 2012. "Quantifying the Variance Risk Premium in VIX Options." *Journal of Portfolio Management* 38:143–148.

BARRA. 1997. *Market Impact Model Handbook*. Berkeley: BARRA Inc.

Barton, D., and K. Dennis. 1952. "The Conditions Under Which Gram-Charlier and Edgeworth Curves Are Positive, Definite and Unimodal." *Biometrika* 39:425–427.

Bergman, Y. 1995. "Option Pricing with Differential Interest Rates." *The Review of Financial Studies* 8:475–500.

Bernard, V. 1993. "Stock Price Reaction to Earnings Announcements: A Summary of Recent Anomalous Evidence and Possible Explanations." In *Advances in Behavioral Finance*, edited by R. Thaler, 303–340. New York: Russell Sage Foundation.

Black, F. 1976. "Studies of Stock Price Volatility Changes." *Proceedings of the Meetings of the American Statistical Association, Business and Economics Section*, Chicago, 177–181.

Blank, H., V. Fischer, and E. Erdfelder. 2003. "Hindsight Bias in Political Elections." *Memory* 11:491–504.

Boguslavsky, M., and E. Boguslavskaya. 2004. "Arbitrage Under Power." *Risk*, June, 69–73.

Bollerslev, T. 1986. "Generalized Auto-Regressive Conditional Heteroskedasticity." *Journal of Econometrics* 31:307–327.

Bondarenko, O. 2003. "Why Are Put Options So Expensive?" Working paper, University of Illinois, Chicago.

Borodin, A., and P. Salminen. 2002. *Handbook of Brownian Motion—Facts and Formulae (Probability and its Applications)*. Basel: Birkhauser-Verlag.

Bradley, D., B. Cline, and Q. Lian. 2009. "Do Insiders Practice What They Preach? Informed Option Exercises around Acquisitions." Available at www.ssrn.com, SSRN-id1364787.

Brandt, M. W., and J. Kinlay. 2005. "Estimating Historical Volatility." Research article, *Investment Analytics*. www.investment-analytics.com.

Brenner, M., and M. Subrahmanyam. 1994. "A Simple Approach to Option Valuation and Hedging in the Black-Scholes Model." *Financial Analysts Journal* 50:25–28.

Britten-Jones, M., and A. Neuberger. 2000. "Option Prices, Implied Price Processes, and Stochastic Volatility." *Journal of Finance* 55:839–866.

Broadie, M., M. Chernov, and M. Johannes. 2009. "Understanding Index Option Returns." *Review of Financial Studies* 22:4493–4529.

Brooks, C., and M. Oozeer. 2002. "Modeling the Implied Volatility of Options on Long Gilt Futures." *Journal of Business, Finance and Accounting* 29:111–137.

Brown, A. 2002. *Green Eggs and Kelly*. www.wilmott.com/detail.cfm?articleID=122.

Browne, S. 1999. "Reaching Goals by a Deadline: Digital Options and Continuous-Time Active Portfolio Management." *Advances in Applied Probability* 31:551–577.

Browne, S. 2000. "Can You Do Better than Kelly in the Short Run?" In *Finding the Edge: Mathematical Analysis of Casino Games*, edited by O. Vancura, J. Cornelius, and W. R. Eadington, 215–231. Reno: University of Nevada, Reno Bureau of Business.

Bryant, F. B., and J. H. Brockway. 1997. "Hindsight Bias in Reaction to the Verdict in the O. J. Simpson Criminal Trial." *Basic and Applied Social Psychology* 19:225–241.

Burghart, G., and M. Lane. 1990. "How to Tell If Options Are Cheap." *Journal of Portfolio Management* 16:72–78.

Camerer, C., and G. Loewenstein. 2003. "Behavioral Economics: Past, Present and Future." In *Advances in Behavioral Economics*, edited by C. Camerer, G. Loewenstein, and M. Rabin, 3–51. New York, NY, and Princeton, NJ: Russell

Sage Foundation Press and Princeton University Press.

Campbell, J., A. Lo, and A. MacKinlay. 1997. *The Econometrics of Financial Markets*. Princeton, NJ: Princeton University Press.

Capocci, D. 2007. "The Sustainability in Hedge Fund Performance: New Insights." Working paper, HEC-ULg Management School, University of Liege, France.

Carr, P. 1999. "FAQ's in Option Pricing Theory." Working paper.

Carr, P., K. Ellis, and V. Gupta. 1998. "Static Hedging of Exotic Options." *Journal of Finance* 53:1165–1190.

Carr, P., and D. Madan. 1998. "Towards a Theory of Volatility Trading." In *Volatility: New Estimation Techniques for Pricing Derivatives*. London: Risk Books.

Carr, P., and L. Wu. 2006. "A Tale of Two Indices." *Journal of Derivatives* 13:13–29.

Chan, L. K., N. Jegadeesh, and J. Lakonishok. 1996. "Momentum Strategy." *Journal of Finance* 51:1681–1714.

Chapman, S. 2007. "The Kelly Criterion for Spread Bets." *IMA Journal of Applied Mathematics* 72:43–51.

Cho, D., and E. Frees. 1988. "Estimating the Volatility of Discrete Stock Prices." *Journal of Finance* 43:451–466.

Christie, A. 1982. "The Stochastic Behavior of Common Stock Variances: Value, Leverage and Interest Rate Effects." *Journal of Financial Economics* 10:407–432.

Christie, S. 2005. "Is the Sharpe Ratio Useful in Asset Allocation?" Research paper, Macquarie Applied Finance Centre.

Chuang, W., and B. Lee. 2006. "An Empirical Evaluation of the Overconfidence Hypothesis." *Journal of Banking and Finance* 30:2489–2515.

Cizeau, P., Y. Liu, M. Meyer, C. Peng, and H. Stanley. 1997. "Volatility Distribution in the S&P500 Stock Index." *Physica A* 245:441–445.

Clark, P. K. 1973. "Subordinated Stochastic Process Model with Finite Variance for Speculative Prices." *Econometrica* 41:135–155.

Cont, R. 2001. "Empirical Properties of Asset Returns: Stylized Facts and Statistical Issues." *Quantitative Finance* 1:223–236.

Cont, R., and J. da Fonseca. 2002. "Dynamics of Implied Volatility Surfaces." *Quantitative Finance* 2:45–60.

Corrado, C., and T. Su. 1996. "Skewness and Kurtosis in S&P 500 Index Returns Implied by Option Prices." *Journal of Financial Research* 19:175–192.

Corsi, F. 2009. "A Simple Long Memory Model of Realized Volatility." *Journal of Financial Econometrics* 7:174–196.

Cosmides, L., and J. Tooby. 1996. "Are Humans Good Intuitive Statisticians After All? Rethinking Some Conclusions from the Literature on Judgment Under Uncertainty." *Cognition* 58:1–73.

Coval, J., and T. Shumway. 2001. "Expected Option Returns." *Journal of Finance* 56:983–1009.

Davis, M. H. A., V. G. Panas, and T. Zariphopoulou. 1993. "European Option Pricing with Transaction Costs." *Society for Industrial and Applied Mathematics Journal of Control and Optimisation* 31:470–493.

Demeterfi, K., E. Derman, M. Kamal, and J. Zou. 1999. "More Than You Ever Wanted to Know about Volatility Swaps." *Quantitative Strategies Research Notes*. Goldman Sachs.

Derman, E. 1999. "Regimes of Volatility." *Quantitative Strategies Research Notes*. Goldman Sachs.

Derman, E., and M. Kamal. 1997. "The Patterns of Change in Implied Index Volatilities." *Quantitative Strategies Research Notes*. Goldman Sachs.

Dimson, E., P. Marsh, and M. Staunton. 2002. *Triumph of the Optimists: 101 Years of Global Investment Returns*. Princeton, NJ: Princeton University Press.

Ding, Z., and C. W. J. Granger. 1996. "Modeling Volatility Persistence of Speculative Returns: A New Approach." *Journal of Econometrics* 73:185–215.

Donninger, C. 2011. "Robust Optimization of a Mixed Futures and Options Portfolio." Available at www.godotfinance.com.

Driessen, J., P. Maenhout, and G. Vilkov. 2009. "The Price of Correlation Risk: Evidence from Equity Options." *Journal of Finance* 64:1377–1406.

Driessen, J., T. Lin, and O. Van Hemert. 2011. "How the 52-week High and Low Affect Option-Implied Volatilities and Stock Return Moments." Forthcoming in *Review of Finance*. Available at www.ssrn.com, SSRN-id1572269.

Dupire, B. 2006. "Fair Skew: Break-Even Volatility Surface." Working paper, Bloomberg L.P.

Edderington, L., and W. Guan. 2010. "How Asymmetric Is U.S. Stock Market Volatility?" *Journal of Financial Markets* 13:225–248.

Elstein, A. S. 1999. "Heuristics and Biases: Selected Errors in Clinical Reasoning." *Academic Medicine* 74:791–794.

Engle, R. F. 1982. "Auto-Regressive Conditional Heteroskedasticity with Estimates of the Variance of United Kingdom Inflation." *Econometrica* 5:987–1008.

Engle, R. F., and G. G. L. Lee. 1999. "A Long-Run and Short-Run Component Model of Stock Return Volatility." In *Cointegration, Causality, and Forecasting*, edited by R. F. Engle and H. White. Oxford, UK: Oxford University Press.

Ethier, S. 1996. "A Gambling System and a Markov Chain." *Annals of Applied Probability* 6:1248–1259.

Fama, E. 1970. "Efficient Capital Markets: A Review of Theory and Empirical Work." *Journal of Finance* 25:383–417.

Festinger, L. 1957. *A Theory of Cognitive Dissonance*. Stanford, CA: Stanford University Press.

Figlewski, S., and X. Wang. 2000. "Is the 'Leverage Effect' a Leverage Effect." New York University working paper. Available at www.ssrn.com, SSRN-id 256109.

Frederick, S. 2005. "Cognitive Reflection and Decision Making." *Journal of Economic Perspectives* 19:25–42.

Gallant, A., P. Rossi, and G. Tauchen. 1993. "Nonlinear Dynamic Structures." *Econometrica* 61:871–907.

Garman, M. B., and M. J. Klass. 1980. "On the Estimation of Security Price Volatilities from Historical Data." *Journal of Business* 53:67–78.

Gatheral, J. 2001. "The Merrill Lynch Market Impact Model." Working paper, Merrill Lynch.

Gencay, R., M. Dacorogna, U. A. Muller, and O. Pictet. 2001. *An Introduction to High Frequency Finance*. London: Academic Press.

George, T., and C. Hwang. 2004. "The 52-Week High and Momentum Investing." *Journal of Finance* 59:2145–2176.

Gervais, S., and T. Odean. 2001. "Learning to Be Overconfident." *Review of Financial Studies* 14:1–27.

Glaser, M., T. Langer, J. Reynders, and M. Weber. 2007. "Framing Effects in Stock Market Forecasts: The Difference Between Asking for Prices and Asking for Returns." *Review of Finance* 11:325–357.

Glosten, L. R., R. Jagannathan, and D. E. Runkle. 1993. "On the Relation Between the Expected Value and the Volatility of the Nominal Excess Return on Stocks." *Journal of Finance* 48:1779–1801.

Goncalves, S., and M. Guidolin. 2005. "Predictable Dynamics in the S&P 500 Index Options Implied Volatility Surface." Working paper, Federal Reserve Bank of St. Louis.

Hafner, R., and M. Wallmeier. 2000. "The Dynamics of DAX Implied Volatilities." Working paper, University of Augsburg.

Hansen, P. R., and A. Lunde. 2005. "A Comparison of Volatility Models: Does Anything Beat a GARCH (1,1)?" *Journal of Applied Econometrics* 20:873–889.

Hasbrouck, J. 1991. "Measuring the Information Content of Stock Trades."

Journal of Finance 46:179–207.

Haug, E. 2007a. *Derivatives Models on Models*. London: John Wiley & Sons.

Haug, E. 2007b. *The Complete Guide to Option Pricing Formulas*. New York: McGraw-Hill.

He, W., Y. Lee, and P. Wei. 2010. "Do Option Traders on Value and Growth Stocks React Differently to New Information?" *Review of Quantitative Finance and Accounting* 34:371–381.

Helbok, G., and M. Walker. 2004. "On the Nature and Rationality of Analysts' Forecasts Under Earnings Conservatism." *British Accounting Review* 36:45–77.

Henrard, M. 2003. "Parameter Risk in the Black-Scholes Model." Working paper, EconWPA, http://ideas.repec.org/p/wpa/wuwpri/0310002.html.

Hodges, S., and A. Neuberger. 1989. "Optimal Replication of Contingent Claims Under Transaction Costs." *Review of Futures Markets* 8:222–239.

Hodges, S., and R. Tompkins. 2002. "Volatility Cones and Their Sampling Properties." *Journal of Derivatives* 10:27–42.

Hodges, S., R. Tompkins, and W. Ziemba. 2003. "The Favorite/Long-Shot Bias in S&P 500 and FTSE 100 Index Futures Options: The Return to Bets and the Cost of Insurance." EFA 2003Annual Conference Paper No. 135.

Hua, P., and P. Wilmott. 1999. "Crash Modeling, Value at Risk and Optimal Hedging." OFRC Working Paper Series, Oxford Financial Research Centre.

Hull, J. C. 2005. *Options, Futures and Other Derivatives*, 6th ed. New York: Prentice Hall.

Hurst, H. 1951. "Long-Term Storage of Reservoirs." *Transactions of the American Society of Civil Engineers* 116:770–808.

Jarrow, R., and A. Rudd. 1982. "Approximate Option Valuation for Arbitrary Stochastic Processes." *Journal of Financial Economics* 10:347–369.

Jensen, M., A. Johansen, and I. Simonsen. 2003. "Inverse Fractal Statistics in Turbulence and Finance." *International Journal of Modern Physics B* 17: 4003–4012.

Jha, R., and M. Kalimipalli. 2006. "The Economic Significance of Conditional Skewness Forecasts in Option Markets." Working paper, University of Waterloo.

Jiang, G., and Y. Tian. 2005. "The Model-Free Implied Volatility and its Information Content." *Review of Financial Studies* 18:1305–1342.

Jondeau, E., and M. Rockinger. 1999. "Estimating Gram-Charlier Expansions with Positivity Constraints." Working paper, Banque de France.

Jondeau, E., and M. Rockinger. 2001. "Gram-Charlier Densities." *Journal of Economic Dynamics and Control* 25:1457–1483.

Kahneman, D., and A. Tversky. 1971. "Belief in the Law of Small Numbers." *Psychological Bulletin* 76:105–110.

Kahneman, D., and A. Tversky. 1973. "On the Psychology of Prediction." *Psychology Review* 80:237–251.

Kahneman, D., and A. Tversky. 1979. "Prospect Theory: An Analysis of Decision Under Risk." *Econometrica* 47:263–291.

Kahneman, D., and A. Tversky. 1991. "Loss Aversion in Riskless Choice: A Reference-Dependent Model." *Quarterly Journal of Economics* 106: 1039–1061.

Kamal, M., and E. Derman. 1999. "Correcting Black-Scholes." *Risk* 12:82–85.

Karpoff, J. 1987. "The Relation Between Price Changes and Volume: A Survey." *Journal of Financial and Quantitative Analysis* 22:109–126.

Kazemi, H., Schneeweis, T., and Gupta, R., 2003. "Omega as a Performance Measure." Working paper, Isenberg School of Management, University of Massachusetts, Amherst.

Keating, C., and W. F. Shadwick. 2002. "A Universal Performance Measure." Working paper, the Finance Development Centre, London.

Kelly, J. 1956. "A New Interpretation of Information Rate." *Bell System Technical Journal* 35:917–926.

Kenney, J. F., and E. S. Keeping. 1951. *Mathematics of Statistics, Part 2*. 2nd edition. Princeton, NJ: Van Nostrand.

Kestner, L. 1996. *A Comparison of Popular Trading Systems*. New York: CTCR.

Kozhan, R., A. Neuberger, and P. Schneider. 2011. "The Skew Risk Premium in Index Option Prices." *AFA 2011 Denver Meetings Paper*. Available at www.ssrn.com, SSRN-id 1571700.

Kruger, J., and D. Dunning. 2005. "Unskilled and Unaware of It: How Difficulties in Recognizing One's Own Incompetence Lead to Inflated Self-Assessments." *Journal of Personality and Social Psychology* 70:1121–1134.

Lee, B., and O. Rui. 2002. "The Dynamic Relationship Between Stock Returns and Trading Volume: Domestic and Cross-Country Evidence." *Journal of Banking and Finance* 26:51–78.

Leib, J. 1995. "Why Kelly Is Dead." *Dalton's Blackjack Review* 4:8–27.

Leland, H. 1985. "Option Pricing and Replication with Transaction Costs." *Journal of Finance* 40:1283–1302.

Lequex, P. 1999. *Financial Markets Tick by Tick*. London: John Wiley & Sons.

Liu, J., and F. Longstaff. 2004. "Losing Money on Arbitrage: Optimal Dynamic Portfolio Choice in Markets with Arbitrage Opportunities." *Review of Financial Studies* 17:611–641.

Liu, Y., P. Gopikrishnan, P. Cizeau, M. Meyer, C. Peng, and H. Stanley. 1999. "Statistical Properties of the Volatility of Price Fluctuations." *Physical Review E* 60:1390–1400.

Lo, A. 2002. "The Statistics of Sharpe Ratios." *Financial Analysts Journal* 58:36–52.

Louie, T. A., M. T. Curren, and K. R. Harich. 2000. " 'I Knew We Would Win': Hindsight Bias for Favorable and Unfavorable Team Decision Outcomes." *Journal of Applied Psychology* 85:264–272.

Low, C. 2004. "The Fear and Exuberance from Implied Volatility of S&P 100 Index Options." *Journal of Business* 77:527–546.

Lynch, P., and G. Zumbach. 2003. "Market Heterogeneities and the Causal Structure of Volatility." *Quantitative Finance* 3:320–331.

Madhavan, A., and S. Smidt. 1991. "A Bayesian Model of Intraday Specialist Pricing." *Journal of Financial Economics* 30:99–134.

Malevergne, Y., and D. Sornette. 2005. "Higher-Moment Portfolio Theory." *Journal of Portfolio Management* 31:49–55.

Mandelbrot, B. B. 1963. "The Variation of Certain Speculative Prices." *Journal of Business* 36:392–417.

Martellini, L., and P. Priaulet. 2002. "Competing Methods for Option Hedging in the Presence of Transaction Costs." *Journal of Derivatives* 9:26–38.

McCauley, J. L. 2004. *Dynamics of Markets: Econophysics and Finance*. Cambridge, UK: Cambridge University Press.

Medo, M., Y. M. Pis'mak, and Y. Zhang. 2008. "Diversification and Limited Information in the Kelly Game." *Physica A* 387:6151–6158.

Merrill, C. 2011. Personal communication.

Merton, R. C. 1976. "Option Pricing When Underlying Stock Returns Are Discontinuous." *Journal of Financial Economics* 3:125–144.

Miller, J. R. www.professionalgambler.com/debunking.html.

Mills, F. 1927. *The Behavior of Prices*. New York: National Bureau of Economic Research.

Mirowski, P. 1989. *More Heat Than Light: Economics as Social Physics, Physics as Nature's Economics (Historical Perspectives on Modern Economics)*. Cambridge, UK: Cambridge University Press.

Nelson, D. B. 1991. "Conditional Heteroskedasticity in Asset Returns: A New Approach." *Econometrica* 59:347–370.

Ni, S. 2009 "Stock Option Returns: A Puzzle." Working paper, Hong Kong University of Science and Technology.

Oechlesser, J., A. Roider, and P. Schmitz. 2008. "Cognitive Abilities and Behavioral Biases." *Institute for the Study of Labor Research Paper Series 3481*. Available at www.ssrn.com, SSRN-id 1294555.

Panos, G. 1997. "Trading the Unemployment Report." *Carr Futures Market Insight*, February.

Parkinson, M. 1980. "The Extreme Value Method for Estimating the Variance of the Rate of Return." *Journal of Business* 53:61–68.

Perilloux, C. J., A. Easton, and D. M. Buss. 2012. "The Misperception of Sexual Interest."*Psychological Science* 23:146–151.

Peters, E. 1996. *Chaos and Order in the Capital Markets: A New View of Cycles, Prices, and Market Volatility*. London: John Wiley & Sons.

Plous, S. 1993. *The Psychology of Judgment and Decision Making*. New York: McGraw-Hill.

Poon, S. 2005. *A Practical Guide to Forecasting Financial Market Volatility*. London: John Wiley & Sons.

Pope, D., and M. Schweitzer. 2011. "Is Tiger Woods Loss Averse? Persistent Bias in the Face of Experience, Competition and High Stakes." *American Economic Review* 101:129–157.

Poteshman, A. 2001. "Underreaction, Overreaction, and Increasing Misreaction to Information in the Options Market." *Journal of Finance* 56:851–876.

Poundstone, W. 2005.*Fortune's Formula: The Untold Story of the Scientific Betting System that Beat the Casinos and Wall Street*. New York: Hill and Wang.

Risher, B. 2004. Working paper, Bear Stearns.

Rogers, L., and S. Satchell. 1991. "Estimating Variance from High, Low and Closing Prices." *Annals of Applied Probability* 1:504–512.

Rogers, L., S. Satchell, and Y. Yoon. 1994. "Estimating the Volatility of Stock Prices: A Comparison of Methods that Use High and Low Prices." *Applied Financial Economics* 4:241–247.

Romer, D. 2006. "Do Firms Maximize? Evidence from Professional Football." *Journal of Political Economy* 114:340–365.

Rubinstein, M. 1998. "Edgeworth Binomial Trees." *Journal of Derivatives* 5:20–27.

Russo, J. E., and P. J. H. Shoemaker. 1992. "Managing Overconfidence." *Sloan Management Review* 33:7–17.

Samuelson, P. 1979. "Why We Should Not Make Mean Log of Wealth Big Though Years to Act Are Long." *Journal of Banking and Finance* 3:305–308.

Sato, A. H., and H. Takayasu. 2002. "Derivation of ARCH(1) Process from Market Price Changes Based on Deterministic Microscopic Multi-Agent." In *Empirical Science of Financial Fluctuations*, edited by H. Takayasu, 172–178. Tokyo: Springer.

Schwert, G. 1989. "Why Does Stock Market Volatility Change Over Time?" *Journal of Finance* 44:1115–1153.

Sharpe, W. 1966. "Mutual Fund Performance." *Journal of Business* 39:119–138.

Shefrin, H., and M. Statman. 2000. "Behavioral Portfolio Theory." *Journal of Financial and Quantitative Analysis* 35:127–151.

Shermer, M. 1997. *Why People Believe Weird Things: Pseudoscience, Superstition, and Other Confusions of Our Time*. New York: Freeman.

Simon, D., and J. Campasano. 2012. "The VIX Futures Basis: Evidence and Trading Strategies." Available at www.ssrn.com, SSRN-id 234797.

Sinclair, E. 2010. *Option Trading: Pricing and Volatility Strategies and Techniques*. Hoboken, NJ: John Wiley & Sons.

Skiadopoulos, G., S. Hodges, and L. Clelow. 2000. "The Dynamics of the S&P 500 Implied Volatility Surface." *Review of Derivatives Research* 3:263–282.

Sortino, F., and L. Price. 1994. "Performance Measurement in a Downside Risk Framework." *Journal of Investing* 3:59–65.

Sridharan, S. 2012. "Volatility Forecasting Using Financial Statement Information." Stanford University Graduate School of Business working paper. Available at www.ssrn.com, SSRN-id 1984324.

Steenbarger, B. 2002. *The Psychology of Trading: Tools and Techniques for Minding the Markets*. Hoboken, NJ: John Wiley & Sons.

Steenbarger, B. 2006. *Enhancing Trader Performance: Proven Strategies from the Cutting Edge of Trading Psychology*. Hoboken, NJ: John Wiley & Sons.

Stein, J. 1989. "Overreactions in the Options Market." *Journal of Finance* 44:1011–1023.

Taleb, N. N. 1997. *Dynamic Hedging: Managing Vanilla and Exotic Options*. New York: John Wiley & Sons.

Taleb, N. N. 2004. "Bleed or Blowup: What Does Empirical Psychology Say about the Preference for Negative Skewness?" *Journal of Behavioral Finance* 5:2–7.

Tauchen, G., and M. Pitts. 1983. "The Price Variability-Volume Relationship on Speculative Markets." *Econometrica* 51:485–505.

Taylor, S. 1986. *Modeling Financial Time Series*. New York: John Wiley & Sons.

Thorpe, E. 1984. *The Mathematics of Gambling*. Hollywood, CA: Gambling Times.

Thorpe, E. 1997. "The Kelly Criterion in Blackjack, Sports Betting, and the Stock Market." Paper presented at the 10th International Conference on Gambling and Risk Taking.

Thorpe, E. 2008. "Understanding the Kelly Criterion." *Wilmott Magazine*, September.

Turner, A., and E. Weigel. 1992. "Daily Stock Market Volatility: 1928–1989." *Management Science* 38:1586–1609.

Vidyamurthy, G. 2004. *Pairs Trading: Quantitative Methods and Analysis*. Hoboken, NJ: John Wiley & Sons.

West, R., R. Meserve, and K. Stanovich. 2012. "Cognitive Sophistication Does Not Attenuate the Bias Blind Spot." *Journal of Personality and Social Psychology* 103(3): 506–519.

Westen, D., C. Kilts, P. Blagov, K. Harenski, and S. Hamann. 2006. "The Neural Basis of Motivated Reasoning: An fMRI Study of Emotional Constraints on Partisan Political Judgment during the U.S. Presidential Election of 2004." *Journal of Cognitive Neuroscience* 18:1947–1958.

Whalley, A. E., and P. Wilmott. 1993. "An Asymptotic Analysis of the Davis, Panas and Zariphopoulou Model for Option Pricing with Transaction Costs." Working paper, Oxford Centre for Industrial and Applied Mathematics.

Whalley, A. E., and P. Wilmott. 1994. "Optimal Hedging of Options with Small but Arbitrary Transaction Cost Structure." Working paper, Oxford Centre for Industrial and Applied Mathematics.

Wilson, A. 1965. *Casino Gambler's Guide*. New York: Harper & Row.

Wu, G., and C. Massey. 2004. "Understanding Under- and Over-Reaction." In *The Psychology of Economic Decisions. Volume 2: Reasons and Choices*, edited by Brocas and Carrillo, 15–29. Oxford, UK: Oxford University Press.

Yang, D., and Q. Zhang. 2000. "Drift-Independent Volatility Estimation Based on High, Low, Open, and Close Prices." *Journal of Business* 73:477–491.

Zakamouline, V. 2005. "Dynamic Hedging of Complex Option Positions with Transaction Costs." Working paper, Bodo Graduate School of Business, Norway.

Zakamouline, V. 2006a. "Optimal Hedging of Option Portfolios with Transaction Costs." Working paper, Faculty of Economics, Agder University College, Norway.

Zakamouline, V. 2006b. "Efficient Analytic Approximation of the Optimal Hedging Strategy for a European Call Option with Transaction Costs." *Quantitative Finance* 6:435–445.

Zakamouline, V. 2006c. "European Option Pricing and Hedging with both Fixed and Proportional Transaction Costs." *Journal of Economic Dynamics and Control* 30:1–25.

Zhang, J. 2010. "Path-Dependence Properties of Leveraged Exchange-Traded Funds: Compounding, Volatility and Option Pricing." Doctoral thesis, Department of Mathematics, New York University.

本书配套网站

本书的配套网站为 www.wiley.com/go/volatilitytrading2e，密码为 sinclair532。其中包括一些用来补充本书的工具和信息。其中有两类工作表：

交易工具（Garh.xls，Volatility Cones.xls，Skew and Kurtosis Cones.xls 和 Corrado Su.xls）。它们可以用来帮助交易员预测和评估波动率，并用这些结果来与当前期权市场相比较。Evaluation.xls 是监控交易进程的一个模板。

模拟引擎（Daily Option Hedging Simulation.xls，Trading Goal.xls 和 Mean Reversion Simulator.xls）。这些引擎可以帮助交易员形成直觉，并对期权头寸的随机性和常见交易策略所产生的效果有更深入的认识。

实现上述内容所需的唯一软件就是微软的 Excel。在所有的 Excel 表中，用户输入区域为白色单元格，黄色单元格为计算结果。

GARCH

这张工作表使用了极大似然估计规划求解加载项来估计广义自回归

条件异方差（GARCH[1,1]）模型。它同样显示了与该模型组成的波动率期限结构。这张 Excel 表需要使用规划求解加载项，因此它不是受保护的文件。

- 访问 http://finance.yahoo.com。
- 在"Get Quotes"框内输入期权代码。
- 点击"Historical Prices"链接，它位于页面左边"More on (ABC)"框中的正数第三个位置。
- 设置起始日期为四年期，并点击"Get Prices"。将页面滚动至底部，并点击"Download to Spreadsheet"，选择选项"Open"。
- 将所有数据剪切复制至 Garch.xls 的 Yahoo! Finance data 表中。
- 点击数据 > 排序 > 按日期升序。
- 回到 GARCH（1,1）表，确定下面区域的所有数据是正确的。四个日历年的交易日数量可能会有细微不同，因此有些样本的长度可能会不一样。如果下一次使用这个工作表，记得清除 Yahoo! Finance data 表中的数据。
- 点击工具 > 规划求解，设置目标单元格为 G2，可变单元格为 C3：C5，约束条件为 C3>=0，C4>=0，C6<=0，点击求解。
- 在"Calendar Curve"表中，你可以在单元格 C7 中输入你对当前波动率的最佳预测，然后看一看由 GARCH 模型拟合的日历曲线。

波动率锥、偏度和峰度锥

这些工作表可以用历史数据来生成各种波动率、偏度和峰度锥。

- 访问 http://finance.yahoo.com。

- 在"Get Quotes"框内输入期权代码。
- 点击"Historical Prices"链接,它位于页面左边"More on (ABC)"框中的正数第三个位置。
- 设置起始日期为四年期,并点击"Get Prices"。
- 将页面滚动至底部,并点击"Download to Spreadsheet",选择选项"Open"。
- 将所有数据剪切复制至 Volatility Cones.xls(或 Skew and Kurtosis cones.xls)中 Yahoo! Finance data 表中。

每日期权对冲模拟

这里我们会模拟一个 vega 为 1000(这可以在 historical returns 表中的单元格 O18 和 normal returns 表中的单元格 N18 中进行更改)的已对冲的期权多头头寸的演变过程,我们会在每天收盘时进行对冲。我们使用美国期权市场的转换标准,即每手期权对应 100 股股票。"Normal Returns"表中会根据单元格 N3 和 N4 中的参数,生成一个几何布朗运动过程,而"Historical Returns"表中则使用历史数据。表中单元格 O4 是推导出的数值,而单元格 O3 被设置为 0。这与我们的在用历史时间序列来度量波动率时所采用的基本假设一致。

- 访问 http://finance.yahoo.com。
- 在"Get Quotes"框内输入期权代码。
- 设置起始日期为一年之前,并点击"Get Prices"。检查是否显示了 250 天的数据。如果不是的话,就需要对日期进行适当调整(当然,也可以修改工作表来处理任意长度的历史数据)。
- 将页面滚动至底部,并点击"Download to Spreadsheet",选择选项"Open"。

- 将所有数据剪切复制至 DailyOptionHedgingSimulation.xls[1] 中 yahoo finance data 表中。
- 点击数据 > 排序 > 按日期升序。
- 在单元格 O13（或"Normal Returns"表中的单元格 N13）中输入所买入的期权的隐含波动率（衍生品交易的零和游戏本质，意味着空头交易的结果刚好是多头交易的反面）。
- 用来对冲的波动率可以在单元格 O7 中进行调整（"Normal Returns"表中为单元格 N7）。
- 按 F9 键可以重新计算"Normal Returns"表。

交易评估

Trade Evaluation 表[2]是交易后评估过程的一个模板。可以在列 C 中输入每日损益，在列 H 中输入保证金。在单元格 E2 中输入利率。

交易目标

在 Trading Goal.xls 中，给定预期的损益和夏普比率（单元格 C3 和 C4），我们可以模拟某一个策略的结果。它会画出 20 条该过程在半年中的实现线。显然，即便是最好的交易员也会在短期中遭遇不太好的结果。按 F9 键可以重新计算。

科拉多 - 苏偏度曲线

CorradoSu.xls 使用了最小二乘法和规划求解来获得与科拉多 - 苏模

---

[1] 此处原书误写为 Garch.xls。——译者注
[2] 网站下载的压缩包中并无该表。——译者注

型相一致的隐含波动率、偏度和峰度，数据为看涨期权的市场价格。该表使用了规划求解加载项，因此并不被保护。在单元格 C2 至 C4 中设置参数。在单元格 E3 中设置最低的行权价。在单元格 H3 至 H9 中输入看涨期权的市场中间价。打开规划求解，确定求解目标为最小化单元格 J2（市场价与科拉多－苏价格之间的差异的平方和），可变单元格为 C5:C7。通过在单元格 F3 至 F9 中直接输入隐含波动率，或是使用规划求解，来得到不同行权价时的隐含波动率曲线。在使用规划求解来计算隐含波动率时，比如要获得行权价为 35 时的隐含波动率，可以在规划求解中通过变化单元格 F3 来最小化单元格 G3 与 H3 之间的差异。

均值回复模拟器

在"Mean Reversion Simulator.xls"中，我们可以用第 6 章中提到的规则来模拟一个均值回复过程的交易。"Normal Noise"表使用了一个修改了的规则来进行交易，其中合约标的服从奥恩斯坦－于伦贝克过程（Ornstein-Uhlenbeck Process），新息（innovations）服从标准差为 1 的正态分布。可在单元格 J3 中调整开仓的标准差倍数，如果该值为 2，意味着我们会在偏离合理价值 2 倍标准差时开仓，此时我们会投入一半的可用资金。当资产收益率回归至均值时，我们才平仓。"normal noise'exact"表根据式（6-28）的最优化规则对开仓时机进行了比例化展示。fat-tailed 表也模拟了该交易在噪声服从 T 分布时的结果。此时会产生超额峰度。"fat-tailed' noise exact"表中的损益曲线显示，式（6-28）的规则在此情形下就太激进了。不过，我们也可以找到一些能盈利的简单规则（通过在"fat-tailed' noise simple"表中调整单元格 Z3）。

作者简介

尤安·辛克莱是一名有超过 15 年职业期权交易经验的交易员。他先在伦敦国际金融期货交易所担任场内书记员，然后成为德国综合指数（DAX）和欧洲斯托克指数（EuroStoxx）期权的做市商。他陆陆续续地交易了股票指数、个股、商品和利率产品的期权，以及大量的与权益和期货有关的策略。他现在在布卢菲交易公司（Bluefin Trading）担任风险管理人。

他毕业于布里斯托尔大学，获得理论物理学博士学位。他写作了两本书——《波动率交易》和《期权交易》，都是由 John & Wiley 公司出版的。

辛克莱博士生于新西兰，目前在芝加哥居住。他的家庭成员包括他的妻子安、他的狗拉尔夫，以及许多都有自己名字的猫。

中国金融期货交易所
金融期货与期权丛书

书名	作者	ISBN	定价
暗池：高频交易及人工智能大盗颠覆金融世界的对决	[美] 斯科特·帕特森	978-7-111-51299-8	59.00
全球市场的清算服务：清算行业未来发展框架	[英] 蒂纳 P. 哈森普施	978-7-111-54898-0	100.00
定价未来：撼动华尔街的量化金融史	[美] 乔治 G. 斯皮罗	978-7-111-46986-5	69.00
期权投资策略（原书第5版）	[美] 劳伦斯 G. 麦克米伦	978-7-111-48856-9	169.00
期权波动率与定价：高级交易策略与技巧	[美] 谢尔登·纳坦恩伯格	978-7-111-47704-4	100.00
国债基差交易：避险、投机和套利指南(原书第3版)	[美] 盖伦 D. 伯格哈特 等	978-7-111-53338-2	59.00

期权投资策略

书名	作者	ISBN	价格
散户的优势：期权场内交易策略	（美）丹·帕萨雷里	978-7-111-73544-1	79.00元
期权交易仓位管理高级指南	（美）尤安·辛克莱	978-7-111-72619-7	79.00元
期权投资策略（原书第5版）	（美）劳伦斯 G. 麦克米伦	978-7-111-48856-9	169.00元
期权波动率与定价：高级交易策略与技巧（原书第2版）	（美）谢尔登·纳坦恩伯格	978-7-111-58966-2	128.00元
麦克米伦谈期权（原书第2版）	（美）劳伦斯 G. 麦克米伦	978-7-111-58428-5	120.00元
波动率交易：期权量化交易员指南（原书第2版）	（美）尤安·辛克莱	978-7-111-56517-8	69.00元
期权波动率交易策略	（美）谢尔登·纳坦恩伯格	978-7-111-48463-9	45.00元
高胜率期权交易心法	蒋 瑞	978-7-111-67418-4	49.00元
期权入门与精通（原书第2版）:投机获利与风险管理	（美）W. 爱德华·奥姆斯特德	978-7-111-44059-8	49.00元
走进期权(原书第2版)	（美）迈克尔·辛西尔	978-7-111-50652-2	59.00元
商品交易之王	（美）凯特.凯利	978-7-111-50753-6	59.00元
奇异期权	张光平	978-7-111-47165-3	200.00元
期权交易实战一本精	陈松男	978-7-111-51704-7	59.00元